メディアとことば ③

[特集] 社会を構築することば

はしがき

　本書は、「メディア」と「ことば」をテーマに、それが相互にどのように絡み合いながら、現代社会のコミュニケーションを成立させているのかについて論じた『メディアとことば』の第3巻である。

　現代社会において、私たちはメディアに囲まれた世界を生きている。特に既存のメディアであるテレビ、ラジオ、新聞、電話に加え、1990年代に入って登場してきたインターネットは、瞬く間に日本にも普及し、私達の人間関係、価値観、世界観に大きな変容を迫りつつある。

　ところが、これまでの言語研究では、メディアを介した言語行動やメディアをぬきにしては論じられない言語現象を扱っていても、メディアへの視点が十分ではなかった。また、問題の言語現象をメディアとの関連から考察した研究はいまだに多くない。一方、これまでのメディア研究では、メディアを介したことばを取り上げていても、「ことば」それ自体に関心を示し、探求した研究が少なかった。

　シリーズ『メディアとことば』は、ことばとメディアの双方から、メディアとことば、メディアの中のことばという視点に立って新たな研究領域を切り拓こうとするものである。本書が、急速な社会変化を見据え、時代の変化に要請された研究の方向性を模索し続ける人々への刺激となり、共に新たなパラダイムを構築していけることを願っている。

＊　＊　＊

　第3巻〈社会を構築することば〉は、現代社会における多様なメディアの急速な発展を反映し、携帯メール、新聞、雑誌、ラジオ、インターネッ

ト上でのチャット、掲示板が考察の対象となった。また、メディアの多様性のみならず、研究の焦点も、ビジュアル・デザイン、発信側のイデオロギー、コマーシャリズム、フェミニズム、コンピュータと人とのインターアクション、ネット上でのコミュニティーの構築と多岐に渡り、メディアとことば研究の広がりを感じさせるものとなった。そこに一貫しているものは、社会の今ある言語現象をことばという道具に焦点を当てて読み解くというより、むしろメディアとの相互作用を通して、ことばが社会における新たな関係性や意味を構築していくという観点である。

　本書は、読者としてメディアとことばに関心をもつ大学生、大学院生、研究者・教育者を想定している。各章の後にはコラムを設け、その章で問題にした事柄、対象、研究方法などを解説している。また、メディアとことば研究の理解の助けとなる基礎概念や用語の説明とともに、関連する基礎的な分析や著書も紹介するよう努めた。

＊　＊　＊

　本書は、社会言語科学会での2つのワークショップを経て設立された「メディアとことば研究会」の活動を通して知り合った仲間の研究成果をもとにしている。研究会の会員も増え、海外からの発表者も迎えるなど、年に学会前日の2回と関東と関西をテレビ会議で結んでの2回の合計4回を開催して、研究発表と活発な議論や意見交換を行っている。その内容は研究会HP（http://www.hituzi.co.jp/kenkyukai/media-kotoba.html）でも紹介している。ここに、第2巻刊行以後に行われた研究会での発表者およびテーマを紹介する。

＊発表者の所属は発表当時のものを記載する

第11回　2005年9月30日（金）　龍谷大学
　　石丸久美子（大阪大学大学院言語文化研究科博士後期課程）

　　　　日仏化粧品広告ディスクールのメカニズムと特性—ディスクール分析の観点から—
　　　平本毅(立命館大学大学院社会学研究科博士課程)
　　　　人とコンピュータとの対話部分の記述を含めたCMCの会話分析の手法
第12回　2005年12月3日(土)　東洋大学、武庫川女子大学(TV会議)
　　　永山友子(神奈川大学外国語学部非常勤講師)
　　　　英語アニメーション映画に日本語サブタイトルを付ける—環境を活かすテキスト産出という視点から—
　　　佐竹久仁子(大阪大学大学院文学研究科博士後期課程)
　　　　〈女ことば／男ことば〉規範の形成をめぐって—明治期若年者向け雑誌から—
第13回　2006年3月17日(金)　東洋大学
　　　宮副ウォン裕子(桜美林大学大学院国際学研究科教授)
　　　　ジャンルとしての対談にみられる説得ストラテジー
　　　渡辺学(学習院大学文学部教授)
　　　　日独携帯メールテクスト比較対照—ドイツにおけるメディア言語学の現況を視野に入れて—
第14回　2006年6月10日(土)　東洋大学、武庫川女子大学(TV会議)
　　　倉田芳弥(お茶の水女子大学大学院人間文化研究科博士後期課程)
　　　　チャットの母語場面と接触場面の比較—意味的なつながりのあるメッセージが隣接しない場合に着目して—
　　　中村秩祥子(龍谷大学非常勤講師)
　　　　架空請求文書の文体分析—機能文法分析の観点から—
第15回　2006年8月25日(金)　北星学園大学
　　　簑野智紀(慶應義塾大学大学院文学研究科修士課程)
　　　　日本語の談話接続表現の位相差—若者のWeb日記から年

　　　　　　配者の会議まで—

　　　　松本功(ひつじ書房代表取締役社長・編集長)

　　　　　　電子メディア時代における紙の出版の意義について—知性のマネジメントという視点から—

第 16 回　2006 年 12 月 9 日(土)　東洋大学、武庫川女子大学(TV 会議)

　　　　多々良直弘(桜美林大学文学部専任講師)・八木橋宏勇(慶應義塾大学大学院文学研究科後期博士課程)

　　　　　　サイバースペースコミュニケーション—匿名性をめぐることばと人間関係—

　　　　相場美紀子(大阪大学大学院言語文化研究科博士後期課程)

　　　　　　四つの現代化の意味的変遷—1980 年代の人民日報掲載広告を中心に—

第 17 回　2007 年 3 月 2 日(金)　日本大学

　　　　田中弥生(松蔭大学非常勤講師)

　　　　　　ブログの文体的特徴—書籍、音声メディアとの比較から—

　　　　Jurgen Spitzmuller(チューリヒ大学文学部)

　　　　　　Visible by Design: the Significance of Typography in Media Communication

第 18 回　2007 年 6 月 2 日(土)　東洋大学、武庫川女子大学(TV 会議)

　　　　西尾純二(大阪府立大学人間社会学部専任講師)

　　　　　　ローカル情報番組にみる方言使用の地域差

　　　　田村紘(元新聞記者)

　　　　　　社説の主張を文法形式から考える—朝日と読売の提言形式とモダリティ比較—

第 19 回　2007 年 9 月 14 日(金)　関西学院大学

　　　　布尾勝一郎(大阪大学大学院言語文化研究科博士後期課程)

　　　　　　自己について語る新聞と「公正さ」—毎日・朝日の将棋名

人戦移管報道をめぐって—
池田佳子(名古屋大学大学院国際言語文化研究科専任講師)
いわゆる「柳沢発言」にみるメディアの対話ネットワーク

なお、本書の研究の射程は、社会言語学の領域に留まらないことはいうまでもない。メディアとことばに関する問題を究明したい学生や研究者・教育者が、既存の領域の壁を越えて互いに刺激し合いつつ、新たな視点や突破口を見出す場として、私たちは本書を位置づけている。読者諸氏には、今後の「メディアとことば研究会」、および本書の続巻へのご理解とご参加をいただき、共に研究の進展を目指して歩を進めていただければ幸いである。

2007年9月　岡本能里子
佐藤彰
竹野谷みゆき

メディア

●特集●
社会を構築することば

はしがき ———————————————— i

ドイツメディア言語学の現況 ———————— 2
携帯メールテクストの日独比較を出発点に
渡辺学
●COLUMN● 文字の歴史と絵記号 ———————— 24

日本語のビジュアル・グラマーを読み解く ———— 26
新聞のスポーツ紙面のレイアウト分析を通して
岡本能里子
●COLUMN● ビジュアル・グラマー ———————— 56

「身内」の不祥事報道における
新聞の隠蔽・自己正当化ストラテジー ———————— 58
第三者名義株式保有問題を題材に
布尾勝一郎
●COLUMN●ことばとイデオロギー ———————— 96

子ども向け情報における「遊び」と「商品」の境界 —— 98
1980年代初頭『コロコロコミック』「遊び方情報」記事から
森山由紀子
●COLUMN● ことばと商業主義 ———————— 132

〈女ことば/男ことば〉の成立期の研究 ———— 134
1940年前後のラジオドラマのことばの分析をとおして
佐竹久仁子
● COLUMN ● ことばとジェンダー ———— 172

電子メディアを通じて
ことばはいかにして話されるのか ———— 174
平本毅
● COLUMN ● 人と機械のインタラクション研究 ———— 202

ファンサイトにおけるナラティブと引用 ———— 204
オンライン・コミュニティー構築の視点から
佐藤彰
● COLUMN ● ナラティブ ———— 238

メディアとことば 3

[特集] 社会を構築することば

ドイツメディア言語学の現況
携帯メールテクストの日独比較を出発点に

渡辺 学

> 「書き物がデジタルという新しい物象化の形式をもつということ、それは書物の終焉でもなければ、読者の死でもない。おそらくそれとは正反対のことだ。」
> （桂 2003: 306）

1. はじめに―「メディア言語ネット」から

　ドイツ語によるメディアと言語、ネットワーク社会とことばに関する総合サイトとして定評のある URL「メディア言語ネット」(http://www.mediensprache.net)はドイツ連邦共和国、ハノーヴァー大学のシュロビンスキー教授(ドイツ語学、メディア言語学)の主導のもと、氏のチームによって1998年以来管理運営されている。

　その特徴は、時事問題に敏感なアンテナを張りめぐらし、時宜にかなったテーマで随時アップロードされる、メディアに関する懸賞クイズに象徴されるような、広告メディアを十分に意識したフットワークの軽さと、携帯メール、ブログ[1]、チャットをはじめとするニューメディア関係の報道記事を掲載していく情報伝達の迅速性、さらに、件名や書名を入れることによって検索可能な専門検索エンジンの充実にある。桂(2003: 292)の記述にならって、このサイトを「ハイパーテクストを用いた電子文学」の1つと数えることもできるだろう。アンダーサイト(サブカテゴリー)にあた

る *Networx*("network"のもじりであろう)という名のシリーズ上には、いわゆるオンライン出版も多数(2007年1月15日現在で48点)掲載されており、そのなかのあるものは、のちに改変を経ていわゆる活字媒体メディアに論文として掲載され、伝統メディアのなかでも注目を集めることとなる。たとえば、*Networx*シリーズの導入として書かれた Runkehl, Jens/ Schlobinski, Peter/Siever, Torsten: „Sprache und Kommunikation im Internet"(「インターネットにおける言語とコミュニケーション」)(1998)は、1998年時点でのメディア言語への優れた概観を与えてくれるだけでなく、同年に同名の書籍が生まれる素地ともなっている。紙媒体メディアがそれを購入するか、所有している機関のものを利用することを原則とするのに比べてオンライン出版は、利用者側から見たアクセスの利便性からしても、論述を迅速に公にできるそのスピードから言っても伝統メディアを補完する役割をすくなくとも潜在的に担わされていると考えられる。

　ところで2002年時点で見たとき、世界のインターネット・ウェブサイトに占める言語別占有率でドイツ語は、英語の56.4％についで7.7％の堂々2位である、とされている[2]。英語の絶対的優位は揺るがないものの、ドイツ語を母語にする者はもとより、ドイツ語学習者(上級者)やドイツ語の知識をもつ者をもターゲットにした「ローカル」な、あるいはそうした言語コミュニティーの点を成す一個人が地域を越えた空間内で別個人と連結しうるという意味においては「グローカル」なネット・コミュニティーを形成しているところに、複数言語主義[3]的視点から見たときの当サイトの存在意義も認められるだろう。今後このサイトが英語で記された情報も積極的に取り込むことで「国際化」の道を歩むのか、あるいは、あくまでもドイツ語による情報収集と発信に特化した道を選び続けるのかは筆者の測りかねるところであるし、関与しうる範囲を越える[4]。

　ここで参考までに、*Networx*で論じられたテーマをいくつか挙げることで、このサイトの「豊かさ」を実感してもらうことにしよう。2004年以降

のタイトルを抜粋すると、「ブログの言語・テクストの国際比較(国際プロジェクト)」、「インターネットの文芸書出版」、「携帯電話・ショートメールと若者」、「スイスのドイツ語圏のチャットチャンネルにおける言語変種選択とコード・スイッチング」、「情報メディアがことばと言語学に及ぼす影響」、「広告形式としてのスパムの言語学的分析」、「ドイツ語正書法チェックシステムの比較」などとなっている。

2. 携帯メールの日独対照から分かること

2.1. 比較データ

　筆者がここ数年来手がけた研究で明らかになったことであるが、日独の携帯メールテクストを比較対照するには、想像以上の困難が伴った。方法論的な問題でもあるが、調査研究に際して基にした筆者作成のドイツ語コーパス(アンケート法によりながら最近受け取ったメールを5つ忠実に再現してもらい、それをデータ化したもの。日本語コーパスについても同様。)は狭義の「ショートメール」(半角で160文字まで)、つまり、CメールやSky-mailなどのドイツ語版であるのに対して、日本語のメールテクストには「携帯メール」全般が含まれる。いわゆるロングメールもあり、狭義の「ショートメール」もある。これは、ドイツでショートメールがきわめて広く普及しているのに対して、日本ではショートメールの用途は家族などのごく一部のひととのコミュニケーションに限定されていることにも関係がある。ただ、ドイツのシュロビンスキー教授と共同で行ったサンプル調査によれば、日本の携帯メールの文字数を半角文字に換算して集計・平均すると、驚くことにドイツのショートメールよりもかなり短く、半分ぐらいの長さであることも分かった[5]。

　総じて、日本の携帯メールは、調査した資料の範囲内ではすくなくとも、きわだった「ショート」メールだったのだ。日本における「ショート

メール」が限定された範囲の使用にとどまることからも収集しにくいこと、携帯メールテクストが短いことから、「友人・知人などの親しいひとたちとの携帯電話による文字コミュニケーションであることが想定される」という共通性を根拠として、日本では携帯メールテクスト全般を分析・考察対象とすることにした。

2.2. メールテクストの言語的特徴

　周知のように、日本語とドイツ語は歴史比較言語学的にも言語類型論的にも別グループに属する、「縁もゆかりもない」言語同士であるが、メールテクストに現れる言語的特徴は意外なほどの類似性を示していた。要点をまとめると、話しことば性を多分に感じさせる音省略、コメント機能をもつ「動詞語幹辞」(*freu*＝嬉しい、*lach*＝笑　など)やカッコ文字((笑)など)の使用、文要素の省略、省略語・短縮語の使用などである。その一方での相違点として顕著なのは、ドイツ語メールにおけるエモティコン(顔文字)の使用例の少なさ、日本語メールにおける顔文字・絵文字の頻出。それに日本語における古語語法と幼児語法である[6]。以下、いくつかの事例を示す(下線強調は引用者による)。

(1)　Hallo, <u>muss</u> leider für morgen absagen-hänge total mit meinen referaten hinter her :-(finden hoffentlich <u>nen</u> ersatztermin! Ganz liebe grüße Adina (渡辺 2005: 97 より) (muss < Ich muss 主語の省略、nen < einen 語頭音消失)
意味：ハロー、あしたはわるいけど行けないや。ゼミ報告準備が完全に遅れちゃって。別の日に会えるといいんだけど。じゃあまたね、アディーナ。

(2)　45. Hey du sag mal <u>hab</u> ich dir was getan oder aus welchen [sic!] grund meldest du dich gar nicht mehr? Daniel (hab < habe 語末音消

　　　　失）(数字については、注(7)を参照)

　　　　意味：おい、あんたになにか悪いことしたっけ。それともまたどうして連絡くれないんだい。ダニエル。

(3)　237. Film war das allertelzte [sic!], nur zu ertragen durch deine boxershorts:-) gute nacht, süße... <u>*küss*</u>（「キス（する）」の意の動詞語幹辞）

　　　　意味：映画はえらくひどかったねえ。きみのボクサーショーツがなければ耐えられなかったさ。おやすみ。（キス）

(4)　263. Sehr schön! Auf ö3 <u>gibts</u> gerade das andere Grauen. Gerda Rogers!!! Gute Ablenkung! <u>Lg</u>, C（gibts < gibt's = *engl.* there is 縮約形；Lg = Liebe Grüße じゃあね）

　　　　意味：そりゃいい。3チャンネルもまたゾッとする。〔星占いの〕ゲルダ・ロジャースが出ているよ。気晴らしになるように！じゃあね、Cより。

(5)　267. <u>Bin</u> um 1920 da（主語 Ich = *engl.* I の省略）

　　　　意味：19時20分には着く。

(6)　303. <u>やっぱ</u>一階!!（語末音消失）

(7)　178. ちゃうちゃう人聞きの悪い〜［a-20］最近忙しすぎて他の時間とれないから逆に丁度いいかもと思ったんだよ〜<u>おめめ</u>は真っ赤であります(a-20 は絵文字、ここでは省略)（幼児語法）

(8)　328. そうなんですか(>_<)早いですね〜！<u>ありがと</u>です☆☆（幼児語法）

(9)　242. 今帰宅［C-7］携帯忘れた日は<u>不便なり</u>［E-1］結構先だが仕方ないね［?］それで<u>よかよ</u>^□^　（古語語法、擬似方言語法、C-7, E-1 は絵文字）

(10)　私もそう思いました。そうしま<u>せう</u>。またあとで。（古語語法）

　　　　　　　　　　　　　　　　　　　　　　（渡辺 2005a: 101）

2.3. スイスドイツ語メールの特性

　さらにいま、*Networx* の第 36 号(スイスドイツ語のショートメールコミュニケーションを論じたもの)に焦点を当ててみれば、その内容は、「ショートメールは、情報伝達のほか若者がお互いの関係を確かめるためにも用いられる。スイスのテレビ、ラジオを含むマスメディアでは「標準ドイツ語」が用いられるのに対して、ショートメールでは頻繁に方言形(母語)が登場する。音楽シーンでもこの傾向はあるし、電子メール、チャットルームでもこのような「通用語」の躍進は観察される」(Spycher 2004: 27 を要約)、というものである。ここには、公共的コミュニケーションと私的(空間的)コミュニケーションという対立軸が浮かび上がっている。方言形がかなり頻繁に観察されるという点は、(たとえばドイツと比べた場合の)スイスの携帯メールというドイツ語の一地域変種のコミュニケーション様式に見られる固有性かもしれない。以下にそのサンプルを示す。

　例文のうち a はいわゆるスイスドイツ語によるもの、b はその標準ドイツ語訳である。

(11) a. Hey! Ig cha hüt nid id Nachhöuf cho, bi chrank. Grüäßli
　　 b. Hey! Ich kann heute nicht in die Nachhilfe kommen, bin krank. Gruss
　　　意味：ハイ！病気で塾にいけないんだ。じゃあ。
　　　　　　　　　　　　　　　　　　　　　　　　(Spycher 2004: 19)

(12) a. Hei, megalieb vo dir und das so früe am morge merci viumau
　　 b. Hei, megalieb von dir und das so früh am Morgen Danke vielmals
　　　意味：ハイ、こんな朝早くからほんとにどうも。ありがとうね。
　　　　　　　　　　　　　　　　　　　　　　　　(Spycher 2004: 21)

ここで事例(11)a は、最初の呼びかけ部分を除いて完全なスイスドイツ語であるが、これはとりもなおさず、スイス(のドイツ語圏)における日常言

語に方言が用いられていることの反映であるに過ぎないとも言える。対照研究的視点ですぐに思い起こされるのは、東京のメールテクストの方言語法は3.5%だったのに比して、大阪のそれには29.9%に方言語法らしきものが現れたことである(渡辺2006: 25)。これらは音調を含まず文字面を捉えた判断によっているが、収集されたコーパスのなかではいわゆる大阪弁のコードが通用語として広く流通していることを示唆する。比較対照の枠組みをいったん離れて、ここで一般的な問題としてわれわれに提示されているのは、さまざまなスピーチレベル、レジスター、文体の使い分けがどのようなメディア「ジャンル」(太田2001: 46)あるいは「コミュニケーション様式(Kommunikationsform)」(Dürscheid(2003), Spitzmüller(2005)などの用語法)に対応して行われているのか、そしてさらに、さまざまな言語コード(標準語・共通語コードと方言コードなど)がどのように使い分けられるのかといった問いである。ここで、「コード・スイッチングが行われるテクストは遊戯性や装飾性が高い。単一コードのものは相対的に低い。」という仮説を提示しておく。さらに、メディアやコミュニケーション様式の変容にしたがって日常語(日用語、通用語)がどのような変質を迫られているのかも、メディアとことばの関係に思いをはせるわれわれにとって広く興味の対象となるだろう。

2.4. コードと文体

たとえば、携帯電話のメールに観察される「話し言葉(方言)」(国立国語研究所2003: 58)の要素が、「話し言葉という聴覚的なコミュニケーション手段であった方言を、文字という視覚的なものも併せ持つものへと変えていく大きなきっかけ」(同上)となるかもしれない、という指摘は、携帯メールテクストの話しことば的特性を示唆するとともに、方言という言語現象形式が携帯電話というメディアの媒介を経て文字コミュニケーションにまで浸透し、その現象形式を変容させる様子を物語っている[7]。真正の方言

語法が観察される場合もそうだが、(ドイツ語や日本語のメールに散見されるような)擬似方言語法も現れるのは、音調を問われない文字コミュニケーションである気軽さが手伝っている。ドイツ語の擬似方言語法と思われる要素を持つ次の事例を見ると、(13)、(14)には南ドイツ風表現が含まれるし、(15)はベルリンなど、(16)は北ライン地方、ルール地方などの語法を思わせるが、それらが共通語コードのなかの一個所に挿入されているだけである点からも「擬似的」であることが察せられる[8](下線強調は引用者)。ドイツ語では、このように文体を装飾的につくっていくことを „Stilisierung"（文体創成）と呼ぶ。いわゆる文体上のなりすまし(擬態)もこれに含まれる。

(13) 3. hab den bus 10nach genommen. kannst mir doch entgegen kommen. bin also in der bahn so 10.46 uhr. wirste aber net schaffen. bis glei(net<nicht, glei<gleich ともに南ドイツ、バイエルン地方)
意味：10分過ぎのバスに乗った。迎えに来てくれるかい。だから10時46分ごろの電車だ。そっち間に合わないかも。じゃあ。

(14) 4. Hey Süße! DANKE für deine post, grad angekommen:) ★ freuse! ★ muss ich nachher erst ma hören die cd`s! Bis später, HDL, Kiki! (grad < gerade 南ドイツ)
意味：ハニーちゃん！郵便ありがとう。ちょうど着いたところだ。嬉しい。あとでともかくCD聴いてみなきゃ。じゃあまたね、キキ。

(15) 14. tach.... Und wo säufst du heute in den mai? Gruß toto (tach < tag = engl. day)
意味：やあ。きょうはどこで飲んで5月を迎えるんだい。トトより。

(16) 236. Morgen abend fußballländerfreundschaftsspiel gegen malta

(stehplatz 10 €) oder <u>wat</u> anderes mein honigkuchenhühnerschwein?
(wat < was = *engl*. what)
大意：明日の夜はマルタとのサッカー親善試合（立見席が 10 ユーロ）か、ほかの何かかい、ハチミツケーキの鳥豚ちゃん。

日本語では、以下のメールサンプルの下線部を参照されたい。

(17) 178. <u>ちゃうちゃう</u>人聞きの悪い〜［a-20］最近忙しすぎて他の時間とれないから逆に丁度いいかもと思ったんだよ〜おめめは真っ赤であります（a-20 は絵文字、ここでは省略）

(18) 249. よしっ行くか!!あっそういえば〇〇〇の引っ越しは 13 日だそうです。みんなで手伝う（遊びに行く）<u>べさ</u>（'ε'）/〜

(19) 日曜に見る映画どう<u>すっぺ</u>？何見たい<u>と</u>？ウチはなんでも<u>かまへん</u>よー（・▽・）返事待ってる<u>さぁ</u>〜☆

(読売新聞に掲載のもの。陣内（2006: 47）より再録）

　日独の携帯メールテクストの事例から、以下の仮説が成り立つ。「携帯メールテクストにおいて、共通語（いわゆる標準語）コードが基調となっている場合には、擬似方言語法が用いられるケースがある。この用法は、言語表現の単調さを避け、文体に変化をつけるとともに、ことば遊びやコミュニケーションの相手との関係調整の効果ももちうる。」

2.5. 文字コミュニケーション

　こうした文字・記号伝達と比したとき、最近日本で普及しつつある携帯電話の機能を利用してメールを音声送信する場合には、真正の方言を話せるもの以外にはかなりの勇気が必要だろうし、受信者とのあいだの親密度が相当に高いことが前提されるだろう。文字コミュニケーションに擬似方

言語法が現れることによって、方言(ただし、従来の地域方言というよりは、「新方言」や「社会方言」に近い)の復権、あるいは形を変えた再生がなされつつあるとも考えられる。この細目については具体的検証が必要であるとはいえ、比較的若い世代に顕著な言語現象であろう[9]。

　河野(1994: 4)が簡潔にまとめたように、「微細なニュアンスを含みながら連続して流れる」音声に比して、「幾つかの部分に抽出し、それを単位として設定する」ことを基本とし、「区分(discreteness)」が要求される文字を用いた言語である文字言語においては、「音声言語を支えている現実の場面が欠けており、原則として書手と読手は同一場面に参与しない。〔…〕文字言語にあってはある程度、音声言語の場合に言語外の要因が担っているものを言語化しなければならない」(河野 1994: 6–7)のである。

　場面的要素と言語外の要因は、身ぶり・手ぶり、表情、音調、抑揚などであろうが、携帯メールコミュニケーションにおいてこれらを補う要素が顔文字や視覚記号(☆、←、↓)、さらには長音符号(ー、〜)などであろう。こうした記号がほとんど登場しないドイツ語の携帯メールにおいては、場面的要素や言語外の要因が表現されない、と結論づけるのは早計であろうが、対応する表現手段が符号(!, ?)とその繰り返し(!!!!!!!! によって、驚きを強調するなど、例文中の括弧内に通常の表記法を示したEメールの下例を参照)以外には言語記号(とその繰り返し)にほぼ限定され、あるいは一貫した大文字書きなどの工夫に頼る以外にないであろうから、その表現は相対的にむずかしいとは言えよう[10]。あるいは、文字コミュニケーションにあくまでも比重がかかり、場面的要素などにあまり比重が置かれていないということであろうか。ドイツ(あるいはさらに欧米)の携帯メールコミュニケーションは情報伝達を主たる目標としているように思われるとする印象ともつながってくるかもしれない。

(20)　DU BIST SOOOOOOOOOOOOOOOOOOOOOOOOOOO

LIIIIIIIIIEEEEEEEEEEEEEEEBBBBBBBBBB!!!! (<Du bist so lieb.〔渡辺〕)

　　　knuddeldrückumarmkussgeb

　　　Der NAME-Server hat heut absolut was gegen mich! Ich kann nich [sic!] mehr einloggen: Da kommt immer ein [sic!] Meldung mit Server-Error *schluchzheul*

　　　Es tut mir echt leid!!!!!!!!!!!!!!!!!!! ICH FIND DAS SO GEMEIN!!!!!!!!!!!!!

　　　(Liebes-Email einer jungen Frau)

　　　大意：きみってほ〜〜〜〜〜〜〜んとにス〜〜〜〜〜テ〜〜〜〜〜〜キ。ハグし、抱きしめ、キスしちゃう[11]。サーバーにログインできないのはほんとうにしゃくにさわる。ホントヒドイよ。(若い女性によるEメールのラブレター)

　　　　　　　　　　　　　　　　　　　　　　　　(Androutsopoulos 2003: 183)

2.6. 携帯ユーザーとテクノロジー

　ところで、メディアテクノロジーの発達を基調とするビジネスのレベルにおいては、ｉモードの浸透が日本の第三世代携帯電話を引っ張ったもようである。

　　　〔…〕欧州をはじめとする海外諸国では第三世代〔携帯電話、あるいは、移動体通信サービス〕の導入計画が日本ほど進んでいない。日本よりも携帯電話の人口普及率が高い北欧諸国でも、第三世代への移行スケジュールでは日本に遅れをとっている。その理由の一つは、欧州の通信事業者がデータ通信の受容に関していまだに手ごたえを感じていないことだ。〔…〕通信機器の新たな需要に期待するメーカーは盛んに第三世代の導入を推進しているが、最終的に事業リスクを負うの

は通信事業者である。通信事業者が本気にならなければ、多額な投資を必要とする新しい通信インフラの整備は進みようがない

(夏野 2000: 228)

　この遅延は、インフラの整備への投資リスクもさることながら、ｉモードのコンテンツが通信事業者にも一般のユーザーにも十分に理解されていないことが遠因ではないか。日本発のエモティコン(顔文字)は、チャット、掲示板、ブログなどを見るとドイツにもかなり浸透してきている[12]のだが、携帯メールというジャンルではアルファベットを基調とした文字を使った通信手段が基本であるとする認識がいまだに強固なようである[13]。これと対照的なのは、日本で従来携帯電話のプロヴァイダー間でむずかしかった顔文字の互換性が広がるというニュースである。ドコモとボーダフォン〔当時〕に加えて、auの携帯電話から発信されるテクスト内の顔文字についても2006年9月には互換性が確保される「標準サービス」が開始された。ユーザーのニーズをにらんだコミュニケーション上の改善策と言えよう[14]。

3. 文字と記号のせめぎ合い、あるいは共存

3.1. 顔文字を使ったコミュニケーション

　野島(1993)では、いわゆるスマイリー・顔文字のことが「絵文字」と表現されているが、それはともかくとして、「メッセージの雰囲気を和らげ、険悪な場面を好意的なものに変える役割」(野島 1993: 137)への注目という定説に対峙するものとして、「絵文字の安易な利用が電子メディアのメッセージにおける誤解を増やし、ケンカを起こしている」(同上)という所説が展開されている。「キューレスメディア」(渋井 2003: 41)であるから、不足分を補おうとして顔文字を使うというのも真実であろうが、「日常のコ

ミュニケーション場面に比べ、ネットワークではケンカが多い」(野島 1993: 136)ことの説明として、興味深い仮説である。たしかに、匿名性も手伝いチャット・コミュニケーションや2ちゃんねるなどのコミュニケーションにおいて「ケンカ」がエスカレートすることがあるのは有名である[15]。高田(2006: 53)には、電子掲示板上でのドイツ語による応酬の例として、「大文字書きによる不平の表出」と「赤い怒った表情のエモティコン」が頻出するケースが示されている。「赤いエモティコン」は怒りの図像的・色彩的表現である、ということになる。

一般的には、「雰囲気を和らげたり、言語外の要因を付加しようとする」送り手の意図が受け手にただしく伝わらず、顔文字の使用にはルールが完全には確立しておらず、いわば主観的なグラマーに従って使用されることも誘因となって「受け手」の解釈が送り手の意図からずれてしまうケースが多い、という推測が成り立つ。「〔野島のいうところの「絵文字」という〕記号を使っている限り、曖昧性から逃れることはできない」(野島 1993: 141)との指摘は重要である[16]。これはつまり送り手、受け手双方における解釈の恣意性・主観性ということでもある。

もしも、他のコミュニケーション様式に比べて携帯メールコミュニケーションにおいてはたとえ顔文字や絵文字の使用によって誤解が生じたとしてもそれが修復しやすいという印象があるとすれば、匿名のコミュニケーションの対極にある友人・恋人等の親しいコミュニケーションパートナーとの通信の場合がその典型であり、そこではコミュニケーションが対面型コミュニケーションにもなぞらえられるダイアローグのような連続体をなす双方向性のものであるケースが多いからであろう。わかりやすく言えば、「ごめんね」と伝えられるコミュニケーション場面であることが多いということである。

さらに、荒川・中谷・サトウ(2006: 23)によれば、「〔…〕個人が顔文字を頻繁に使用する集団に属しているか、あまり使用しない集団に属してい

るかが重要であり、〔…〕顔文字に頻繁に接触する集団に属していない人は、顔文字の付与されたメールによってネガティブな感情が引き起こされ、顔文字に頻繁に接触する集団に属している人は、ポジティブな感情が引き起こされる」(下線部引用者)という。言語習慣、コミュニケーション習慣が受信者の顔文字評価にも影響を及ぼすわけである。友人などが頻繁に顔文字を使ったメールを送ってくれば、徐々に慣らされ、自分自身も使うようになったり、顔文字が好きになることがある。顔文字の使用ならびに好悪の感情をめぐる相手とのすり合わせ、一種の「協調(accomodation)」とも言えようか。

3.2. 文字のデジタル化とデザイン

もう1つの観点は、ネットワーク社会における文字の変質の問題である。これにコミュニケーションの本質が関連してくる。西垣・ルイス(2001)が喝破したように、一方で「音声、手書き文字、活字、電子文字のそれぞれで、意味作用の同一性が保証される『範囲』が存在するはず」(xi)だし、他方で、「保存・伝達・処理といったコミュニケーションの射程と、微妙な言葉のニュアンスとの間には、本質的に両立不能という関係があり、どこかで必ずバランスをとらなくてはならない」(x)のである。「2011年デジタルテレビ放送への全面移行」は時代の変化をなにやら象徴的に示す指標でもあるが、身体性との隣接意識を多分に含むアナログから非身体的なデジタルへの変化に沿って知らず知らずのうちに文字の画一化・没個性化が起こる。

とりわけ日本でさまざまな顔文字が発明されたり、アスキーアート[17]などが尊重されたり、ドット文字やギャル文字も含めた文字飾り——実はドットの構成体としてみると図像的デザインも文字もあまり変わらない側面があるとも言える[18]——が注目されるのは、こうした画一化・没個性化への無意識の対抗運動であるととらえることもできるし、もう少し単純

に、文字(記号)のデザイン性にひとびとが目覚めたからだとすることもできる。その一方で、デジタルコミュニケーションが進展する(情報処理スピードの向上と処理容量の増大)につれて、文字に対するユーザーの関わり方が変質する一方で、言葉のニュアンスが失われてくる恐れも生じてくる。ニュアンスの喪失どころか用法・文法の誤りが問題であると考えると、この点は、携帯メールやチャットにおけるように推敲時間があまりとれないケースに顕著な、入力ミスが常態となったコミュニケーション機会が増えていること[19]も誘因となって、「近ごろの若いひとの日本語(ドイツ語)は乱れている」といった評価とも重なるものがある。ただし、特定のコミュニケーション様式に顕著な逸脱やミスが言語使用の全般に波及するか否かについては、慎重な調査研究が待たれる。

4. まとめと展望

　最後に、以上の論述をまとめながら、メディア言語学の対照研究についてつぎのような仮説を立て、今後を展望してみよう。

1) 一般に日本の携帯メールについては、とくに若い世代のものには顔文字や絵文字などの視覚的記号が頻出するとされる。この事実は、同一年齢層をとったときこれらがまったくあるいはほとんど現れないドイツ語の携帯メールとの比較によってより明確な形で確認される。
2) 日本の携帯メールには古語語法、幼児語法などが見られる。その頻度は決して高くはないが、これは一種のコード・スイッチングであり、相手との親しさを前提とした意図的な文体逸脱によることば遊びでもある。メールにおける「ありがとぅ」、「37. まぁそんな感。もっと早いかもだけど。」などの小文字書きも文字スイッチングを

用いた遊びであると考えられる。こうしたスイッチングの選択肢は日本語においては豊富であるが、ドイツ語の携帯メールでは(擬似)方言語法や文字・記号の繰り返し、一貫した大文字書きによる程度で、その選択肢はそう多くない。コードの多寡というものも比較対照によってはじめて明らかとなる。

3) たとえば携帯電話というメディアにどんなテクノロジーが搭載されているかという枠組みが、テクストの表現手段に大きな影響を与える。ドイツの携帯メールテクストに絵文字がないのはそれが装備されていないからであり、ドイツのブログやチャットでよく見かける日本式の顔文字は、それが装備ずみで容易に使用可能だから用いられる[20]。

4) 携帯メールテクストに現れた(広義の)言語的特徴の固有性や普遍性は、比較対照する言語の数と種類を増やすことによって、換言すれば言語横断的な調査研究をすることによってより確実に把握されうる。

5) 他方で、日本語やドイツ語それぞれの言語的特徴をジャンル(コミュニケーション様式)横断的に調査することによって、メディアにおけるそれぞれの言語の固有性と日常言語との関係が明らかになる[21]。たとえば、ドイツ語においてはEメールのみならず、携帯メールでも呼びかけと結語のきまったパターンの表現(定型表現)をあえて配置することがかなり多いが、これは「メール」における「手紙文体」の温存である(ドイツ語の固有性)とも考えられる[22]。その一方で、相手への呼びかけを頻繁に行うことは、ドイツ語日常言語の特徴でもある(日常言語の投影)。

6) カッツ・オークス(2003)、コポマー(2004)などの成果も随時参照しつつ、メディアと言語の関係究明のために言語横断的、メディア横断的な調査研究プロジェクトを企画し、推進することが求められる。

7)　具体的にどんなコミュニケーション様式が選択されるか(対面コミュニケーションか、手紙か、メールか、携帯メールか)については、コミュニケーション参与者のおかれている場面、相手との親密度、参与者の心理などの相関関係に関する精密な研究を積み上げて、コミュニケーション行動の機制を解明するべきである[23]。

8)　日本の研究が参照すべきドイツにおけるメディア言語学の強みは、Bittner(2003)、Schmitz(2004)などのようにメディア論の現状をふまえた包括的・概説的な理論的記述がある一方で、「メディアと言語ネット」や論集、論文集における個別テーマ研究が充実している点にある。

注

(1)　FoNK(新コミュニケーションメディア研究所)の調査をまとめて *Focus* No. 29., p. 14 に掲載された 40 歳未満のブロガー(ドイツ語)を対象としたアンケート結果からは、女性は 20 歳未満でブログを書く比率が著しく高く、男性では 30 ～ 39 歳が最も多い。ブログ執筆者の配分は年齢順では男女で逆の傾向性が示されている。このようなジェンダー的視点からの対照研究を推進することも今後のメディア言語学のテーマの 1 つとなろう。

(2)　http://ja.wikipedia.org/wiki/World_Wide_Web, 2006/7/16 参照。もっとも、この数値はその後徐々に下がっているのではないかと推察される。ちなみに、ドイツ語を第一言語＝母語とする者の人口は、1 億 2 千万人を越えると推測され、日本語と大差がない。ただその分布は、ドイツはもとより、オーストリア、スイス、ルクセンブルク、リヒテンシュタイン等々(地域的公用語にしている国も含めると、ベルギー、イタリア(南チロル)等)の複数国と地域に及んでいる点が日本語と事情を異にする。

(3)　単一言語(たとえば英米語)ばかりでなく、複数の言語がコミュニティのなかで並存することを認め、それぞれの話者の言語権も認めていく立場。たとえば、欧州連合の公用語の複数性はこの立場に基づいている。これの「先駆形」である類義概念の「多言語主義」については、月刊『言語』1998 年 8 月号の特集論文、ならびに、佐藤・布尾・山下(2006: 107)を参照。

(4)　参考までにドイツには、不必要で過剰な「英語語法」を避け、なるべくドイツ語を用いて表現することを呼びかける市民組織である Verein Deutsche Sprache e. V.(ド

イツ語協会、サイトは http://www.vds-ev.de/)といった団体がある。類似の団体はオーストリアにもあるが、これらはフランスなどにおける言語政策と比べた場合、国家主導ではない組織が同志を募るだけである点に特徴がある。Watanabe (2004: 78–80)を参照。なお、Networx の最新のもの(No. 48、2006 年)はこのシリーズ上でははじめて英語で書かれた論考であり、コンピュータによって媒介されたコミュニケーションに現われたドイツ語のヴァリエーションを論じている。使用言語として複数言語(とりわけ英語)を採用していく方向性が探られ始めた傾向を示す萌芽かもしれない。

(5) Siever(2005: 145)も参照のこと。なお、「われわれの手紙はたくさん記載しなければ意見を表すことはできない。日本の手紙はきわめて短く、すこぶる要を得ている。」(フロイス 1991: 142)という 16 世紀末のイエズス会宣教師による観察は、携帯メールの相対的な短さに対して歴史文化的観点での答えを考える際のヒントとなるかもしれない。

(6) 詳しくは、渡辺(2005a: 97–105)を参照のこと。

(7) ただし、「ネット言語」という独自の言語の存在に懐疑的な立場の所説として、Dürscheid(2004)などを参照のこと。

(8) 例文番号の直後の数字は 2003 年度に収集した日本語コーパス、2004 年度に収集したドイツ語コーパスにおける通し番号である。いずれも「日本語携帯メールテクスト」「ドイツ語携帯メールテクスト」として渡辺(2005b)に掲載したものの番号をそれぞれそのまま踏襲して併記した。

(9) 筆者は、学生数名から「方言を真似た表現」が日常会話でも使われるケースがある、と聞いたことがある。都会の女子中高生における方言使用の流行については、三宅(2006: 24–25)を、「方言ブーム」や「化粧品」としての方言使用については、陣内(2006: 46–47)を参照されたい。

(10) ただし、そのようななかにあっても、白井(2006: 34–35)が明らかにしたように、たとえばチャット・コミュニケーションにおいて「文字重複による長音の再現」「太字による太い声の再現」「間投詞による笑い声の再現」などの事例がないわけではない。このうちとくに「長音の再現」は携帯メールというコミュニケーション様式にも登場する。太字による表記はメディアテクノロジー的な制約からしてドイツの携帯メールでは不可能であろう。

(11) 原義はこのようになるが、実際の使用場面からすると、「じゃあね」などの意味で、親しい相手に宛てた文章の終結部に現れることの多い「動詞語幹辞」のひとつである。

(12) ドイツのネットワークコミュニケーションにも浸透している日本の「かわいい」エモティコン、いわゆる「カワイコン」については、Shirai, Hiromi: Kawaicons:

Emoticons im japanischen Chat（?_?）(http://www.mediensprache.net/de/websprache/chat/emoticons/kawaicons.asp)（参照 2006/7/11）。さらに、Shirai(2005)を参照。
(13) Nowotny (2005: 18, 7)の記述にしたがえば、2000年にプロヴァイダーが大がかりなキャンペーンを行ったとはいえ、ヴィデオ会議をはじめとするコミュニケーションのマルチメディア化が進行した時期にドイツで携帯電話が浸透し、ショートメールのブームが訪れたのは不思議なことではある。複合的なメディアと簡易なメディアの使用者あるいは使用場面を規準にした仕分けがなされたのであろうか。
(14) KDDI会社情報：ニュースリリース＞絵文字互換サービスの提供開始について http://www.kddi.com/corporate/news_release/2006/0711a/index.html（2006/7/11 参照）による。
(15) メールが人を感情的にさせる点については、小林(2001)、とくに 34–36 頁を参照。
(16) これを言い換えると、オングの指摘にある「話されることばを書かれたものに置きかえる過程は、意識的に適用される明言可能な規則によって支配されている。たとえば、ある絵文字はある特定の語を表わす、とか、a はある音素、b はべつの音素……を示す、というような規則である〔…〕」(オング 2005: 174)における表示のされ方が万人にとって一定ではないということである。
(17) アスキーアートで作られた 2 チャンネルの文字記号(いわゆる「キャラ」＝キャラクター)のことを指す。
(18) 甲賀正彦氏(東京工芸大学)の示唆による。ドット(点描体)が書体を構成していくドット文字は、コンピューターグラフィックスを含むデザイン面からも注目される。
(19) 文字変換操作の手間を惜しむがために携帯メールで漢字変換せず、ひらがなですませる事例や、文字変換操作が障壁となって日本語におけるメッセンジャーの利用が少ないとの推測(橋元 2004: 92)が成り立つという側面にも注目が必要である。
(20) 「新しい文化的な基盤が新しいテクノロジーの作用によって否も応もなく押しつけられていく事態」(マクルーハン・パワーズ 2003: 29)をここでも認定するのは早計かもしれないが、テクノロジーと言語のふるまいの関係を考えることはおのずとそうした「メディア決定論」あるいは「メディア相対論」の射程を省察する契機ともなるだろう。その際には、「ある特定のメディアが文化のパターンに作用する関係を考えるさいに、テクノロジーに還元しえないさまざまな要因をも考慮する方法的態度」(浅見 2003: 329)を意識することも大切である。
(21) たとえば Oberwinkler(2006)は、日本語学の視点から日本のメールマガジンというジャンルを分析した注目すべき論考である。
(22) 具体的な表現のヴァリエーションについては、渡辺(2006: 25–26)を参照。なおこの関連で、子供たちは時候の挨拶もなく、件名も入れずに、携帯メールで話しことばをポンと投げるとする、池田(2004: 170)の見解を参照することは比較文化論的

にも意義深い。
(23) この関連で興味深いのは、本多・佐藤・大島・秋山(2002: 17)に挙げられているエピソードとして人間関係の複雑さから、会社を休むことを上司にメールで伝える部下の話だ。具体的なその状況では、電子メールというコミュニケーション様式を選ぶこともできるのである。

参考文献

Androutsopoulos, J. K. 2003 Online-Gemeinschaften und Sprachvariation. *Zeitschrift für Germanistische Linguistik*, 31(2): 173–197.
荒川歩・中谷嘉男・サトウタツヤ 2006「友人からのメールに顔文字が付与される頻度が顔文字から受信者が受ける影響に与える影響」『社会言語科学』8(2): 18–25.
浅見克彦 2003「形態としてのメディア、思考のハイブリッド」マクルーハン・パワーズ『グローバル・ヴィレッジ―21世紀の生とメディアの転換』(浅見克彦訳)pp.319–343. 青弓社.
Bittner, J. 2003 *Digitalität, Sprache, Kommunikation. Eine Untersuchung zur Medialität von digitalen Kommunikationsformen und Textsorten und deren varietätenlinguistischer Modellierung*. Berlin: Schmidt.
Dürscheid, Chr. 2003 Medienkommunikation im Kontinuum von Mündlichkeit und Schriftlichkeit. Theoretische und empirische Probleme. *Zeitschrift für Angewandte Linguistik*, 38: 37–56.
Dürscheid, Chr. 2004 Netzsprache—ein neuer Mythos. *Osnabrücker Beiträge zur Sprachtheorie*, 68: 141–157.
Focus Das moderne Nachrichtenmagazin. No. 29/2006.
フロイス, L. 1991〔1585〕『ヨーロッパ文化と日本文化』(岡田章雄訳注)岩波書店.
橋元良明 2004「インターネット・パラドックス―在日留学生の調査を通じて」津田幸男・関根久雄編『グローバル・コミュニケーション論―対立から対話へ』〔初版第2刷〕pp. 87–99. ナカニシヤ出版.
本多正明・佐藤義孝・大島眞・秋山博介 2002「座談会 現代社会ではどのようなコミュニケーションが必要なのか」『現代のエスプリ』417: 5–27.
池田謙一監修, 梅棹忠夫他著 2004『ITと文明―サルからユビキタス社会へ』NTT出版.
井上トシユキ 2003『2ちゃんねる宣言―挑発するメディア』文藝春秋.
陣内正敬 2006「方言の年齢差―若者を中心に」『日本語学』25(1): 42–49.
桂英史 2003「ハイパーテクストなど存在しない」小森陽一他編『岩波講座文学1』pp.

285-308. 岩波書店.
カッツ, J. E.・オークス, M. 編 2003『絶え間なき交信の時代―ケータイ文化の誕生』(立川敬二監修, 富田英典監訳) NTT 出版.
小林正幸 2001『なぜ, メールは人を感情的にするのか―E メールの心理学』ダイヤモンド社.
月刊『言語』1998 年 8 月号　大修館書店.
河野六郎 1994『文字論』三省堂.
国立国語研究所 2003『ことばの地域差―方言は今』国立国語研究所, 財務省印刷局.
コポマー, K. 2004『ケータイは世の中を変える―携帯電話先進国フィンランドのモバイル文化』(川浦康至他訳) 北大路書房.
マクルーハン, M.・パワーズ, B.R. 2003『グローバル・ヴィレッジ―21 世紀の生とメディアの転換』(浅見克彦訳) 青弓社.
三宅和子 2006「携帯メールに現れる方言―「親しさ志向」をキーワードに」『日本語学』25(1): 18–31.
夏野剛 2000『i モード・ストラテジー―世界はなぜ追いつけないか』日経 BP 出版センター.
西垣通・ルイス, J. 2001『インターネットで日本語はどうなるか』岩波書店.
野島久雄 1993「絵文字の心理的効果」『現代のエスプリ』306: 136–142.
Nowotny, A. 2005 Daumenbotschaften. Die Bedeutung von Handy und SMS für Jugendliche. *Networx*, 43. (http://www.mediensprache.net/networx/networx-44.pdf.), Hannover.
Oberwinkler, M. 2006 Neue Sprachtendenzen im japanischen Internet – eine soziolinguistische Untersuchung am Beispiel von Tagebuch-Mailmagazinen. Unpublished dissertation, Tübingen Univ.
太田一郎 2001「パソコン・メールとケータイ・メール―『メールの型』からの分析」『日本語学』20(10): 44–53.
オング, W. J. 2005『声の文化と文字の文化』〔初版第 13 刷〕(桜井直文・林正寛・糟谷啓介訳) 藤原書店.
Runkehl, J., Schlobinski, P., & Siever, T. 1998 *Sprache und Kommunikation im Internet. Überblick und Analysen.* Opladen: Westdeutscher Verlag.
佐藤誠子・布尾勝一郎・山下仁 2006「大阪における多言語表示の実態―まちかど多言語表示調査, 外国人へのアンケート調査, 行政・鉄道のインタビュー調査から―」津田葵・真田信治編『言語の接触と混交―共生を拓く日本社会』pp.105–146. 三元社.
Schlobinski, P., Fortmann, N., Groß, O., Hogg, F., Horstmann, F., & Theel, R. 2001 Simsen.

Eine Pilotstudie zu sprachlichen und kommunikativen Aspekten in der SMS-Kommunikation. *Networx*, 22. (=http://www.mediensprache.net/networx/networx-22.pdf), Hannover.

Schmitz, U. 2004 *Sprache in modernen Medien. Einführung in Tatsachen und Theorien, Themen und Thesen*. Berlin: Schmidt.

渋井哲也 2003『出会い系サイトと若者たち』洋泉社.

Siever, T. 2005 Von *MfG* bis *cu l8ter*. Sprachliche und kommunikative Aspekte von Chat, E-Mail und SMS. *Der Sprachdienst*, 49: 137–147.

Shirai, H 2005 *Kawaii*heit überall in der Welt? Zur Ausbreitung und zum semantischen Spektrum von kawaii. In KG Germanistik. Jahresbericht des germanistischen Seminars der Universitat Kwanseigakuin. Nishinomiya (Japan). pp.53–68.

白井宏美 2006「チャットルームで交わされるドイツ語―文字を用いた協調のストラテジー」渡辺学編『ニューメディアに映じたドイツ語の最前線』日本独文学会，研究叢書 46, pp. 29–42.

Spitzmüller, J. 2005 Spricht da jemand? Repräsentation und Konzeption in virtuellen Räumen. In Kramorenko, G. (Ed.) *Aktualnije problemi germanistiki i romanistiki*. Bd. 9. Smolenski: SGPU. pp. 33–56.

Spycher, S. 2004 „I schribdr de no…" Schweizerdeutsche Umgangsformen in der SMS-Kommunikation. *Networx*, 36. (=http://www.mediensprache.net/networx/networx-36.pdf), Hannover.

高田博行 2006「電子掲示板(BBS)に書き込まれるドイツ語―推敲された「逸脱」」渡辺学編『ニューメディアに映じたドイツ語の最前線』日本独文学会，研究叢書 46, pp. 43–56.

Watanabe, M. 2004 Wusstest du, dass weltweit an allen Ecken Sprachen jammen? Über Anglisierung und Internationalisierung im Deutschen.『ASPEKT』37: 71–90. 立教大学ドイツ文学研究室.

渡辺学 2005a「携帯メールの日独語比較対照―文字と視覚的記号によるコミュニケーションのあり方」杉谷眞佐子・高田博行・浜崎桂子・森貴史編『ドイツ語が織りなす社会と文化』pp. 91–110. 関西大学出版部.

渡辺学〔研究代表者〕2005b『日独若者語対照研究―メディアとのリンケージと語彙集編纂に向けて』(課題番号：15520272 平成 15 ～ 16 年度科学研究費補助金〔基盤研究(C)(2)〕)研究成果報告書.

渡辺学 2006「携帯メールのドイツ語―エモティコン、テクスト構成を中心に」渡辺学編『ニューメディアに映じたドイツ語の最前線』日本独文学会，研究叢書 46, pp.15–28.

COLUMN
文字の歴史と絵記号 (history of writing and pictorial signs)

　考古学的発見から文字の成立史を再構成するとおおむね以下のことがわかる。紀元前 3000 年ごろにはエジプトやメソポタミアで「絵文字」が使われていた。表音文字のうち単音文字の代表とされるアルファベットは前 1700 年ごろ東地中海地方で生まれた。これがのちのヘブライ文字、ギリシャ文字、ラテン文字などにつながる。これとは別に、漢字文字(表語文字)は前 2000〜1500 年ごろに始まったものと思われる(主に後掲ヒーリーを参照)。日本語の平仮名はここから派生している。表音文字の下位区分である音節文字(構造的には平仮名、片仮名もこれに含まれる)の代表は、1443 年に発明された訓民正音に起源をもつハングルである。どんな形態をもつ文字体系でも、音声を 100% くまなく再現することは不可能であることは、実際に調音される言語音声の数・種類(ヴァリエーション)が当該言語内の文字の数をはるかに上回ることからもわかるだろう。

　こうした文字と図像性を有する「絵」「絵記号」は別物として従来一線を画されてきた。絵画とそれに添えられた題名を表す文字の関係、映画の画面における字幕の位置づけを思い起こしてみよう。ポスターに記されたスローガンとしての文字などには意匠を凝らされたデザイン性が加わってくるだろう。こうした「文字」と「絵」の関係を見るまなざしにおける変化のきざしは、携帯メール・ブログテクストなどに使用される (emoticon＜感情をあらわすアイコン、とも呼ばれる)「顔文字」や「絵文字」――その形からいうと明らかに「絵記号」であるもの――が、言語記号としての文字と見事に共存していることに見出される。ここから逆に、「文字の図像性」にもわれわれの意識は向けられる。一歩進めば、「文字飾り」の問題である。平仮名と片仮名など、文字体系のあいだの「文字シフト」が効果をもつことは従来から指摘されてきたが、同じ文字でも MS ゴシックと HGP 創英角ポップ体ではその与える印象は明らかに

COLUMN

異なる。文字にどんな意匠（デザイン）を施して活字化するのか、ということがグラフィック・デザインやタイポグラフィー、印刷術の局面からも問われてくる。小さな点の集積からなるドット文字をどのように構成し完成させるか、という問題もある。

　ところで、大文字書き、小文字書きの区別は日本語には本来ない（促音などを除く）が、最近の若者による携帯メールなどの言語には、「ありがとぅございます」「はぁい」「ナイス頑張りでしたょ」のように部分的に小文字書きを交える文字使用が見られる。観察者の視点からは、こうした「文字遊び」には規範からの逸脱による斬新さが感じられ、文字使用者はこうした「文字フォント・シフト」によって、グループアイデンティティを確認しながら「かわいらしさ」を表現したがっているように思われる。

　一方、欧米のチャットや掲示板、ブログのテクストなどにも日本発の顔文字が使われるようになり（たとえば、ドイツの掲示板の顔文字には^^)、XD)〔元来は;-)のように記した、「えへへ」といった照れ笑いなどを表す〕といった事例がある）、携帯メールに搭載されている絵文字や顔文字にも動画風のものが増えた。ニューメディアにおける「絵記号」の浸透は、歴史文化的境界を越えた人類史的視点からは、もしかしたらコミュニケーション形態における（別の文字圏、文化圏である、エジプト、メソポタミアの）絵文字への回帰として位置づけることができるのかもしれない。

　文字の歴史は、**ルイ＝ジャン・カルヴェ著（矢島文夫監訳）『文字の世界史』**(河出書房新社、1998年)、**ジョン・ヒーリー著（竹内茂夫訳）『初期アルファベット』**(學藝書林、1996年)に詳しい。思想的背景も含む**W. J. オング著（桜井直文他訳）『声の文化と文字の文化』**(藤原書店、1991年)もお奨めの1冊である。

（渡辺学）

ドイツメディア言語学の現況 | 25

日本語のビジュアル・グラマーを読み解く

新聞のスポーツ紙面のレイアウト分析を通して

岡本能里子

1. はじめに

　近年メディアを通した表現体において、文字テキストと共に写真、イラストなどの多様なビジュアルな要素(視覚要素)が見られる。特にインターネットや携帯メールなどは、写真や動画とも連動し、新たな絵文字や記号を産み出し、ことばとの連動を通して独自の意味創出を発展させつつある。今やコンピュータに媒介されたコミュニケーション(Computer Mediated Communication＝以下 CMC と記す)において、ビジュアルな要素をぬきにした意味伝達はあり得ないとさえいえよう。こうした現代社会のコミュニケーション形態の変化は、当然コミュニケーション能力および必要なリテラシーの変化をもたらしつつある。学校現場でのメディア教育先進国であるイギリス、カナダ、オーストラリアでは、近年活字中心の教育制度への批判の観点から、それぞれ力点や方法は異なるが、言語教育のカリキュラムにいわゆる4技能である「読む」「書く」「話す」「聞く」に加えて既に「見る」という領域が取り入れられている。これらの先例に比べ、日本では、「見ること」の学習は、メディア教育において個別の実践は行われてきたが、とりわけ言語教育においては体系的、系統的に検討され議論されることはまだ少ない(奥泉 2006)。これらの国々が注目している

「ビジュアルな要素による意味表現を読みとる能力」、すなわち「ビジュアル・リテラシー」(Kress & van Leeuwen 1996)は、高度にメディア化しテキストの複合化した電子視覚情報時代を生き抜く上で欠かせない新たなリテラシーといえよう。本研究では、日本の言語教育分野ではまだ研究が手薄な「ビジュアル・リテラシー」の解明を試みる意味で、そこに埋め込まれた日本語のビジュアル・デザインの「文法」=「ビジュアル・グラマー」の一端を明らかにすることを目的とする。

2. 研究方法

　2006年夏の高校野球優勝投手が2日間でたちまち日本のアイドルになり、経済効果までもたらすというほど、野球はメディア報道の中心的な分野だと考えて良いだろう。本論文では、ビジュアル・リテラシーの習得の必要性を提言する観点から、全国紙のスポーツ面を分析対象とする。スポーツ面には、文字情報以外に、他の欄よりも多様な写真、図、表、イラスト、記号などの視覚的素材が表現素として使われている。更に、電子メディア時代の表記の多様性を反映した字体、大きさ、色が使われており、視覚的表現素の多層化が見られる。それはこのような高度に複合化したテキストによって文字情報だけでは伝えきれないスポーツの躍動感や臨場感を伝えるための工夫であるといえよう。これらの表現素がそれぞれ相互作用しあい、文字情報と連動して、スポーツ選手像やヒーロー像が創出され、感動が伝えられる。本論文では、このようなビジュアルな表現素とことばとの相互作用の実態を上記 Kress をはじめとする西欧のビジュアル・デザインの先行研究を参考にしながら分析し、そこに埋め込まれた日本語の「ビジュアル・グラマー」を考察する。

3. 先行研究概観

3.1. メディア研究の視点

　メディア研究の代表的な広告分析において、バルトによる記号論での注目点は、「バラ」ということばと「バラそのもの」（表示）が、「愛情」（共示）（バルトはこれをイデオロギーと呼ぶ）という異なるメッセージをも伝えるというメッセージの多層性の指摘にある。しかし、そこでの限界は、「バラ」ということばと「バラそのもの」（表示）が常に送り手の一方的な意図どおりに直接「愛情」（共示）として受け手に理解されることにはならないという点である（是永 2004, 難波 2000）。メッセージの受け手は、送り手は誰か、受け手とどんな関係か、どのような場でのメッセージかも含め、バラという花の持つイメージについても受け手の育った社会文化的な価値観によって解釈しているはずである。

　この捉え方から新聞記事の理解がいかにしてなされるのかを考えた場合、そこで使用されている多様な表現素の構成にそって時間的、空間的に送り手がそれらの配置をデザインし、受け手がその概念の結びつきを理解するという社会的実践によって可能となるといえる。つまり、メディアから発信されるメッセージの「意味づけ」や「意味の創出」は、受け手と送り手の相互作用によって社会的実践として協同構築され、その繰り返しによってテキストを読み解くための「文法」が産み出され、それらが再構築され強化されていくといえよう。この観点は、本研究の分析枠組みとして援用する以下の Kress らのビジュアル・リテラシーの考えと一致している。

3.2. 西欧のビジュアル・デザインの文法

　Kress & van Leeuwen(1996, 1998)は、視覚的要素と文字要素との相互作用による意味創出に注目し、オーストラリアの小学校の社会科の教科書の

図や新聞記事のレイアウトを分析した。これらの研究を通して「多相的なmultimodal」リテラシー研究の先鞭をつけた。この小学校の教科書分析では、左側の鉄砲を持ったイギリス人が右側のアボリジニを狙っている図を紹介している。この左右の配置によってアボリジニが文化人類学的に研究観察される対象であり、イギリス人が歴史を作る主体として描かれているという。つまり、子どもたちに戦いのようすをイメージさせるのみならず力関係を示すイデオロギーが埋め込まれ教えられることとなる[1]。

次に、The New London Groupという英語教育研究者集団が'Multiliteracies'という概念を提唱し、リテラシーの多面性を前面に打ち出した(The New London Group 2000)。多元化する現代社会において必要な重層的なリテラシー(マルチリテラシーズのための教育学＝A Multiliteracies Pedagogy)を捉えていく中で、Kressらは、「デザイン」という概念を提案する。そこでは言語による意味も'Linguistic Design'として捉えられる(Kress 2003)。

例えば「メアリーがビルと結婚した」と「ビルがメアリーと結婚した」という文では、前者は、発信者がはじめに表現されたメアリーとより親しいことが伝えられ、後者では、焦点がビルの方にあるという意味を伝える。ここで伝えられる意味は、従来言われている文法だけによるのではなく、どちらが先に置かれるかという配置の「デザイン」の効果と考える。その使い分けは、それが表現される場面やそこでの権力や興味などによってなされ、個々に意味およびイメージが創出される。談話ではなく一文においてさえも、それが実際に発せられる場合、その場の人間関係などの文脈を含めて意味創出がなされるように「ことばの配置がデザインされている」という観点は注目に値する。

本研究の分析枠組みとするKressらのビジュアル・グラマーにおいて、新聞のレイアウト紙面を4つに分割した場合、西欧文化圏では、4つの位置において、図1のように上の左はgiven/ideal(古い、既知の事柄／抽象

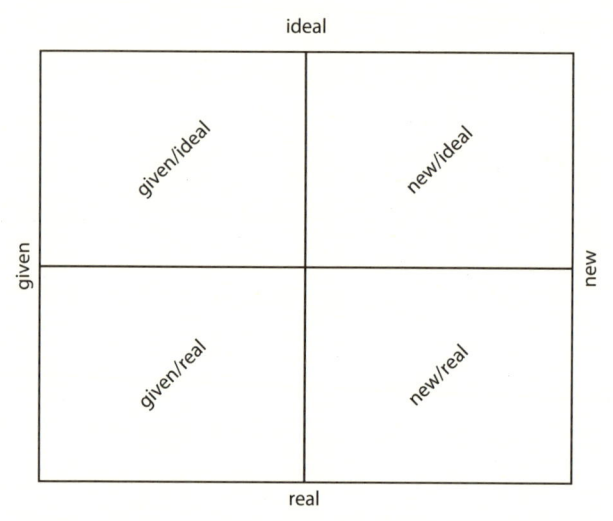

図1　Quadrant of spatial meaning potential on "Western" images(Kress 2003: 70)

的)、上の右は new/ideal(新しい、未知の事柄／抽象的)、下の左は given/real(古い、既知の事柄／具体的)、下の右は new/real(新しい、未知の事柄／具体的)という意味を表しているという共通認識があるとしている(Kress 2000, 2003)。

　つまり互いの位置関係によって当該社会文化の成員の共通理解として空間の意味が社会的に創出および構築されているといえよう。更に、読み手との相互作用を通してそのような読み方が「文法」として再構築されていくと考えられる。Kress は、このようなビジュアル・グラマーは、西欧文化のものであるということを繰り返し述べている。しかし香港の道路標識の興味深い例もあげられている。香港が 1997 年にイギリスから中国へ返還された後の 1999 年に道路標識の英語と漢字の位置が逆のものが混在している写真を紹介し、ここに権力の移動が微妙な文字の配置の変更に現れていることを明らかにしている(Kress 2003)。

　この観点は近年さかんになってきた批判的談話分析(Critical Discourse

Analysis＝以下 CDA と記す)の手法と重なる。CDA は、主に新聞をはじめ様々なマスメディアが発信するディスコースを分析し、そこに潜むイデオロギーを解明しようとする。しかし、Kress は、CDA が言語に焦点を当てているのに対して言語だけでなく、絵、音楽、ジェスチャーなどの異なるモードによる意味の分析の必要性も強調する (Kress & van Leeuwen 1996)。先にあげたマルチリテラシーズの必要性を提案している The New London Group (2000) は、このような複数の異なるモードが伝える意味に着目し、図2のようにこれらの異なるモードの組み合わせをデザインし、複合的な意味を創り出す領域として、前述した Linguistic Design 以外に Visual Design, Audio Design, Gestural Design, Spacial Design, Multimodal Design の5つのデザインをあげている。

　これらを「デザイン」し、意味を創り出すことが、マルチリテラシーズ育成のための教育学の基本であり、教師は、学習の道筋をデザインする者として位置づけられる。また、言語同様、上記のそれぞれの領域には、創出されたイメージを読み解くための「文法」があり、この新しい文法感覚 (new sense of grammar) の必要性を提言している。「文法」という表現にこだわるのは、そこにそれぞれのモードに合わせた制限があり、それは個々の社会文化に個別のものであるからだとしている。この捉え方は、スポーツ面の多様な視覚的要素の配置と文字情報との連動による意味創出を考察していく上で貴重な視点を与えてくれる。

3.3. 新聞記事のレイアウトの対照研究

　日本でのビジュアル・デザインの研究としては、Hamaguchi (2002) が、上記 Kress & van Leeuwen (1998) らの新聞一面のレイアウトの研究をもとに、2001年9月11日にアメリカで起きた同時多発テロ事件を報じたイギリス、アメリカ、日本の新聞一面記事の対照研究を行っている。Kress & van Leeuwen の提唱するビジュアル・デザインにおいては、1) 配置位置に

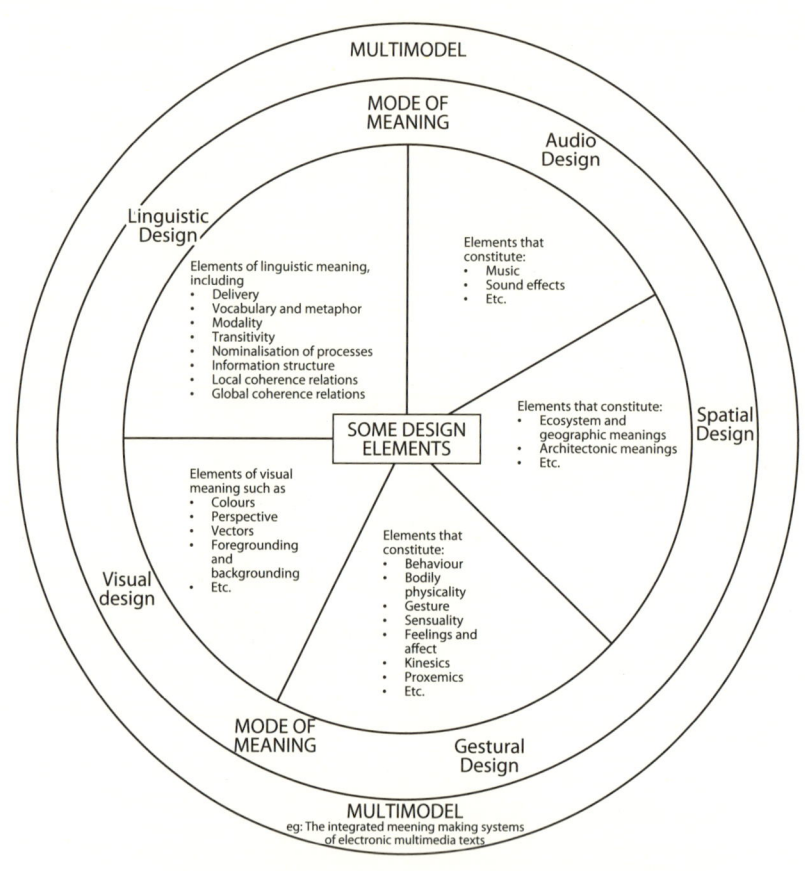

図2　意味創出の多層的領域(The New London Group 2000: 26)

よって情報価値が違うこと、2)目立たせ方(salience)があること、3)各要素が関連しているか(connection)、関連がないか(disconnection)についての工夫がなされていることが紙面を細かく分析することで提示されている。Hamaguchiはそれとの比較の観点から、日本語の新聞のレイアウトを分析し、以下の点を見出した。まず配置のデザインについて考察してみると、アメリカでは一面に多くの要素が見られる。一方、イギリスでは少なく、

他方日本ではKressらが西洋のレイアウトでは稀とした「ひとつの要素が中央にあり、その周りにいくつかの関連性のない補足的な要素がとりまく"center-margin layout"が用いられていた。また、アメリカは「文字―写真―文字」のように縦や横に並ぶ3つの要素が異なった情報価値を保っている"triptych"（三部作）と呼ばれる配置になっている。更にアメリカのレイアウトは左右対称になっていることが多いなどの特徴が見られた。イギリスでは、大きさや内容から目立つ写真が中央の端から端までに配置されている。その写真は、その上の見出しの単なる描写ではない。一方アメリカのレイアウトでは写真は見出しの描写として用いられてニュースの内容を鮮明にしているが、イギリスでは、文字とグラフィックの直接的関連が薄い。そのため、Hamaguchiは、グラフィックに内在する意味がその役割を担っているのではないかとしている。
　日本の新聞紙面のレイアウトの大きな特徴は見出しが縦書きと横書きの両方あるという点だ。9.11の記事では、通常あまり見られない大きな横書きの見出しが端から端までを埋め、縦書きの見出しが補足しているという配置が通常と違っている。これはこの出来事をいかに重要なものとして捉えたかを示しているとしている。
　次に、Hamaguchiは見出しの使い方を比較している。アメリカは文字数が3-4行にわたる形式のものが多い。一方イギリスでは見出し文字数は少なく簡潔だが、見出しが次のページにも続くようになっていて「視覚の拡張」が見られる。それによってニュース価値を高めていたという。日本のレイアウトでは、一面と同じ視覚的効果が他の数ページにわたって使われており、繰り返し同じパターンを使うことで記事と記事のつながり（connection）を表していたとしている。新聞のレイアウトの分析により、9.11の同時多発テロの国際社会に対する意味が言語的にも視覚的にも伝えられたと結論づけている。Hamaguchiの研究で注目されるのは、それぞれの言語社会には、異なる特徴的なビジュアル・デザインがあり、それを

元に意味創出がなされ、言語だけでは伝えられない意味を読者に伝えているという点である。同じ英語圏であるイギリスとアメリカでもビジュアル・デザインが異なるという点は興味深い。先のオーストラリアの教科書の例から考えると、ことばには直接現れていないイデオロギーが視覚的要素に埋め込まれ、それを通して「読む道筋」が示され、理解のあり方を方向付けることになる。そうであれば、新聞を読み解く上で、そこに埋め込まれているビジュアル・デザインの文法を明らかにし意識化する方法を見出すことは、メディアの発信する情報をクリティカルに読み解くために必須なことといえる。

　この記事では、直接の被害者かそうでないかにおいては、アメリカだけが被害者だといえる。その一方で、3カ国ともテロに立ち向かう「国際社会の一員」という同じ立場としてメッセージが伝えられている可能性もある。その違いに注目して考察すると、更にそれぞれの記事に埋め込まれたビジュアル・グラマーが見えてくるかもしれない。Hamaguchi も最後に述べているが、インターネットやテレビの画面などの分析にも適用すれば、更なるビジュアル・グラマーの解明へとつながると思われる。

　以上見てきたように、ビジュアル・デザインを読み解くことは急務である。しかし、ビジュアル・デザインを担う表現素は多岐にわたっている。そこで今回は、主に理解を方向付ける「読む道筋 (reading path)」(Kress1996, 2003) がどのように創られているのかに焦点を当てて考察する。先の Hamaguchi の研究では、「視覚の拡張」が行われていることが示されていた。この指摘は「読む道筋」を誘導するビジュアル・デザインといえ、本研究での分析にとって意義深い。

4. データ

　分析対象とするデータは、2000 年 11 月 1 日から 2001 年 11 月 22 日

と、2002年11月1日から2003年11月22日までの、朝日新聞埼玉版の縮刷版および、2005年8月7日から同年8月18日までの埼玉版の高校野球の紙面である。

5. 結果と考察

　岡本(2004)において、メディアにより大リーガー松井秀喜が日本らしさをもったメディアスポーツヒーローとして構築されていったことをイチローの記事との比較をもとに記号論研究の手法を援用し明らかにした。今回は、新聞記事のビジュアル・グラマーを読み解くという新たな観点から、同様のデータと、更に高校野球の紙面も分析の対象とする。特に今回は紙面のレイアウトを中心に、大リーグと高校野球の紙面においてことばやビジュアル表現素が相互作用を通してどのような意味を創出しているのかを分析する。それを通してそこに埋め込まれているビジュアル・グラマーの存在を探る。その上で、Kressによる西欧のそれとの異同を明らかにし、そこにデザインされている日本語のビジュアル・グラマーの一端を抽出したい。以下、Kressの分析にそって、日本語のスポーツ記事の紙面を見ながら考察していくこととする。

5.1. 大リーグ
5.1.1. 読む道筋
　1)ビジュアル情報と文字情報の相互作用による意味創出
　Kressは、ビジュアル・デザインによる意味創出の中で、「読む道筋(reading path)」という点に注目している。「読む道筋」とは、読者の読む順序のことでKressは、新聞紙面のレイアウトのデザインを通して読者がどのように当該記事を読むべきかを方向付けているとする。岡本(2004)では、イチローと松井のチームが対戦した試合の記事から、写真の「本塁

イチローの前で松井一発

糸引くライナー「レーザーホームラン」

MLB
大リーグ

【ニューヨーク＝堀川貴弘】ア・リーグ東地区の首位対決、ヤンキース―マリナーズが8日、当地で行われ、5番中堅手で先発したヤンキースの松井秀喜が第1打席で右翼スタンドに第21号同点本塁打を放った。1番右翼手で先発したマリナーズのイチローも1安打。3回、ジアンビの右翼フェンス直撃の安打を、振り向きざまに一塁手前に内野安打を放った。

松井の一発、ジョンソン攻守と快走でファンを魅了

イチロー

試合はヤンキースが9―7で勝った。

松井の話 本塁打感触は良かったが、距離が届くかなと思った。ぎりぎり入ってよかった。しっかり内角からたたいたので、ファウルにはならないと思う。ああいう強い打球をうち続けたいですね。

▽ア・リーグ
マリナーズ 000 010 600―7
ヤンキース 030 005 01X―9
【マ】（略）
【ヤ】松井、試合

本塁打 松井
二塁打 右本塁打
四球
捕殺内野安打
中飛
空振三振
遊ゴ

ようなボテボテのゴロを内野安打にした。拾い上げた捕手が、塁への送球をあきらめてしまいそうな内野安打だった。この内野安打を口火に、チームはこの回打者一巡、4点を奪う。

墨への遺憾を晴らした。次は快足。5回の第3打席、高めの球を完全に打ち損じるが、あきらめない。スピードを失うことなくスタイルを貫く松井。それを背に出足で、バットを止めて走り出すイチロー。3回、ジアンビの右翼フェンスまで達する安打を、振り向きざまに三塁打を見送って内野フライ間の中間で止まる。パワー全盛の時代にテリーが持つ「現役最多球団でもない。自ら安打を打って走塁を見せる。どんな強敵でも、自らを信じているライナーを。佐々木が11日にも一軍昇格を、と話した。ヤンキース戦出場は、8日、ルソンEクリニテスのトレードで獲得したといい、試合前に「チーム入りを告げた。ニューヨーク＝藤島

ローは輝きを失わない。ニューヨークのファンを感嘆させるプレーが随所にちりばめられていた。打者一巡、その裏の攻撃で、3回に松井の一発、ジアンビのツーランなどで試合をひっくり返す。9点目を決めた松井のホームラン。東西両区の首位対決。そしてレギュラーシーズンではもちろん、イチローと松井が交差するのは初めて。加え、同点弾を浴びせるポール際の短打を、打線の矢継ぎ早な4点目、主軸の活躍で取り戻す。3回0死3塁で、打線は打者6人で28点も。

2回裏、本塁打を放ちながらイチローに視線を遣ると、背後にはイチロー＝時事

佐々木復帰は11日の見込み

（ニューヨーク＝藤島真人）

野球の奥深さを改めて示す。メルビン監督が「たぶん全米を驚かせる」と話していたこともあり、18日、7日にアルベンタスからの昇格となる。この日も報道陣に笑顔で「（佐々木）」が戻ってくるのはいいうれしい」と話した。佐々木の状態について、メルビン監督は「とても良い。彼の球筋を見ていると、復帰は試合に登板できる状態になった気がする」と話した。

先月のオールスター戦で右肩を痛め、戦列を離れていたマリナーズの松井。試合前に言葉を交わす2人の姿があった。「久しぶりに楽しむことが大切」と語った。「先輩」のイチローはアドバイスを送ったという。「先輩、もちろんアドバイスを送った」と、ほほえみの闘志を浮かべた。

記事1　2003年8月9日　朝日新聞（夕刊）スポーツ面

打を放ちダイヤモンドを回る松井。左後方はイチロー」という説明文、見出し、写真の配置のデザインを通して読む方向が示され、更に本文の「打球をたどれば、その先にイチローがいた」という文章により視線が誘導され、松井とイチローの2人の戦いという意味創出が行われていることを明らかにした。写真だけで考えると通常フォーカスが当たっている選手が注

目すべき選手であると読み手は理解する。今回ビジュアル・デザインに焦点を当てて再度この記事を考察してみた。写真だけ見ると一番大きく前に写っているのは松井で、次いでフォーカスが定まってくっきり写っているのは松井のすぐ後ろにいるイチロー側の球団の守りの選手である。イチローは顔も横顔であり、写真の中央でもなく後方にいてぼやけている。しかし、イチローを松井と関連づけて見るべきであるということを写真の下の説明文、見出し、本文の相互作用を通して示すことを可能にしている。つまり、写真のみで伝えられる意味とは異なる意味創出が、写真の説明文、見出し、本文という異なるテキスト間の相互作用も含んだ言語とビジュアルの複合的なモードの組み合わせによってなされているといえよう。正に図2で見た多層的な領域の配置のデザインによって各要素が相互作用し「読む道筋」が示され意味が創出されているのである。

2)見出しの配置と統語的要素との相互作用による意味創出

次は、個々の記事の内容とは別に記事を越えて、記事と見出しの配置のデザインによって2人の対比という関係性の意味創出を行っている例である。〈記事2〉の見出しと「助詞」のレイアウトに注目してほしい。

まず、この記事では、見出しの配置のビジュアル・デザインによって視覚的に2人が対比されている。イチローが右上でその左下にイチローの見出しよりも小さいフォントで松井のそれが配置されている。これは、2人がそれぞれ別の相手チームと戦った試合の記事であり、内容としては独立している。しかし、見出しはそれぞれ「イチロー3の2」「松井は3の1」とあり、サイズは異なるが同じフォントが使われている。この見出しは野球ファンなら知っている打席数とヒット数を表す独特の表現で、この日はイチローと松井がそれぞれ「3打数2安打」「3打数1安打」だったという意味を伝えている。更にここで注目すべき点は、イチローは無助詞であるのに対して、松井は「松井は」と「は」がつけられている点だ。日本

記事2　2003年3月20日　朝日新聞（夕刊）スポーツ面

語の助詞「は」には複数の意味があるが、その中に「対比」を表すものがある。その構文の特徴は、対比の対象となる2つの事柄があり、それらが「が」や「けれど」で結ばれる。この記事の場合、1文ではないが、「は」のこの「対比を表す」という文法的意味を知っている人なら、イチローは無助詞であるにもかかわらず、松井に付与されている「は」によって2つの見出しを「イチローは3打数2安打だったが、松井は3打数1安打だっ

た」と読むこととなる。更にこの見出しのデザインからわかることは、見出しの上下の配置だけではなく、縦書きで右から読む日本語においては、右の方が左よりも価値が高いということも伝える。つまり、見出しの上下左右の位置、フォントの種類と大きさ、野球ファンなら共有している独特の表現や助詞による文法的意味を駆使した複合的な配置のデザインを通して独立した記事を越えた「視覚の拡張」を導き、2人を対比して読むよう「読む道筋」がデザインされる。その結果、この日の2人は同じ打数だったが、イチローの方が1安打多くて上だったということを伝えることになる。それによって2人がライバルであるという意味を創り出す。見出しそのもののデザインと紙面全体のレイアウトおよび統語的意味が相互に作用し、2つの別々の記事が関係づけられ、意味創出がなされているといえる。ここに日本語独特の縦書きも含めた複合的な視覚的表現素によるビジュアル・デザインを通した、日本語のビジュアル文法の一端を垣間みることができたといえよう。

3) 統語的要素

〈記事3〉の統語的な面に注目すると、〈記事2〉と同様、ここでも無助詞と「が」という助詞による「読む道筋」の誘導がある。助詞「が」には「は」のような「対比」の意味はなく、基本的には動作や状態の主体を表す。その結果、〈記事2〉では、松井とイチローはライバルとなり、〈記事3〉では、イチローと佐々木が仲間であるという意味創出が可能となる。それは、読み手が「は」と「が」の意味の違いを知っており、その知識を配置のデザインによって喚起し、意味を伝えているといえるだろう。次に注目したいのが、斜体と白抜きという同じ見出しのデザインで、2つの見出しの関係性が伝えられている点だ。また、この日はイチローのデビューの日だったことから、見出しではイチローが上で、左下にフォントが小さく佐々木の見出しがあり、イチローに焦点があることがわかる。一方写真

記事3　2001年4月4日　朝日新聞　スポーツ面

では、左に佐々木、右にイチローで視線は合わせていないが。手を合わせているところが映っている。Kress らのさきほどの図1から見た場合、佐々木が文字通り given（古い、既知の事柄）でイチローが new（新しい、未知の事柄）という意味を伝える構図になり、デビューしたイチローに注目しつつ先にいた佐々木がイチローを迎えたという関係性が伝えられることになる。更に佐々木の見出しの下に小さく「梅干し効果初セーブ」となっ

ており、本文で「タイと梅干しを食べてきた」という佐々木のことばが紹介されている。記事内容にある日本でのお祝いの習慣の「タイ(鯛)」と日本的な食べ物の代表と認識されている見出しの「梅干し」で、2人を「日本人」という共通要素で関係づけ、「日本人」の「佐々木とイチロー」が協働で勝利したという意味を伝えることになるのである。また、「2人で戦う今季が、楽しみだ」と記事をしめくくっており、読者がこれから日本人選手2人に対して期待して見るように心理的方向付けも行っているともいえるのではないだろうか。

4)コラムタイトルにおける「目」「見る」
「読む道筋」と関連してビジュアル・デザインに連動する要素をもっているという意味で興味深いのは、大リーグの記事に次のように「見る」ということばを使ったコラムタイトルがいくつかある点だ。

　　　　大リーグ：「イチローを見たか」「鉄人の目」「EYE」

これら視覚に関連することばによって当該コラムが誰の視点でどのように「見るか／読むべきか」という「読む道筋」を直接伝え、個々の記事理解を方向づけていると考えられる。高校野球のコラムにも類似の要素が見られたため、これについては高校野球の記事分析の際にふれることにする。

5.1.2.「縦書き」と「横書き」、「文字シフト」によるビジュアル・デザイン
　次の例は、日本語の表記のビジュアル・デザインによって意味が創り出されている例である。
　イチローが大リーグに入る年となった2001年1月1日から5日にかけて、図3にあるような「イチローからICHIROへ」というタイトルのコラ

朝　日　新　聞　2001年(平成13年)1月1日　月曜日　14版　スポーツ　18

イチローから ICHIROへ

1

「軽率な行動を取ったのは事実です」。イチローは率直に言った。

二〇〇〇年十二月二十八日夕。名古屋市内のホテルには担当記者が集まっていた。イチローの正月明けの始動取材に割く時間が取れそうもないとの連絡がオリックス球団からあったためだが、実際は写真週刊誌が前日に報じた「不倫」について、本人に真相を確認する目的もあった。

せき払いを一つした後、彼は「言わねばならないことがいくつかある」と切り出し、理路整然と語り始めた。最後まで、顔を紅潮させることも、声を上ずらせることもなかった。

◇　◇

イチローには二つの顔がある。スーパースター「イチロー」と、プライベートな「鈴木一朗」だ。

七年連続首位打者をはじめ、数々の記録を樹立した日本球界の至宝の部分である「イチロー」は、二十七歳の若さに似合わず、どんなときにも感情を制御できる強い精神力を身につけている。一方の「鈴木一朗」は素顔の部分だ。キャベツなど野菜が嫌いだったり、車が大好きだったり……。友人とふざけ合い、夢を語る普通の男だ。

こうした二面性は程度の差こそあれ、だれにでもある。しかし、「イチロー」の素顔との違いは常人とは比べものにならないほど大きいように見える。冒頭の「不倫」会見が象徴的だ。スキャンダル的な話題はうろたえて当然なのに、全く動揺しないまま、内容についてほぼ認めた。

「鈴木一朗」としては内心動揺していないわけはなかった。それでもあえて公の場に出たのは、彼の胸中深くに、スーパースターとしてひき

図3　2001年1月1日 朝日新聞 スポーツ面

ICHIRO イチロー

グラブ色変え 心機一転図る

オープン戦を二日後に控えた二月二十七日、真新しい濃紺のグラブが二つ、届けられた。練習後、グラブを作ったミズノの坪田信義さんが直接、手渡した。

昨年までは黄色のグラブを使用していた。オリックス入団当初からイチローのグラブを作る坪田さんは「入団して最初に作ったのが濃紺色。私なりに、初心にかえってメジャーではブルーのグラブを使うものだと解釈している」。

グラブは黄色から濃紺色へ、バットは白から黒と外観は変わっているが、形状は何も変わらない。日本で培った自信と感覚を残しつつ、心機一転を図るイチローの意気込みが伝わってくる。（ピオリア＝藤島真人）

新庄は活用できるかな

パソコン野球 メッツが挑戦

昼食時間も忘れ、バレンタイン監督がパソコンをのぞき込んでいた。二月二十七日（日本時間二十八日）、米大リーグのメッツのキャンプ地に野球に関するデータ解析システムを提供する「株式会社アソボウズ」のスタッフが持ち込んだものだ。ち密な野球を好む監督はロッテの監督時代に活用したという。

同社は日本プロ野球の試合の1球ごとの配球表など細かなデータをインターネットで流しているが、メッツ、マリナーズの公式戦でも実施したいという。同社の山根取締役は「イチローさん、佐々木さん、新庄さんは、非常に関心が高いですから」と説明した。

「来た球を打つタイプ」と思われがちな新庄は、どう活用するだろうか。（共同）

図4　2001年3月1日 朝日新聞
スポーツ面

ICHIRO

96年の日米野球でのことだ。大リーガーを相手にしたイチローはこれほどすごい世界があるのかと、試合のあとに涙を流したという。それから5年、初めての日本人の野手の大リーガーが、ダイヤモンドを駆け回った。

7回、高めの直球だった。イチローの速いゴロが、遊撃右を抜けた。メジャー4打席目で初安打だ。「米国の球場にやっと立つことができました。そしてヒットを打てたことに喜びがありました」。イチローが塁上で笑う。これをきっかけに、チームは4―4に追いついた。

無死一塁の8回は、バント安打で盛り上げた。「一番緊張した打席。94年ですかね、最後に公式戦でバントしたのは」。不安をよそに打球は投手メシールの右前にうまく転がった。

イチローは足が速い。相手もそれを知っている。あわてたメシールの一塁への送球は高くそれて二、三塁。勝ち越し点につながった。

「キャンプのユニホームじゃない本物のユニホ

図5　2001年4月4日 朝日新聞
スポーツ面

ムが連載された。まだイチローがアメリカに渡る前であり、日本の「イチロー」からアメリカの、または世界の「ICHIRO」に進化するという意味を文字種のシフトによって読み取ることができる。また横書きだけでなく斜体になっていることで左から右へ、つまり現在から未来へという時間の変化と共にイチローのアイデンティティーが変化していくことも伝えようとしているのではないか。日本語の新聞の特徴は、基本的には縦書きである。横書きができるのは通常は見出しだけである。しかし稀にコラムや写真の下の説明は横書きになる場合もある。ビジュアル・デザインの観点からこのコラムタイトルを考察すると、基本の縦書きでは、右から左へと読む道筋が決まっており、見開きではない場合は、時の流れも右から左となる。一方、見出しやコラムに見られるように横書きであれば左から右へと時間が流れていると捉えられていることがわかる。これは、Kressらによる西欧の捉え方と重なっている。次に本戦前のオープン戦の間には、図4のような縦書きで左がカタカナ、右がローマ字のコラムが登場した。この時イチローは、既に大リーグに入団しているが、まだ本戦前のオープン線の期間である。そのため縦書きでカタカナとローマ字を並列させているところに日本人としてのイチローがまだ残っているという意味創出がなされているといえる。更に4月の本戦からは、図5のようにローマ字だけのコラムとなる。ここで注目されるのは、縦書きのままだという点である。通常ローマ字を縦書きにすることはない。カタカナが消えたことで日本人という要素がなくなったように見えるのだが、そこをあえてローマ字表記の規範を破って縦書きにしているところに次のような意味創出がなされていると思われる。文字上では日本人という要素を消しているようでありながら、縦書きというデザインによってイチローが日本人であるという意味を創り出し伝えているのではないか[2]。ひらがなとカタカナは意味を伝える表意文字である漢字とは違い、一般的には音のみを表す表音文字とされている。しかし、日本語の異なる文字の間のシフトと縦書きと横書きとの多

相的なビジュアル・デザインによって「日本人」のイチローが「外国の」大リーグでプレーすることになったという意味が創り出されていると考えられる。日本語が複数の表記をもっていることによってその表記間のシフトを通した意味創出がなされていると捉えることができる。これは、文脈によっては文末が普通体から丁寧体へのスピーチレベルシフトによって対人間の心的距離を示し、例えば夫婦喧嘩が始まったことが伝えられるのと重なる指標的な意味創出だといえる。これをスピーチレベルシフトに呼応させて「文字シフト」と名付けたい。文字シフトが文脈と相互作用して意味が創出されているという点、単一文字しかもたない西欧の言語や中国語とは異なる複数表記をもつ日本語の成せる業であり、視覚的意味創出のダイナミックさと柔軟性を示していて興味深い。

5.2. 高校野球

　高校野球の記事には、大リーグ以上に多相的なビジュアル表現素が使用されている。高校野球の記事の特徴の1つは毎日登場する複数のコラムがあることだ。

5.2.1. マンガの文法が支えるイラストや記号

　この図6にもあるようにそれぞれのコラムにはその内容を表すコラム名がつけられており、それと関連したイラストが描かれている。「見どころ」というコラムでは、目のイラストがある。記事内容からだけでなく、「見る」ということばそのものとイラストというビジュアルな要素を使って当該コラムが誰の視点でどのように「見るか／読むべきか」という「読む道筋」を直接伝え、個々の記事理解を方向づけていると考えられる。
　また、マンガで良く使用される直線や曲線のイラストも見られる。それぞれボールのイラスト、「はま風」「熱風」という言語表現、「メガフォン」というイラストとの相互作用で、ボールの軌跡、風の流れ、メガフォンか

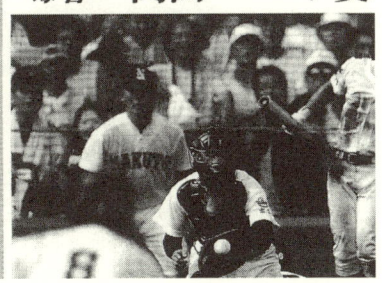

図6　上)2005年8月18日 朝日新聞 スポーツ面
　　　下)2005年8月15日 朝日新聞 スポーツ面

ら聞こえる声／音、と読み解くことができるだろう。興味深いのは、直線でボールの移動の速さを、曲線で風のゆったりした流れを、点線の直線でメガフォンからの大きな声という意味創出が可能になっている点である。それを共通して読み解けるのはなぜなのか。これらをマンガでは「記号」と呼ぶようで、マンガを読む人なら無意識に習得している「マンガの文法」(夏目1997、竹内2005) ともいえる共通知識によってことばでは表せない意味が伝えられ読み解かれているといえるのではないかと思う。

5.2.2. 文字種とフォント

　文字の種類も丸いフォントでマンガのようなデザインになっている。またこのコラムでは写真の配置がいわゆるマンガのコマの配置のようになっている。このコラムの右の「熱風アルバム」は、「熱風」が赤で描かれている。この赤は、温度の高さを示し、「丸」のはねる部分が舞い上がっているようにデザインされている点も風の流れを表しているようでおもしろい。このような丸いフォントやマンガ的なイラストからは球場の「熱気」と共に「かわいさ」も伝えているようで、携帯メールの記号やエモティコンのかわいさとも連動するイメージが感じられる。プロとは異なる高校生の若さや幼さのイメージを創り出しているとも考えられる。多様なフォントを更にマンガ的なデザインを施すことよって記事の中身と相互作用し、様々な意味創出が可能となり、重層的に高校野球のイメージを創り出しているといえよう。

5.2.3. 言語化による意味理解の方向づけ

　大リーグ同様、先に述べた「見どころ」以外にもビジュアル・グラマーを読み解く上で興味深いのが、毎日連載された〈記事4〉の「君に見せたい夏がある」というコラムである。
　〈記事4〉は、このコラムの別々の日のものを2つ並べたものである。こ

記事4　左)2005年8月18日 朝日新聞 スポーツ面
　　　　右)2005年8月15日 朝日新聞 スポーツ面

　のコラムタイトルは、この年の高校野球のキャッチコピーで、毎年一般公募の中から選ばれる。ちなみに2006年度のキャッチコピーは「夏の仲間にありがとう」だった。このコラムには野球関係者に加え、タレントや各分野の著名人の高校球児たちに送るメッセージが掲載されている。それによって多くの先輩や大人たちに注目され、支えられて高校野球があることが伝えられているといえよう。

　このコラムには、上記メッセージの送り手の写真が掲載されている。このコラムはすべて紙面の左端に置かれていた。更に、写真はコラムの左上に配置され、視線は左側の記事のように右方向に向けられている場合がほとんどだった。この配置はKressの図1から読み解くと左がgiven(古い、

日本語のビジュアル・グラマーを読み解く　47

既知の事柄）、右がnew（新しい、未知の事柄）、左が「見る者」「支配者」、右が「見られる者」「被支配者」となる。すなわち記事内容のみならず写真の配置のデザインによってメッセージの伝え手と高校球児の権力関係が創り出され人生の先輩が高校球児に教訓を与えているという意味を伝えることとなる。更に注目したいのは、〈記事4〉の右側のコラムの写真が今回唯一正面を向いていて、上記の「見える」「見られる」という権力関係を伝える配置になっていない点である。この記事の写真の人物は高校生と同年代のタレントであり、球場が背景に配置され、球場にいる高校生たちと同じ立場、視線から読者に伝えているという構図となる。このことから、日本の記事も左と右が「見る者」と「見られる者」、権力をもっている方と持たない方というKressの配置のデザインと重なるビジュアル・グラマーがあるといえそうである。

　ここで更に興味深いのは「君に見せたい夏がある」というタイトルの意味である。この文の主語は誰なのか。「誰が」「誰に」「夏」を「見せたい」のか。

　まず、日本の高校野球を知っている人なら、この「夏」は文字どおりの季節の「夏」ではなく、「高校野球」であり、高校野球で戦う球児の姿ということはすぐ理解できるだろう。通常なら記事のメッセージの送り手が主語となるのが自然だろう。しかし、この記事の場合、メッセージの送り手は先に述べた人生の先輩たちである。つまり高校野球を見ている側となり、見せているのは高校球児たちである。写真の位置からは、球児たちが見られている側となるのだが、「高校球児」が「見せる」側である点、ことばの意味とビジュアル・デザインによって伝えられる意味との不一致が起こっている。

　更に、もし日本語話者であれば「君」ということばが男性から「同等」または「目下」の男性または女性に対して使うことばであり、目上には使えないということを知っている。ということは、「誰が」と「誰に」が単に

逆転し「高校球児」が人生の先輩である「メッセージの送り手」に自分たちの活躍する姿を「見せたい」ということにはならない。また、見せたい相手は、同等か年下の男性というよりかは女性と解釈する人が多いのではないかと思う。つまり、このコラムタイトルは、球児たちが「見られる」側ではなく、球児達の気持ちを代弁して、間接的に異性や同等または目下の仲間に自分たちの活躍する場面を見せたいという意味を伝えることが可能となる。それによって球児たちの内に秘めたひたむきさが伝えられる気がする。

このように、配置のビジュアル・デザインだけで読む道筋や意味が理解されるのではないことがわかる。「君」ということばが自己と相手の関係性を指標することばであり、「君」ということばの意味と高校野球というコンテクストおよびビジュアル・デザインとのせめぎあいや相互作用を通して意味が創出されていると考えられる。正にことばの意味が社会文化に根ざし図2で示した複数の領域から、創出され理解されるものであることがわかる。

5.2.4. 色

朝日新聞の高校野球の紙面を開くと毎年水色が基調になっていることにすぐ気づく。サッカーのワールドカップの選手が「侍ブルー」と呼ばれ、「青」である点との微妙な違いも見逃せない。はじめに言及した2006年の夏の高校野球で斎藤投手がアイドルになった大きな要素が水色のハンカチであったことは偶然の一致であるが、「さわやかさ」という高校野球のイメージとも呼応してメディアにのって一気に広まり斎藤投手のイメージ創りにつながったと思われる。また、今回提示した高校野球の図6の「熱風アルバム」の「熱」という文字は先にも述べたようにイラスト化され、赤で表記されている。そこには日本の暑い夏に熱戦を繰り広げる球児たちの「一生懸命さ」[3]も伝えることになると思われる。今回は印刷の関係上、色

についての分析は詳しく行わなかった。しかし、新聞記事はカラーが増えてきている。色はビジュアル・デザインの意味創出としては重要な要素であり、また稿を改めて詳しく考察したい。

6. まとめ

　大リーグ、高校野球双方を通して見られたビジュアル表現素としては、写真、文字、図表、絵やイラスト、記号など多岐にわたっていた。その配置(レイアウト)のビジュアル・グラマーと創出された意味を以下にまとめる。

6.1. ビジュアル・グラマー
(1)「文字シフト」による意味創出
　　複数表記間の文字のシフトを通して意味を創出する。一般的には、漢字が「日本」を表し、カタカナやローマ字が「西欧」を表すとされてきた。しかし、それは固定化されているのではなく、文脈に依存したひらがな、カタカナ、漢字、ローマ字間の文字シフトによって決まる。本研究では、「イチロー」がもともとカタカナであるため、カタカナからローマ字へのシフトによってカタカナが「日本人」、ローマ字が「アメリカ人」を表すよう機能していた。
(2) 助詞の使い分けと配置のデザインによる意味創出
　　見出しの助詞の使い分けを通して「視覚の拡張」を導き、見出しの配置のデザインと連動して独立した記事を越えた「読む道筋」を示し意味を伝える。
(3) 縦書きによる意味創出
　　縦書きの位置：高い位置、右側ほど上で注目させたいもの重要項目となる。

縦書きの意味：日本的イメージ。特に横書きが「西欧的なイメージ」であることの対比として「日本的」という意味が創出される。
(4) 横書きにおける時間的空間的意味創出
　　時間：左から右へと時間が流れる。
　　空間：左がgiven(古い、既知の事柄)で右がnew(新しい、未知の事柄)。これはKressらによる西欧のビジュアル・グラマーと一致している。
(5) イラスト、文字、色、記号の組み合わせによる意味創出
　　イラストと文字の形や色によるデザインと連動して多様な線がマンガの記号として機能しマンガの文法をとおして意味を創り出す。以下の意味を伝えることを可能にしていた。
　　直線：速さ(ボール)
　　曲線：ゆるやかさ(風)
　　点線：声／音(メガフォンから聞こえる声／音)

　以上のようにこれからの社会に必要とされているリテラシー研究の一端として西欧で研究されているビジュアル・デザインの文法(＝ビジュアル・グラマー)に対して、それらと重なるものと、まだ小規模だが日本語独特のビジュアル・グラマーもあることがわかった。特に日本語独自のひらがな、カタカナ、漢字、ローマ字という複数表記システムによる「文字シフト」、縦書き横書きの組み合わせ、日本のマンガの文法を反映した記号やコマ送りを思わせる写真の配置などの多様な視覚的要素と見出しの統語的意味、記事内容のテキストの意味とが相互作用し、多相的に意味創出がなされ、伝えられていることを見て来た。その結果、「視覚の言語」と言われる日本語、および日本語の意味創出のダイナミックさの一端を提示できたといえよう。

6.2. 伝えられたイデオロギー

　大リーグの記事では、見出しの高さ、フォントの大きさ、独特の表現や助詞による統語的な「読む道筋」の誘導により、2人をライバルとして位置づけたり、逆に同じ日本人仲間であるという関係性を創り出していた。

　更にひらがな、カタカナ、漢字、ローマ字の「文字シフト」と縦書き横書きの組み合わせによって、時の経過に伴うイチローのアイデンティティーの変化という意味を伝えつつ、「日本人」というアイデンティティーは変わらないことを伝えていた。

　一方、高校野球では、マンガのコマを連想させる写真の配置、文字のデザインや色使いとの連動により「さわやかさ」「かわいさ」「熱気」「ひたむきさ」「努力」「一生懸命さ」などが伝えられていた。また、今回は紙幅の関係上、記事を紹介できなかったが、大リーグとは異なり、負けたチームや試合に出られなかった選手に焦点をあてたコラムや写真およびそれらの配置が見られた。日本の高校生に期待されている結果の勝ち負けではない「一生懸命さ」や「努力」という価値観が感じられ、高校野球に埋め込まれているイデオロギーが再構築されている現場を見る思いがして興味深い。今後稿を改めて取り上げたいテーマである。

7. 今後に向けて

　新聞記事にもそれぞれのジャンルに見合った多様なイラストや色が使われるようになって来た。年金制度といった内容が深刻なものにも吹き出しが使用され、Q&Aの形をとっている記事も見られる。教育現場での視覚的な表現手段の必要性と優位性は『つるカメ算数マンガ攻略法』『文章問題マンガ攻略法』『漢字のおぼえ方』(これには「マンガだけど本格派」という広告文も見られた)のような題を冠した学習書が増えていることにも現れている。このように現状では読解のみならず、算数の理解や文章表現能力

育成のためにもビジュアル・リテラシーの重要性や効果が認識されている。にもかかわらず、視覚的コミュニケーション優位の流れに対して、いまだに読む力や書く力の低下や論理的思考力の低下につながるという懸念も根強い。電子メディア化した現代社会においては、職場、学校などの公的な場はもちろんのこと、家庭においても異なる価値観をもち異なる目的をもって送られて来る様々な情報を読み解く力が求められる。特に、子どもたちを取りまく環境は、テレビ視聴、携帯メールのやりとりなどに代表されるようにビジュアル・コミュニケーション優位の場となっていることは明らかである。

　メディアの発する情報のビジュアル・デザインを読み解くことは、ことばによって伝えられるメッセージよりも抽象度が高く多様な解釈を導く。また、教育の場においては、メディアによって構築されるステレオタイプに気づくと同時に、ステレオタイプやそこに埋め込まれたイデオロギーの協働構築に学習者を無意識のうちに参加させる危険性も孕んでいる。しかし、本来言語による伝達も文脈依存的であり、社会文化的にも解釈は多様である。近年同じ言語社会文化内においてさえも世代や性別によって益々多義的になっているとの印象も受ける。価値観が多様化する現在社会においては、1つの価値観が力をもつことには限界があり、異なる価値観を有する者の間においてコミュニケーション摩擦を引き起こす可能性が高い。Kress は、能力(competence)は今あることへの対処であり、過去を向いている、しかし、デザインすることは創造的であり、未来へ向いていると述べている(Kress 2003: 169)。

　「見る」ことを通して意味を構築することは、協働の社会実践であり、メインストリームの観点をリソースとし、それに変形を加えることで、権力を脱構築し、民主的なコミュニケーションの場を創出できるのではないか。先に述べたように平成18年度から中学校の国語科では「メディア・リテラシー」の教材を導入した教科書の使用が開始された。その流れに注

目したい。教育現場において、ビジュアル・グラマーの内包する危険性を十分に認識しつつ、子どもたちが社会を批判的に読み解き、より良い社会へと変えていくための力を養うことが今求められている。そのような社会実践の場として機能するような言語学習環境デザインのあり方を継続して考えていきたい。

注

(1) 門倉・奥泉・岡本(2005)における門倉正美の「「視読解」とマルチリテラシーズ」により詳しい解説がある。
(2) 屋名池(2003)は、日本語の表記に横書きが登場した経緯を詳しく考察しており、日本の近代化の過程での政治的な動きの反映であることがわかりやすく説明されている。言語が透明なものではなくいかに政治的なものかが良くわかり大変興味深い。そこでも「縦書き」が日本的で「横書き」が西欧の進んだイメージとして使われていたことが記されている。
(3) 清水(1987)は、全国高校野球選手権大会のテレビ中継を通してヒーロー神話生成の一端を担うテレビの作用を考察している。その結果、全国高校野球選手権大会のテレビ中継の映像と音声分析から、視聴者が決勝戦において「一所懸命さ」「努力」「一体感」「郷土意識」「友情」「ヒーロー性」という価値観を受容したとしている。早くからテレビにおいて映像と音声という異なるモードの相互作用をとおした多層的な意味創出が行われている実態を明らかにしている点は注目に値する。また吉野(2005)ではアンケート調査によって高校野球のイメージを尋ねた。その結果「一生懸命さ」「努力」などが抽出された。メディアによる意味創出が視聴者の価値観を創っている実態の一端を捉えている点が大変意義深い。

参考文献

Hamaguchi, T. 2002 Comparative Front Page Analysis: What Did Newspaper Layouts Tell us about the Terrorist Attacks? Oral Presentation at Georgetown University Round Table.
門倉正美・奥泉香・岡本能里子 2005「ビジュアル・リテラシーに向けて―「視読解」「ビューイング」「レイアウト」を鍵概念とするアプローチ」国際研究集会編『ことば・文化・社会の言語教育』プロシーディング．pp.244–257.
是永論 2004「メディア分析」『実践エスノメソドロジー入門』pp.169–180. 有斐閣.

Kress, G. 2000 Multimodality. In Cope, B. & Kalantzis, M.(eds.) *Multiliteracies: Literacy Learning and the Design of Social Futures*, pp.182–202. Routledge.

Kress, G. 2003 *Literacy in the New Media Age*. Routledge.

Kress, G. & van Leeuwen, T. 1996 *Reading Images: The Grammar of Visual Design*. Routledge.

Kress, G. & van Leeuwen, T. 1998 Front pages (The critical) analysis of newspaper layout. In Bellm, A. & Garrett, P. *Approaches to media discourse*, pp.186–219. Oxford Blackwell.

夏目房之介 1997『マンガはなぜ面白いのか―その表現と文法』NHKライブラリー．

難波功士 2000『「広告」への社会学』世界思想社．

岡本能里子 2004「メディアが創るヒーロー大リーガー松井秀喜―イチローとの比較を通して」三宅和子・岡本能里子・佐藤彰編『メディアとことば1』pp.196–233. ひつじ書房．

奥泉香 2006「「見ること」の学習を、言語教育に組み込む可能性の検討」リテラシー研究会編『リテラシーズ2』pp.37–50. くろしお出版．

清水諭 1987「スポーツ神話作用に関する研究―全国高校野球選手権大会テレビ中継におけるテレビの神話作用について」『体育・スポーツ社会学研究』6: 215–232.

菅谷明子 2000『メディア・リテラシー』岩波書店．

竹内オサム 2005『マンガ表現学入門』筑摩書房．

The New London Group 2000 A Pedagogy of Multiliteracies designing social futures. In Cope, B. & Kalantzis, M. (eds.) *Multiliteracies: Literacy Learning and the Design of Social Futures*. pp.9–37. Routledge.

屋名池誠 2003『横書き登場―日本語表記の近代』岩波書店．

吉野瑛菜 2006「日本における高校野球の存在理由〜高校球児が背負うもの〜」東京国際大学国際関係学部 2005 年度卒業論文．

COLUMN
ビジュアル・グラマー(Visual Grammar)

　近年の多様なメディアの発達は、グローバル化時代における私達のコミュニケーションの多言語化、多文化化と並行して、文字、写真、動画、音声などの表現素の多元化をもたらしている。このような複雑化したメディア環境から、発信される意味を読み解く力(すなわちメディア・リテラシー)の必要性が認識されるようになり、「ビジュアル・デザインの文法＝ビジュアル・グラマー」(岡本論文の1.、2.)という概念が生まれてきた。メディア・リテラシー研究と教育の先進国であるイギリス、カナダ、オーストラリアでは、視覚的表現素を読み解く力をビジュアル・リテラシーと捉え、教育という社会実践と連動させて視覚的要素がどのように配置されデザインされているのかという観点からビジュアル・グラマーの解明を進めてきた。

　一方、日本では、NPO団体である「FCT市民のメディア・フォーラム」が、新聞のレイアウトや写真、フォント、CMのバックミュージックやカメラアングルなどの多層的な表現素による意味創出とそこに埋め込まれたイデオロギーの読み解き方を学ぶワークショップを毎年開催している。また、近年のテレビ番組ねつ造問題の影響もあり、総合学習の時間に放送局による出張授業が行われるなど、子ども達に対して協働でメディア・リテラシー教育が実践されつつある。その成果は、岡本論文でもふれたように、平成19年度から使用されている数種類の国語の教科書にメディア・リテラシーの項目が登場したことにも現れている。しかし、どのように日本の社会文化的な価値観が埋め込まれた視覚的表現素のデザイン(すなわち「ビジュアル・デザイン」)がなされ、そこにどのようなビジュアル・グラマーが見出せるのかについては、まだほとんど研究されていない。日本においても西欧の絵画から教科書の挿絵までを

COLUMN

含めた Kress らの研究のような理論的研究と考察が待たれる。

　学校でも企業でも、マイクロソフトのパワーポイントに代表される視覚的表現素を駆使したプレゼンテーション・ツールよる情報発信が当然のこととなってきた。単に表層的な技術力としての IT リテラシーではなく、高度にメディア化しグローバル化した社会において配信される情報を批判的に読み解く力としてのビジュアル・リテラシーが今求められている。その流れを先導する意味でも複数の文字と縦書きと横書き表記のある元来多層的な日本語のビジュアル・グラマーを解明していくことは、メディアとことば研究の重要なテーマであろう。今後、クリティカル・ディスコース・アナリシスのアプローチとも協働しながら研究を進めていく必要があり、外国人に対する日本語教育、日本の英語教育においても緊急の研究課題であることは、間違いない。今「識字(リテラシー)」「言葉の力」の概念を新たに構築し直す時期ではないだろうか。

　最後に、岡本論文では言及しなかった参考文献をあげておきたい。
Kress, G. & van Leeuwen, T. 2001 *Multimodal Discourse: The Modes and Media of contemporary communication.* Oxford University Press.
菊池久一 1995『〈識字〉の構造—思考を抑圧する文字文化』勁草書房
久恒啓一 2002『図で考える人は仕事ができる』日本経済新聞社
三宅和子・岡本能里子・佐藤彰編 2004『メディアとことば』1 巻コラム「メディアリテラシー」(pp.194-195) ひつじ書房
鈴木みどり編 2003『メディア・リテラシー(ジェンダー編)』リベルタ出版

(岡本能里子)

「身内」の不祥事報道における新聞の隠蔽・自己正当化ストラテジー

第三者名義株式保有問題を題材に

布尾勝一郎

1. はじめに

　「中正公平」「不偏不党」「公正」――。日本の新聞社は、多少の表現の差こそあれ、「公正」を編集方針として掲げているところが多い。個別の新聞社に限らず、日本新聞協会全体でも、2000年に制定した新聞倫理綱領の中で「公正」を謳っている[1]。これらはいわば読者・社会との公約である。だが、果たして、新聞は読者との公約に対して常に誠実な姿勢を取っているだろうか。その疑念が、本論文の出発点である。

　まったく利害関係のない他者について語る際であれば、「公正[2]」な態度を取ることは、ある程度可能であろう。だが、ある報道を行う際、現実には完全に利害関係のない状況は考えにくい。その新聞社の属する国家の政治的・文化的な位置づけにより、新聞社の立場も異なるであろう。また、経済的な側面だけを見ても、広告収入が売上高のかなりの比重を占める新聞社にとっては、広告主に不都合な記事は掲載しにくい場合もあるだろう。大株主の意向も無視できない。また、親密なグループ企業についても同様である。

　とりわけ、報道対象が利害関係のある身内であり、さらにその身内にとって都合の悪い事実を報道する場合に、中立・公正な態度を保つのは難

しいと思われる。そこで、本論文では、新聞が「自社」あるいはグループ企業(＝「身内」)の不祥事について報道する場合を取り上げる。

　2004年11月に明らかになった、新聞各社の第三者名義株式保有問題に関する報道を対象とし、新聞による自社および系列テレビ局の不祥事報道について批判的に分析することで、その「隠蔽のストラテジー」・「自己正当化のストラテジー」を明らかにすることを目的とする。また、そうしたストラテジーを駆使して「身内に甘い」報道をする一方で、競合他社に対しては厳しい姿勢を取る新聞の姿を浮き彫りにしていきたい。

2. アプローチ(クリティカル・ディスコース・アナリシス)

　本論文では、研究のアプローチとして、クリティカル・ディスコース[3]・アナリシス(以下、CDAと記す)の立場をとる。

　野呂(2001)によれば、CDAとは、不平等な力関係を内包した談話[4]を批判的に分析し、支配的イデオロギー[5]や社会的不平等を明らかにするアプローチであり、特に、人種差別、女性差別、愛国心の形成、教育の不平等などの分析に用いられる。特定の理論的モデルや方法論を指すのではなく、研究者の批判的立場・見方の表明である。方法論としては学際的な立場を取り、言語学・心理学・社会学・歴史学など、様々な分野の手法を取り入れている。

　新聞やテレビなどのマスメディアは、政治家など、社会的に影響力のあるエリートの発言を運ぶ媒体として、また、それ自体がイデオロギーを持つ存在としてCDAの分析の対象となることが多い。マスメディアはさまざまな情報にアクセスする手段を事実上独占していることから、一種の「権力」を持っており、その力を背景にした報道が、読者の認知面に少なからぬ影響を与えるのである(van Dijk 1991, 1998 など)。

　本論文に即して言えば、新聞が、自らの独占する情報を利用して自己の

不祥事の隠蔽を行い、自己正当化をすることで、情報の受け手である読者を欺き、不利な立場に置くとすれば、それは CDA の分析の対象となる社会問題として捉えられるであろう。

　先に見たように、新聞各社は、読者・社会に対して「公正」な編集方針を公約している。したがって、公正さを欠いた報道は、一義的には消費者である読者との信頼関係を裏切るという意味で問題である。そして、さらには読者の「知る権利」の代行を委ねられた社会の公器としてのメディア、という観点からも批判を受けるべきだろう。本論文では、この 2 点の問題意識のもと、社会的文脈、見出しや記事内容など、様々な側面から多角的に第三者名義株式保有問題に関する新聞報道の分析を試みる。

3. 分析の対象と方法

3.1. 第三者名義株式保有問題の概要

　2004 年 11 月 5 日、日本テレビ放送網(以下、日テレとする)は、同社の株式のうち、渡辺恒雄・読売新聞グループ本社会長が個人で所有しているとされていた 6.35％分の実質的な所有者が、読売新聞グループ本社であると発表した。

　ここで問題になったのは、東京証券取引所第一部に上場している日テレが金融当局に提出していた有価証券報告書[6]に、事実と異なる記載をしていた点である。つまり、日テレの実質的な支配者が誰であるか(この場合は読売新聞社)について、投資家に誤った情報を提供していたことが問題とされたのである。

　このため、日テレは関東財務局に過去 5 年分の有価証券報告書の訂正報告書を提出し、その経緯が参議院の財政金融委員会でも取り上げられる事態となった。しかし、東京証券取引所も日テレ株式を監理ポスト[7]に割り当てて審査をしたものの、結局は上場廃止などの罰則は科さなかった。

ただ、問題はそれだけにとどまらなかったのである。日テレの問題が明るみに出たおよそ1週間後の11月11日、読売新聞は社内調査の結果として、同社が第三者名義で株式を実質保有しているケースが日テレ以外にも存在し、それがテレビ局24社、ラジオ局18社に上ることを公表した。
　ここで浮上してきたのは、新聞などのマス・メディアを監督する総務省が定めた省令、「マスメディア集中排除原則」である。「マスメディア集中排除原則」は一部のメディアによる過度の言論支配を避けるため、電波法に基づいて、次のように放送局の株式を保有する場合の基準を定めている。

①全国で複数の放送局について20％以上の株主議決権を持つことはできない。
②同一地域では複数の放送局について10％超の議決権を持つことはできない。

　読売新聞は、12社の系列テレビ局・ラジオ局について、この総務省令に違反していた。テレビ局9社で同社名義分と第三者名義分を合計した比率が20％を上回っていたほか、ラジオ局3社で、同一地域で他に10％超の放送局があるにもかかわらず、10％を超える株式を保有していたのである。
　読売新聞の公表後、およそ1週間の間に、他の全国紙（朝日新聞・産経新聞・日本経済新聞・毎日新聞）[8]と在京キー局（テレビ朝日・フジテレビジョン・東京放送（TBS）・日テレ）[9]も、相次いで同様の第三者名義株式の保有を公表し、各社とも対応を迫られることになった。
　各社とも、「設立時の経緯から、資金協力を要請したり、逆に要請に応えたりしたため名義が入り組んでいた」(11月18日付毎日夕刊12面）などと、グループ内の協力関係があったためやむを得なかったことを強調して

いるが、総務省令に違反しているか否かにかかわらず、不透明な慣行であることは確かである。

　ここで、注目したいのが、総務省令に違反していた社と、第三者名義株式を保有してはいたが、総務省令には違反していなかった社の2種類があったことである。違反していたのは朝日・日経・読売・TBSの4社、違反していなかったのは産経・毎日・テレ朝・日テレ・フジテレビの5社であった。いずれにしても、各社とも「マスメディア集中排除原則」で株式の保有が問題になることを承知のうえで不透明に第三者名義株式を保有していた、という点では共通している。つまり、社内調査をしてふたを開けてみたら総務省令に違反していたか否か、というだけの違いなのである。本論文では、この2グループ、いわば「違反組」と「違反していない組」の報道姿勢の違いに焦点を当てて分析していく。

3.2. 分析の対象記事

　本論文では、全国紙5紙(朝日、産経、日経、毎日、読売)が2004年11月6日から20日にかけて、東京版最終版に掲載した第三者名義株保有問題に関する記事のうち、
　①自社および系列のテレビ局(在京キー局)について報道したもの
　②自社以外の全国紙およびその系列のテレビ局(在京キー局)について報道したもの
を取り上げて比較・分析する。①は「身内」、②は競合他社ということになる。対象として、新聞社5社、テレビ局4社の、計9社に関する記事計52本を取り上げる[10](日テレについては①読売が日テレの株式を渡辺恒雄氏名義で保有していた問題、②日テレが地方局の株式を第三者名義で保有していた問題、の2事例を取り上げることになるため、合計で9社10事例となる)。

　テレビ局を分析の対象に含めるのは、すべての全国紙には、親密な関

表1　新聞社とテレビ局の系列関係(縦に並んでいる新聞・テレビが同一グループ)

新聞社	読売	朝日	産経	日経	毎日
テレビ局	日テレ	テレ朝	フジテレビ	(テレ東)[11]	TBS

係、あるいは支配関係にある系列テレビ局が存在しており、その系列テレビ局に関しても「身内」の意識が働くと考えられるからである(表1参照)[12]。

3.3. 分析の手順

　主として van Dijk(1988, 1991)や Fairclough(2001)、Bell(1991)による新聞のニュース記事の分析手法を参考に52本の記事を分析する。まず、すべての記事の見出しについて検討した後、記事内容の分析については①ニュース記事、②解説・検証記事に分けて行う。これは、各社がほぼ同様の事実をそのまま報じる一般のニュース記事と、ある事例について詳しく説明し、新聞社の意見・主張が色濃く反映する解説記事や検証記事では、記事の構造などの面で性質が異なるからである。

　全体を通じて、問題の当事者だけではなく、他紙の記事も可能な限り提示していくが、紙幅に限りがあるため、典型的な事例を選んで取り上げることになる。

4. 見出しの分析

　本節では、第三者名義株式保有問題を各社が報じたニュース記事と解説・検証記事、計52本すべての見出しを見ていく。

　見出しは、新聞記事の要旨を表す部分であり、これを見ただけでおおよそ記事の全貌がつかめるものであることが理想とされている。この見出しの付け方について、第三者名義株式保有問題の当事者と他社との間で違い

はあるのだろうか。以下、問題を公表した企業の順に、時系列で見ていこう。

4.1. 日本テレビ放送網

まず、日テレの株式の実質的保有者が読売新聞グループ本社であったという事実が初めて明らかになった2004年11月6日付朝刊の、各紙の記事の見出しを分析する(表2参照)。この場合は、読売新聞社が「利害関係者」ということになる。

表を一見するだけで、問題の当事者である読売の見出しだけが他と異なっているのがわかる。日テレが有価証券(報告書)の訂正報告をしたということは述べられているが、何が原因なのかには触れていないため、事態の全容がまったく見えない。

第一に、他紙すべての見出しにあがっている「読売」「渡辺会長」という問題の原因の主体に触れていない。これは、主体がだれなのかを曖昧にし

表2　日本テレビ放送網に関する記事の見出し

朝日	日テレ、証券報告書訂正　渡辺恒氏の名義、実態は読売保有 東証、監理ポストで審査　　　　　　　　　　　　　　(38面)
産経	日テレ記載訂正　読売保有分　渡辺氏名義借りる 有価証券報告書　東証、監理ポストへ　　　　　　　　(1面)
	記載訂正　日テレ会見　「長年放置、不適切」 小林氏社長就任時「箔つけるため所有」　　　　　　　(31面)
日経	有価証券報告書　日本テレビ記載訂正 渡辺読売会長名義株　読売が実質保有 日本テレビ株　監理ポスト入り　　　　　　　　　　　(1面)
	日テレ記載訂正　開示情報、問われる信頼性 市場の視線　一段と厳しく 日テレ「虚偽記載でない」「持ってないと格好つかず」　(10面)
毎日	日テレ株　有価証券報告書を訂正 読売本社保有の一部　渡辺会長名義と記載　　　　　　(1面)
読売	日テレ、有価証券の訂正報告　会見で説明「上場廃止に当たらず」 日テレ株監理ポストに　　　　　　　　　　　　　　　(8面)

(　)内は掲載ページ

ておくためのストラテジーだと言えよう。

　さらに、その主体が何を行ったかについても、判然としない。渡辺氏名義の株式を読売が実質保有していた、という中核的な事実が抜け落ちている。新聞記事の重要な構成要素として、5W1H (Who, What, Where, When, Why, How) と呼ばれるものがある (Bell 1991: 175) が、その中でも重要な要素である「だれが」、「何を」が欠けている。

　見出しのスペースに余裕がなかったわけではない。読売の見出しは「会見で説明「上場廃止に当たらず」」となっている。しかし、そもそも上場を維持できるか上場廃止かを判断するのは、東京証券取引所である。当該の企業自身にはその権限はない。したがって、企業側が不祥事発覚の段階で、「上場廃止に当たらず」というのは、たとえそれが企業の死活問題であるとしても、単なる願望にすぎない。この願望を、上に述べたような「だれが」「何を」といった情報をさしおいて記事の見出しに採用することは、少なくとも「公正さ」という観点から見て必然性が乏しい。願望を見出しにとることで、読者の否定的な評価を避けようとしたと見ることができるだろう。このことは、他の4紙がすべて、「だれが」「何を」を見出しにとっていることによっても裏付けられる。

4.2. 読売新聞社

　次に、11月11日付夕刊で読売が社内調査の結果を公表したのを受けて、翌12日付の朝刊で全紙が報じた一連の記事について見てみよう(表3参照)。

　ここで特徴的なのは、やはり当事者である読売であろう。読売だけが、「超過」あるいは「違反」という語彙を使用していない。11日付夕刊の見出しにあるのは、「42社分の名義株[13]を保有している」という事実だけである。だが、この場合、よりニュース価値があるのは第三者名義株式の存在ではなく、総務省令の「制限を超過」しているということである。他の

表3　読売新聞社に関する記事の見出し

11 日付夕刊

| 読売 | TV 局などの名義株保有　42 社分　本社、調査委を設置 | （19 面） |

12 日付朝刊　　　　　　↓

朝日	株保有制限　読売、12 社分で超過　第三者名義を含め 読売「日テレ株保有、当局了承」国税庁「理解できない」	（39 面）
産経	読売新聞グループ　名義株保有　地方局でも 12 社で制限超す　総務省が聴取へ	（30 面）
日経	地方のテレビ・ラジオ局株　読売、持ち株制限超す 12 社で	（11 面）
毎日	読売新聞　株保有で省令違反 比率制限　地方局 12 社で超過	（1 面）
	読売の株保有　総務省、違反見落とす 審査時 2 回　TV 局などから聴取へ 数カ月前から社内調査実施	（29 面）
読売	TV 局名義株本社保有問題　草創期、質と経営安定図る 多メディア化で規制緩和へ	（15 面）
	TV 局名義株本社保有問題　社外専門家で解明へ 調査委員長に松田氏	（34 面）

4 社の見出しを見ても、これは明らかである。

　もう 1 つ、読売の見出しだけに見られるのが、「本社、調査委を設置」「社外専門家で解明へ」という、今後の対応策の表明である。新聞を題材に企業の謝罪広告の分析をした竹野谷（2004）は「謝罪広告で行われているのは、実は謝罪のみならず、謝罪という「修復」作業を通しての自己アピールであると考えられる」（竹野谷 2004: 61）と述べている。この読売の例も一種の「謝罪広告」であり、事実を隠蔽する一方で、問題解消のための取り組みの自己アピールをしていると見ることができる。なお、読売は 15 日付朝刊でも、「本社の「株式問題調査委」 9 委員決定、初会合」(38 面)と、調査委に関する続報を載せている。

表4　毎日新聞社に関する記事の見出し

朝日	第三者名義株、さらに判明　　日テレは13社 フジTVは53社　毎日新聞は2社　産経新聞は3社　（37面）
産経	フジテレビなど4社も違反なし　　　　　　　　　　　　　（29面）
日経	第3者名義株保有　フジ・毎日・産経なども　　　　　　　（9面）
毎日	毎日新聞社は　省令違反なし　放送局の株所有 　　　　　　　　　　　　　　　　　　　　（18日付夕刊12面）
読売	フジテレビ53局保有　第三者名義株　産経新聞は3局 毎日新聞は2局　日テレも保有　　　　　　　　　　（38面）

4.3. 毎日新聞社

毎日は11月18日付の夕刊12面で、第三者名義による放送局の株式の実質保有があったことを公表した。ラジオ・テレビ局2社については、毎日が実質保有している株式の一部が第三者名義になっていた。逆に8社については、毎日名義の株式を第三者が実質保有していた。総務省令に違反する事例はなかった。表4は、19日付朝刊各紙の見出しである(毎日は18日付夕刊[14])。

当事者である毎日は、「第三者名義株」という否定的なニュアンスを帯びた表現を使っていない[15]。その一方で、「省令違反なし」という表現を見出しに用いている。省令違反が「ない」ことを強調することで、逆に肯定的なイメージを生んでいるのである。この点は 3.1. で見た日テレの「上場廃止に当たらず」と同様である。

また、読売の見出しは、4社の名前を挙げているが、グループ企業である日テレの名を最後に挙げている点が目に付く。ただ、朝日以外は日テレの名を筆頭には掲げていないため、この点だけでは必ずしも読売の「身内びいき」だとは言えまい。しかし、読売は、日テレ以外の3社については第三者名義株を保有していた企業数を明示しているにもかかわらず、日テレに関しては「保有」としか述べていない。「13社」という比較的大きい数字を見出しに取るのを嫌ったのだと見ることもできよう。

「身内」の不祥事報道における新聞の隠蔽・自己正当化ストラテジー ｜ 67

4.4. 見出しに見られるストラテジー

4.では、全国紙5紙すべての見出しを検討した。ここで言及できなかったものも含め、結果を総合すると、以下の3つのストラテジーが浮かび上がってくる。

①身内に関する記事では、否定的なイメージを伴う語は使用しない。
（「超過」「制限超す」「制限超え」「違反」「第三者名義株」など）

これは、総務省令に違反していた4例のうち、2例（読売・朝日）に当てはまる。そして、省令に違反はしていないが、4.1.の日テレの有価証券報告書の訂正の事例についても、同様に考えても問題はないであろう。「渡辺社長の名義の株を読売が実質保有していた」という重要情報が、系列企業である読売の見出しにだけ、含まれていないからである。これも合算すれば、5例中3例で否定的なイメージを伴う語の使用は避けていることになる。

このことは、当事者ではない他紙の報道との違いを見れば、より鮮明に浮かび上がる。すなわち、他の4紙の見出しを見ると、上の5例ではすべてにおいて（4紙×5例＝20）、上記の否定的な語のうち1つ以上を使用しているのである[16]。

その他、毎日と産経・フジテレビ（4.3.参照）に関する事例を見れば、身内についての記事では「第三者名義株」という否定的なイメージを伴う表現を避けていると考えられることも指摘しておきたい。

また、読売が日テレの保有する第三者名義株式について報じた際に、日テレの部分だけ見出しに企業数が明示されていないこと（4.3.参照）も、同様に解釈できるであろう。都合の悪い情報にはあえて触れない、という姿勢が読み取れる。

②身内に関する記事では、今後の前向きな対策の表現を使用する。
（「調査委を設置」「解明へ」「解消へ」「正常化目指す」）

　これは①と表裏一体である。つまり、都合の悪い情報は隠蔽する一方で、今後の対策を示し、「謝罪という「修復」作業を通しての自己アピール」(竹野谷 2004: 61)を行うのである。10事例のうち、4事例(読売・朝日・テレ朝・日経)でこのストラテジーが見られる。
　一方で、当事者ではない他紙の場合はどうだろうか。本論文で取り上げている記事の範囲では、前向きな対策の表現を見出しに取っている例は皆無である。

③身内に関する記事では、否定の表現を使うことで肯定的なイメージを生む。
（「上場廃止に当たらず」「違反なし」）

　これは、例えば「総務省令に違反はしていない」、と強調することで、不祥事による評価の下落を最小限に食い止めるためだと考えられる。また、間接的な効果としては、第三者名義株式を持っていること自体からも読者の目を逸らすことができると考えられる。このストラテジーは、10事例中4事例(日テレ・毎日・産経・フジテレビ)で用いられているが、そのすべてが、「第三者名義株」(日テレの場合は「渡辺氏名義株」)という語を使用していない。いずれも、「省令に違反していない」、「上場廃止に当たらない」と述べるのみで、「何が」問題となっているのか、見出しからは読み取れないのである。
　以上、3つのストラテジーを見てきた。自社あるいは系列テレビ局の第三者名義株式保有問題を報じる際には、本論文で取り上げた10事例中9事例、つまり毎日新聞がTBSの違反について報じた記事以外のすべての

記事で、上記の①②③のストラテジーのうちいずれかが用いられている。一方で、他社についての報道では、ほとんど見当たらない。

　本節では、新聞各紙が記事の中でも最も重要な見出しにおいて、身内にとって都合の悪い内容への言及を避け、一方で身内に肯定的な表現を盛り込むことで身内の行為を正当化し、実態とかけ離れたイメージを読者に抱かせていることが明らかになった。これはとりわけ、見出しには眼を通すが記事の内容は読まないという読者にとっては深刻な問題である。単に事実を曖昧にしているのみならず、「隠蔽」していると言ってもよいだろう。

5. ニュース記事の分析

　ここでは、ニュース記事について、その内容を分析していく。問題が公表された順に3事例を取り上げ、①第1段落(記事の要約が現れる場合が多い)、②記事の構造・内容、③レイアウトなどについて詳述する。

5.1. 日本テレビ放送網

　ここでは、一連の問題の発端となった日テレの事例を取り上げる(73ページ図1参照)。まず分析にあたって、11月6日付各紙朝刊の記事の第1段落の第1文を表5にまとめてみる[17]。

　ここで注目したいのは、日テレの身内である読売の記事の第1段落である。「訂正報告書を関東財務局に提出した」と、述語動詞が「提出した」、となっている。そして、悪印象を伴う「訂正」という語を述語動詞から引き離し、「訂正報告書」という形で修飾語として扱うことで、問題の深刻さから目を逸らそうとしているとも考えられる。「報告書を提出する」という行為に焦点が当たるようにしているのである。一方で、他紙の第1文の述部は、「訂正したと発表した」(朝日)、「訂正を出したことを明らかにした」(産経)、「訂正したと発表した」(日経)、「訂正した」(毎日)と、直接的な

表5　日本テレビ放送網に関する記事の第1段落

朝日	日本テレビ放送網は5日、渡辺恒雄・読売新聞グループ本社会長の保有と記載していた株式が、実際には読売新聞グループ本社の保有だったため、00年3月期から04年3月期までの有価証券報告書を訂正したと発表した。
産経	日本テレビ放送網は五日、大株主である読売新聞グループ本社の渡辺恒雄会長名義の株式が、実際は読売新聞の保有だったとして、関東財務局に有価証券報告書の訂正を出したことを明らかにした。
日経	日本テレビ放送網は五日、過去五年分の有価証券報告書を訂正したと発表した。
毎日	東証1部上場の日本テレビ放送網は5日、00年3月期から04年3月期まで5年分の有価証券報告書(有報)などを訂正した。
読売	日本テレビ放送網は五日、有価証券報告書の一部記載について、訂正報告書を関東財務局に提出した。

表現になっている。

　次に、第2段落では、第三者名義株式問題の背景として、「日テレと読売新聞社は一九七一年、両社の親密さを示す象徴として、新聞社所有の株式の一部を当時の代表者の名義とした」と説明している。この「親密さを示す象徴」を、他紙がどう表現しているかを見てみると、読売との間に大きな落差があることが分かる。例えば、産経は4.1.で見たように、「記載訂正　日テレ会見　「長年放置、不適切」　小林氏社長就任時　「箔つけるため所有」」という否定的な見出しを付けている(11月6日付朝刊31面)。また、本文中では「日テレ株を持っていないと格好がつかない」という日テレの記者会見時の能勢康弘・執行役員経理局長らのコメントを引用している。これらのことから、「親密さを示す象徴」という日テレ側の説明を額面通りには受け取っていないことがわかる。また、同日付の他紙朝刊においても、日経が「持っていないと格好つかず」を見出しに採用している(10面)ほか、朝日も本文中で「格好がつかない」を引用している(38面)。

　次の第3段落では、配当の受け取りや課税処理の問題に触れ、「こうした実態は税務当局にも報告し、了解を得ていた」と説明している。ここで

注目したいのは、「当局の了解」という手続きである。第5段落目でも「今回の手続きはすべて、関係当局との協議を踏まえて行った」と再度強調し、さらに記事の末尾には読売新聞東京本社広報部のコメントとして、「今回の訂正も、金融監督当局に相談したうえで手続きをした」と繰り返している。つまり、1本の記事中に3度も「当局」が登場するのである。これは、権威ある税務当局・金融当局の「お墨付き」があることを強調し、身内の行為を正当化していると言えるであろう[18]。また、見方を変えれば、当局にも責任の一端を負わせることで、相対的に身内の責任を軽減している、とも考えられる。

このほか、第7段落では日テレの以下のようなコメントが取り上げられている。

「監理ポスト割り当ての通知を受け、大変驚いている。これまでの東証の実務とはかけ離れており、晴天の霹靂だ。上場が廃止されるような事実は無いと考えているので、引き続き東証には説明をしていきたいと思います」

この中の「青天の霹靂」に類する表現がこの後、2度にわたって繰り返される。第9段落で能勢局長が「今回の訂正が監理ポストに移行することになるとは全く予想していなかった」と述べ、そして記事の末尾の読売広報部のコメントでは「東京証券取引所の突然の発表には、驚きを禁じ得ない」と繰り返している。また、「上場が廃止されるような事実は無い」という主張についても、「虚偽記載にはあたらない」(第10段落)、「上場廃止基準などに触れるものではないと考えている」(読売広報部コメント)と繰り返されている。このように、「晴天の霹靂」「上場廃止に当たらず」がそれぞれ3回現れているが、これは単なる繰り返しではなく、語る主体が異なっている。①日テレの会社全体としてのコメント、②能勢康弘・日テレ

日テレ、有価証券の訂正報告

会見で説明「上場廃止に当たらず」

①日本テレビ放送網は五日、有価証券報告書の一部記載について、訂正報告書を関東財務局に提出した。

②今年三月期の有価証券報告書で、株主は、読売新聞グループ本社8・4%、渡辺恒雄会長・主筆6・35%とされていたが、渡辺会長名義分について、「実質所有者は株式会社読売新聞グループ本社である」と注記を付した。また、同グループ本社を日テレの関係会社として追加記載した。同様の訂正は、過去五年度分にさかのぼって行った。日テレと読売新聞社は一九七二年、両社の親密さを示す象徴として、新聞社所有の株式の一部を当時の代表者の名義とした。この慣行が三十年余り続き、代表者が交代するつど、名義の表示を変更していた。代表者の住所地は自宅ではなく、「東京都千代田区大手町一―七―一、読売新聞社内」とし、個人所有ではないことを示していた。

③株券は新聞社が保管し、配当の受け取り、課税処理なども新聞社が行っていた。こうした実態は税務当局にも報告し、了解を得ていた。

④この間の九〇年、株主側に大量保有報告書の提出義務を課す「5%ルール」が制定されたが、読売新聞社は同報告書には、この制度発足当初から一貫して、代表者名義分も「保有者・読売新聞社」と実態通りに記載していた。

⑤しかし、日テレ提出の有価証券報告書とは記載が不一致となっていたため、訂正した。今回の手続きはすべて、関係当局との協議を踏まえて行った。

◇

⑥有価証券報告書の訂正について、日本テレビ放送網の能勢康弘執行役員経理局長は六日午前零時半から東京・港区の同社本社で記者会見した。

⑦能勢局長は、冒頭で、「監理ポスト割り当ての通知を受け、大変驚いている。これまでの東証の実務とはかけ離れており、青天の霹靂だ。上場が廃止されるような事実は無いと考えているので、引き続き東証には説明をしていきたいと思います」とのコメントを読み上げた。

⑧その上で、能勢局長は訂正の理由について、「古い有価証券報告制度のもとで、日本テレビ株について読売新聞社の保有分と、同社代表者の保有を分けたのをきっかけに、実質的には読売新聞社が保有する株の一部が個人名義と表記されるという状況が続いてきた」「一九九〇年にできた大量保有報告書の制度では、個人名義分と読売新聞社名義分の合計を提出しているが、有価証券報告書との不一致が続いた」などと説明した。

⑨さらに、「今回の訂正が監理ポストに移行することになるとは全く予想していなかった。今回の監理ポストへの移行は、東証の調査のための暫定的な措置と考えている」とした。

⑩訂正内容については「投資家に対して、それほど重要な事実を与える事項ではないので、虚偽記載にはあたらない」との考えを示した。

◇

読売新聞東京本社広報部では、「東京証券取引所の突然の発表には、驚きを禁じ得ない。金融当局に届け出る大量保有報告書では、一九九〇年に『5%ルール』が出来て以降、一貫して『保有者・読売新聞社』と実態に沿って報告しており、今回の訂正も、金融監督当局に相談したうえで手続きをした。上場廃止基準などに触れるものではないと考えている」としている。

日テレ株、監理ポストに

東京証券取引所は五日、有価証券報告書の訂正が出された東証一部上場の日本テレビ放送網の株式について、同日付で監理ポストに割り当てたと発表した。今後の審査で、上場廃止基準に抵触する恐れがあるかどうかを調べるためだ。

図１　読売新聞の記事（11月６日付朝刊８面）

執行役員経理局長のコメント、③読売新聞東京本社広報部のコメントの形で、「身内」の代表としての3者が代わる代わる畳みかけることで、自らの正当性を印象づけていると言えるだろう。

以上の分析から、読売の記事は、以下の3点を強調するために書かれたものだと考えられる。

①日テレと読売の問題は当局のお墨付きを得たものであり、問題はない。
②東証による監理ポスト割り当てはこれまでの実務とかけ離れたもので、受け容れがたい。
③虚偽記載はしておらず、日テレ株式は上場廃止には当たらない。

これらの主題が繰り返され、その合間に問題の経緯の説明・釈明が織り込まれているのである。

最後に、記事の扱いの大きさの面では、読売が経済面に掲載するにとどまっているのに対し、朝日を除く3紙(産経・日経・毎日)が1面で取り上げている。さらに、日経・毎日は他の面にも記事を展開し、批判的な報道をしている。このことも、身内の不祥事は小さく扱い、他社の不祥事は大きく扱う新聞社の姿勢を映していると言えるだろう。

5.2. 読売新聞社

本節では読売の11日付夕刊を取り上げる(図2参照)。まず、第1段落を見ると、

> 読売新聞社が日本テレビ放送網のほかに、地方のテレビ局二十四社、ラジオ局十八社の株式を第三者の名義で実質保有していることが、十一日までの本社の自主調査でわかった。

⑲ 4版　2004年(平成16年) 11月1

TV局などの名義株保有

本社、調査委を設置

42社分

①読売新聞社が日本テレビ放送網のほかに、地方のテレビ局二十四社、ラジオ局十八社の株式を第三者の名義で実質保有していることが、十一日までの本社の自主調査でわかった。

②テレビ、ラジオ局はいずれも、その株式を一般投資家が市場で買うことができない非公開会社。このうちテレビ局九社とラジオ局三社については、第三者名義分を加えると、総務省令の持ち株制限を超えていた。

このため本社は、弁護士ら社外の専門家で構成する調査委員会を設け、問題の全容解明を委嘱するとともに、早急に是正していくことにした。

③これまでの本社調査によると、読売新聞グループ本社、同東京本社、同大阪本社は、それぞれ自社名義で地方テレビ局、ラジオ局の株式を保有する一方、本社や関連会社の役員ら個人のべ八十人、取引先など他の法人のべ十三社名義の株式も実質保有していた。個人名義の中には、グループ本社の水上健也議長、渡辺恒雄会長・主筆が含まれている。

④これら第三者の名義により株式を保有しているテレビ局のうち、テレビ岩手、宮城テレビ放送、福島中央テレビ、テレビ新潟放送網、静岡第一テレビ、広島テレビ放送、福岡放送、テレビ大分、テレビ長崎の九社は総務省令の持ち株制限を超えていた。ラジオ局のうち、FM岩手、FMナックファイブ（埼玉）、FMラジオ新潟の三社も同様だった。

⑤同省令は電波法に基づき、マスメディアが他の放送局の株式を保有する場合の基準を定めたもので、①全国で複数の放送局について20%以上の株主議決権を持つことはできない❷同一地域では複数の放送局について10%超の議決権を持つことはできない――などと定めている。本社は、大阪の読売テレビ放送の議決権を20%以上保有しているため、同省令によれば他の放送局の議決権を20%以上持つことはできない。ところが、テレビ局九社についてはいずれも、本社名義分と第三者名義分を合計した比率が20%を上回っていた。

⑥また、ラジオ局三社については、同一地域で他に10%超の放送局があるにもかかわらず、10%を超えていた。

⑦第三者名義による株式保有は、古いものではテレビ草創期の昭和三十年代から行われていた。読売新聞社は、グループ再編を機にコンプライアンス（法令順守）の強化に努め、その過程で第三者名義の株式保有を把握した。対象となる放送局のうち、長崎国際テレビとラジオ局一社については第三者名義をすでに解消した。

⑧また、唯一の上場会社である日本テレビについても是正すべきと判断、日本テレビと協議し、同テレビが有価証券報告書の訂正を行った。さらに、福岡放送については制限超過状態を解消するための株式名義書き換え手続きを進めている。

こうしたことに加え、本社はこれまでの調査結果を公表するとともに、一層の透明性を確保するため、今後の調査は社外の専門家による調査委員会に委ねることとした。委員会のメンバーは、本社と顧問契約のない弁護士らに限る方針でいる。

読売新聞グループ本社・内山斉社長の話「過去からの株式管理に手抜かりがあり、誠に遺憾と言わざるを得ません。自主調査と是正手続きを進めてきましたが、一層の透明性を図るため、社外の専門家による調査委員会に厳正な調査をお願いしました。問題の早急な是正と信頼の回復に最大限努力します」

図２　読売新聞の記事（11 月 11 日付夕刊 19 面）

となっている。通常の記事では、第1段落は記事の概要となっているが、ここでは読売が地方のテレビ・ラジオ局の株式を第三者の名義で実質保有していたことにしか触れていないため、違反をしていたという重要事実が見えてこない。ところが、他の全国紙4紙の、翌12日付朝刊の記事を見てみると、4紙とも、第1段落で読売の「違反」に言及しているのである。この点は、4.2. でみた、見出しの分析と同様である。

読売の記事では、第2段落に入って初めて「違反」が明らかになる。

> テレビ、ラジオ局はいずれも、その株式を一般投資家が市場で買うことができない非公開会社。このうちテレビ局九社とラジオ局三社については、第三者名義分を加えると、総務省令の持ち株制限を超えていた。このため本社は、弁護士ら社外の専門家で構成する調査委員会を設け、問題の全容解明を委嘱するとともに、早急に是正していくことにした。

ここで注目されるのは、重要事実である「違反」を明らかにする前に、非公開会社であることを説明している点である。これは、今回の問題が一般投資家には迷惑がかからない、あくまで身内の問題であることを強調していると見ることができる。また、問題を矮小化する傾向は語彙レベルでも見られる。例えば、第8段落目の「唯一の上場会社である日本テレビ」という表現も同様である。これも、「唯一」という語を使用することで、一般投資家に影響を与える恐れがあるのは日テレの問題だけであることを強調している。これらは、van Dijk の指摘する、矮小化（mitigation）のストラテジーである（van Dijk 1991: 190）。

また、前向きな対応として、いくつかの社で第三者名義株式保有を解消したことや、調査委員会の設置の問題に多くの行数を割いている。

さらに、読売は「自主」調査としており、外部からの働きかけで調査を

したのではないことを示している。ところが、11月6日付朝日38面の記事は、日テレの株主が実質的には読売新聞グループ本社であった問題について、「西武鉄道の株主の虚偽記載をきっかけに東証から全上場企業に送られた「会社情報の適切な開示」を要請する手紙を機に調べたところ見つかった」としている。また、同日付産経1面の記事についても同様である。日テレの問題は、読売が第三者名義で株式を保有していた問題と同じ問題の両面である。「自主」と主張する読売と、「東証の要請」と説明する朝日・産経の、この食い違いは興味深い。

5.3. 朝日新聞・テレビ朝日

この事例では、11月18日付朝日新聞朝刊の記事を取り上げる(79ページ図3参照)。この日の紙面には、新たに第三者名義株式保有問題の存在が明らかになった朝日・TBS・テレ朝・日経に関する記事が掲載されている。このうち、身内である朝日・テレ朝についての記事と、そうではないTBS・日経についての記事は、大きく異なっている。

まず朝日についての記事(①)とTBSについての記事(③)の第1段落を比較してみる。

朝日新聞：

第三者名義株　本社が解消へ　TV局3社分

朝日新聞社は17日、実質的に本社が保有しながら第三者名義としてきたテレビ局3社の株式について、名義の書き換えや売却などの是正措置を急いでいることを明らかにした。3社はいずれも株式非公開会社で、テレビ朝日系列の静岡朝日テレビ、広島ホームテレビと日本テレビ系列のテレビ岩手。

TBS：

制限超す株式　TBSも保有

東京放送(TBS)は17日、テレビユー福島の株式を全額出資子会社分と合わせて20％以上実質保有し、マスコミ集中排除の原則に基づく総務省の省令制限を超えていることがわかった、と発表した。12月半ばまでに売却を進めるとしている。

　まず、朝日についての記事の第1文を見ると、「是正措置を急いでいる」という前向きな内容をニュースの中心に据えていることがわかる。一方で、ここでの焦点となるべき「第三者名義株式保有」を従属節に入れることで、遠景化している。これらも悪印象を和らげるための操作だと見ることができる。この点について、Faircloughは「一般的に従属節は内容を背景化することから、主節は情報の面で従属節よりも重要である」(Fairclough 2001: 109)と述べ、従属節に置かれた情報は、その重要性が薄められてしまうという点を指摘している。これも問題を矮小化するためのストラテジーの1つなのである。この点では、5.1.で見た、日テレの事例と同様であろう。また、本来、もっとも重要な情報である総務省令違反については、第1段落では触れられていない。
　TBSに関する記事の第1段落を見れば、この違いはより鮮明になる。ほぼ同じ違反についての記事であるにもかかわらず、TBSに関する記事の第1段落の構造は朝日についての記事とは大きく異なる。まず第1文で総務省令違反を明示し、その後第2文で今後の対応について触れているのである。
　両記事のこの違いは、そのまま見出しに反映している。朝日の見出しが今後の前向きな対応だけに言及しているのに対し、TBSでは、第1段落に前向きな対応が含まれているにもかかわらず、見出しでは制限超過のみに触れている。
　さらに、朝日が株式を第三者名義で実質保有してきた3社について、いずれも「株式非公開会社」であると断ることで、一般投資家への影響の少

図3　朝日新聞の紙面(11月18日付朝刊37面)

なさを暗示しているのに対し、TBSの場合は、テレビユー福島が株式非公開会社であるかどうかは、記事中では不明のままである[19]。この点でも両記事は対照的である。

また、朝日についての記事は、第2段落も特徴的である。まず、2社について、「総務省令の実質保有株式制限(20%未満)の枠内にとどまる」と述べたうえで、後半部、すなわち記事の最後になってようやくテレビ岩手と岩手朝日テレビの株式の保有について、制限に違反していたことを取り上げている。自社に都合の悪い事柄は、ニュースの焦点であっても、後回しにしていることがわかる。ニュース記事は一般的に「最も重要な要素から書き始め、次第に軽くなるという「逆三角形型」」(新聞編集整理研究会編 1994: 67)が基本とされており、また、紙面のスペースの都合で記事を削る際に、後ろから順に削る場合が多いことを考えても、後半に最重要事項を配置する、という記事の構成は自然だとは言えまい。

　次にテレ朝(②)と日経(④)の記事を分析する。両社とも総務省令には違反しておらず、記事の構成も似ている。以下はテレ朝と日経に関する記事の第1段落である。

テレ朝：

　テレビ朝日も正常化目指す

　　テレビ朝日は17日、系列などのテレビ局10社の一部株式で、実質的に自社保有の第三者名義株があることが分かったと発表した。自社名義と第三者名義の株式の合計は10社とも20%を下回っており、総務省令には抵触しないとしている。うち5社はテレビ朝日の系列局、残り5社は非系列局。

日経：

　日経新聞社はTV局5社分

　　日本経済新聞社は17日、同社グループのテレビ局のうち、テレビ大阪など5社の株式について、実質的に同新聞社が保有しながら、一部を第三者名義にしていることを明らかにした。5社とも第三者名義分を含めた同新聞社の実質保有株式比率は総務省令で制限される20%未満だ

という。名義を本社名義に書き換えるなどの措置を講じ、解消する方針。

　この両記事の場合も、内容が類似しているにもかかわらず、見出しを見ると対照的な扱いをされている。テレ朝は「正常化を目指す」という前向きな対応を中心に語られ、日経は「第三者名義株式の保有」、という観点から語られるのである。テレ朝の場合、記事の要約であるはずの第1段落には「正常化を目指す」という内容は含まれておらず、第2段落から抜き出す形で見出しに採用されている。一方で、日経の場合は、「解消する方針」が第1段落で触れられているにもかかわらず、見出しには採用されていない。この事例も、身内と他社の扱いが異なることを物語っていると言えるだろう。
　身内(朝日・テレ朝)と、他社(TBS・日経)という区分けは、紙面のレイアウトを見れば、視覚的にも明らかである。紙面の左上は身内のよいイメージの記事で固め、右下は他社の悪いイメージの記事で固めている。本来なら、同種の記事はまとめてもよいはずのところを、分離することで、あたかも別種の事柄についての報道であるかのような印象を与えている。

5.4. 産経新聞・フジテレビジョン

　11月19日付産経朝刊の報道を見ると、まず、産経についての記事が「省令違反なし　放送局の株保有　産経新聞」と、囲み記事になっている(図4参照)。
　第1段落を見ると、「違反する事実はなかったことを確認した」とある。ここでは違反がないことを強調する一方で、「第三者名義」という否定的な意味を伴う語を遠景に置いている。また、「〜をめぐり」という表現を使用することで、同業他社でも次々に明らかになっている問題であることを暗示していると考えられる。この記事は、②と④で2種類の事実を説明

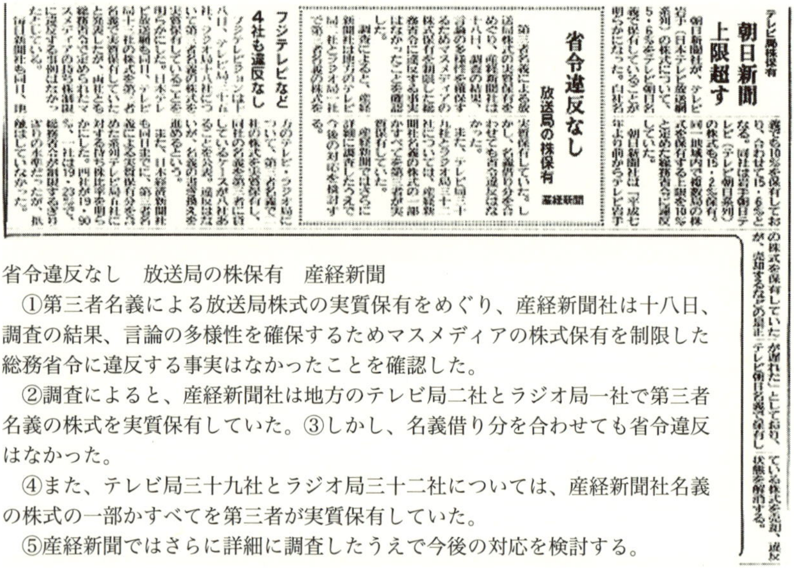

省令違反なし　放送局の株保有　産経新聞
　①第三者名義による放送局株式の実質保有をめぐり、産経新聞社は十八日、調査の結果、言論の多様性を確保するためマスメディアの株式保有を制限した総務省令に違反する事実はなかったことを確認した。
　②調査によると、産経新聞社は地方のテレビ局二社とラジオ局一社で第三者名義の株式を実質保有していた。③しかし、名義借り分を合わせても省令違反はなかった。
　④また、テレビ局三十九社とラジオ局三十二社については、産経新聞社名義の株式の一部かすべてを第三者が実質保有していた。
　⑤産経新聞ではさらに詳細に調査したうえで今後の対応を検討する。

図4　産経新聞の記事(11月19日付朝刊29面)

し、それを挟み込む形の①③⑤で、違反がなかったこと、今後の対応について述べる、という構成になっている。見出し・記事内容ともに、毎日が18日付夕刊で自社の第三者名義株式保有について報じた際の記事と酷似している点が注目される。

次に、フジテレビなど4社に関する記事を見てみよう。

フジテレビなど4社も違反なし
　フジテレビジョンは十八日、テレビ局三十五社、ラジオ局十八社について第三者名義の株式を実質保有していることを明らかにした。日本テレビ放送網も同日、テレビ局十三社の株式を第三者名義で実質保有していたと発表したが、両社とも総務省令で定められたマスメディアの持ち株制限に違反する事例はなかったとしている。

毎日新聞社も同日、地方のテレビ・ラジオ局について、第三者名義で二社の株式を実質保有し、同社の名義を第三者に貸しているケースが八社あることを公表。違反はないが、名義の書き換えを進めるという。
　また、日本経済新聞社も同日までに、第三者名義による実質保有分を含めた系列テレビ局五社に対する持ち株比率を明らかにした。四社が19.90％、一社は19.23％で、総務省令が制限するぎりぎりの水準だったが、抵触はしていなかった。

　この記事においては、身内であるフジテレビの第三者名義株式保有問題を最初に取り上げているが、それはあくまで「違反なし」という文脈である。
　また、同じ面の右側には、「テレビ局株保有　朝日新聞上限超す」という朝日の違反を伝える記事が掲載されている。つまり、産経・フジテレビそれぞれについての「違反なし」の記事と、競合相手である朝日の「違反」の記事が、視覚的に対置されているのである。この点は、5.3.で見た朝日の紙面レイアウトと共通していると言えるだろう。また、Kress & van Leeuwen の視覚記号論の議論も参考になる。3つのものが縦あるいは横に一列に並んだ配列(トリプティック triptych[20])の場合、中央に配置されたもの(中心・媒介)を挟んで左右のものが対照的に捉えられるのである(Kress & van Leeuwen 1996: 211)。この場合は産経に関する記事を中心として、フジテレビと朝日の差異が際立つことになる。
　また、産経とフジテレビの記事が類似の内容であるにもかかわらず、別の記事になっている。これが、視覚的には身内の2社それぞれの「違反なし」を強調する効果を生んでいる、という指摘も可能だろう。
　最後に、他社との対比という点では、最終段落で日経について、「総務省令が制限するぎりぎりの水準だったが、抵触はしていなかった」と、違反に限りなく近いことを印象づける表現を用いている。産経は、身内である

フジテレビでは 53 社について第三者名義株式保有があったにもかかわらず、問題の社数が 5 社と少ない日経に関して述べる際には、株式保有比率の水準を問題視しているのである。

5.5. ニュース記事に見られるストラテジー

5. では、ニュース記事の内容について分析した。その中でいくつかのストラテジーが明らかになったと言えるだろう[21]。以下に挙げてみる。

①身内の印象の悪さを軽減する(問題を矮小化する)表現・構文を使用する。
②他社の不祥事は大きく扱い、身内の不祥事は小さく扱う。
③身内にとって都合の悪いことは記事の中でも後回しにする。
　(第 1 段落で取り上げない)
④身内の真摯で前向きな対応を強調し、記事の中心に据える。
⑤「良い」身内と「悪い」他社の差異を際立たせるレイアウトを用いる。
⑥違反していない場合は、違反がないことを強調する。
⑦いかにやむを得なかったかを強調する。
⑧他社の不祥事については否定的な表現を使用する。

これらのストラテジーを用いることで、新聞社は身内の不祥事を隠蔽し、正当化する一方で、他社を非難しているのである。

6. 解説記事・検証記事の分析

ここでは、解説記事 1 本(11 月 12 日付読売朝刊 15 面)・検証記事 2 本(11 月 19 日付毎日朝刊 28 面・11 月 20 日付産経朝刊 28 面)を分析対象とする。

読売の解説記事は、第三者名義での株式保有により総務省令に違反していたことを読売が社内調査の結果として公表した翌日の朝刊に掲載したものである。読売以外の社ではまだ問題が発覚していなかった段階での解説記事、ということになる。

　また、毎日・産経の検証記事に関しては、ほとんどの事例が出そろった時点で第三者名義株式保有問題全体の検証を行ったものである。以下、例として産経の記事を取り上げ、詳細な分析を試みる。

6.1. 産経新聞の検証記事

　まず図5の記事の右の表は、第三者名義株式の保有状況を示した表である。ここで、産経は、明らかに毎日よりも第三者名義株式を保有していた対象企業が多いにもかかわらず、毎日の後に記されている。産経のグループ企業であるフジテレビは、テレビ局3局の中間におかれているが、第三者名義株式を保有していた局数(53局)が最大であることを考えれば、やや不自然であろう。産経は11月19日付朝刊29面ではフジテレビ、日テレ、毎日、日経の4社の第三者名義株式保有問題を報じているが、その見出しは「フジテレビジョンなど　4社も違反なし」と、フジテレビを筆頭に掲げている。「違反なし」を強調する文脈では身内企業を前面に押し立てていることが窺える。一方で、この検証記事の表のように「名義貸し借り」という否定的な文脈では、他社の後に回すのである。この点は、毎日新聞の検証記事でも全く同様の現象が見られた。

　次に記事の中身を見ていこう。まず、第1段落では、「西武鉄道グループによる有価証券報告書の虚偽記載を追求すべきマスコミが守勢に立たされた格好だ」と一連の問題を位置づけている。新聞各紙は、新聞社の第三者名義株式保有問題が明るみに出る1ヶ月前に同種の問題が発生した西武鉄道に対しては、厳しい姿勢を取っていた。以下の見出しがその典型例である。

西武鉄道の株問題　グループ支配の手段か　株の個人保有あいまい説
　　明　謎深まるばかり　約一億株の行方　約30年間放置　東証が審査
　　入り　隠ぺいの有無が焦点　国交省が調査へ
　　　　　　　　　　　（2004年10月15日付毎日朝刊8面見出し）

　「支配」「あいまい」「謎深まるばかり」「放置」「隠ぺい」など、否定的な語が並んでいる。西武鉄道に対して痛烈な批判を展開した新聞各紙が、自らも同様の問題を抱えていたとなれば、批判の舌鋒も鈍くならざるを得ないであろう。事実、これらの否定的な語は、全国紙各社の一連の第三者名義株式問題報道の際には、ほとんど見られない。また、ここでは、西武鉄道との対比でマスメディア全体を「身内」として扱っている点にも注目したい。
　第2段落と第3段落は、問題の経緯とマスメディア集中排除原則についての説明である。第4段落は総務省令に違反していた読売、朝日、TBSの釈明コメントを並べている。
　第5段落では「総務省令に違反しない範囲での名義貸し借り」に話題が移る。産経とフジテレビも当然含まれているが、明示はされていない。ここでは、日本民間放送連盟の日枝久会長のコメントが引用されている。総務省令に違反しない範囲での名義貸し借りについて、「会社設立時に資本金が足りない場合などに一時的に各社の事情でやっていること。上場会社が虚偽記載を行ったのでなければ問題ではない」との認識を示したものである。ここで日枝会長が「問題」として念頭に置いているのは、上場企業である日テレの株式を読売新聞が第三者名義で保有していた事例であろう。いずれにせよ、総務省令に違反せず、有価証券報告書に虚偽記載さえしなければ、第三者名義株式の保有自体に問題はないとの立場である。
　ここで、日枝久民間放送連盟会長の所属が問題になる。日枝氏は、実はフジテレビの会長なのである。民放連会長の立場で発言しているとはい

相次ぐ違反、マスコミ守勢に

放送局株保有

《第三者名義の株式の保有状況など》

●総務省令違反

朝日新聞　地方局３社で実質保有、うち岩手県で同一地域内の複数局株式を保有できる上限を超す

読売新聞　地方局42社で実質保有、うち12社で制限を超す

日本経済新聞　地方局５社で実質保有、うち１社で制限を超す

中日新聞　地方局14社で実質保有、うち７社で制限を超す

北海道新聞　地方局３社で実質保有、うち２社で制限を超す

ＴＢＳ　地方局７社で実質保有、うち１社で制限を超す

●名義貸し借り

毎日新聞　地方局２社で実質保有。地方局８社で毎日新聞名義の株式を第三者が実質保有

産経新聞　地方局３社で実質保有。地方局など71社で産経新聞社名義株式を第三者が実質保有

日本テレビ　地方局13社で実質保有

フジテレビ　地方局53社で実質保有

テレビ朝日　地方局10社で実質保有

①新聞社やテレビ局が放送局の株式を第三者の名義で実質保有していた実態が、相次いで明らかになった。言論の多様性を確保するためマスメディアの株式保有を制限した総務省令に違反したケースもあり、西武鉄道グループによる有価証券報告書の虚偽記載を追及すべきマスコミが守勢に立たされた格好だ。

②一連の問題は十一月五日、日本テレビの渡辺恒雄・読売新聞グループ本社会長名義の株式が実際は読売新聞の保有と分かったのを機に、メディア界全体に波及。「マスメディア集中排除原則」と呼ばれ、①同一地域（原則は県域）で複数の放送局の10％を超える株式（株主議決権）②異なる地域（同）で20％以上の株式（同）―の保有を禁じた省令に六社が違反していた。原則が国内で浮上したのは、民放テレビに一斉に予備免許が下りた昭和三十二年。報道という事業の性格からテレビに資本投下した新聞社との緊密な関係を弱めるねらいがあった。しかし新聞社からの反発などから通達にとどめ、六十三年、省令となった。

③当初、一つの事業者が支配できるのは一つの地上波放送局とし、それ以外は10％を超える出資を認めなかったが、メディア多様化とともに平成七年、異なる地域の出資制限は第三者名義の株式を含めて20％未満に緩和。このとき第三者名義の株式も対象になった。

④読売新聞グループ本社の山口寿一社長室次長は「事実を厳粛に受け止めている。直ちに正していかなければならない」と会見でコメント。「株式売却などの是正が遅れた」（朝日新聞）、「認識が不十分だった」（ＴＢＳ）などと釈明した。

⑤一方、総務省令に違反しない範囲での名義貸し借りについて、日本民間放送連盟の日枝久会長は「会社設立時に資本金が足りない場合などに一時的に各社の事情でやっていること。上場会社が虚偽記載を行ったのでなければ問題ではない」との認識を示した。

⑥ただ、より高い透明性を求める声もある。立教大学の服部孝章教授（メディア法）は「総務省令違反と名義貸しの問題は分けて考えなければならないが、言論機関として自らについて明らかにする責任はすべてのメディアにある。また名義貸しは中央の資本がなければ放送局が開設できなかった地方局の現実と、全国紙との独特の関係を抜きに考えることはできない。黙認してきた総務省の責任も問われるべきだ」と話している。

日経、道新も

日本経済新聞社は十九日、テレビ大阪の保有株式が20・4％に達し、総務省令で定められたマスメディア集中排除原則の持ち株制限20％を超えていた、と発表した。

同社はこれまで、テレビ大阪株について「第三者名義で19・9％を実質保有しているが、ぎりぎりで制限以内」としていたが、新たに子会社の番組制作会社が経営破綻した金融機関から0・5％の株式を譲り受けていたことが判明した。一方、北海道新聞社も同日、道内のテレビ・ラジオ三局について第三者名義で株式を実質保有、うち二社は省令に違反していたことを明らかにした。

図５　産経新聞の検証記事（11 月 20 日付朝刊 28 面）

え、自らの所属企業であるフジテレビおよび身内である産経の第三者名義株式保有を擁護する見解を述べているわけである。これを産経が引用するのは一般読者に対して誠実な態度だとは言えまい。読者に対しては民放連会長として示されているのみで、必ずしも日枝久＝フジテレビ会長ではないからだ。

　以上見てきたように、この段落は、前段落で述べた「違反組」と産経・フジテレビを含む「違反していない組」の間に截然と線引きする役割を果たしていると言える。

　次に、最終段落では、識者のコメントが引用される。まず、「総務省令違反と名義貸しの問題は分けて考えなければならない」と、違反していない産経・フジテレビにとって有利な発言を挙げる。その後「言論機関として自らについて明らかにする責任はすべてのメディアにある」と、メディア一般を対象に責任を問うが、次の文では、名義貸しがいかにやむを得なかったかを述べ、最後の文では「黙認してきた総務省の責任も問われるべきだ」と、総務省に責任を転嫁している。コメントの前半と後半に、産経側に都合の良い発言を配置することで、全体としては、産経の立場を擁護する存在として識者を利用していると考えられる。

　産経の検証記事全体を通して言えるのは、①自社・身内の不祥事については後回しにする、②総務省に責任を転嫁する、③「違反組」と「違反していない組」の差別化、④識者らのコメントを都合良く利用する、などである。

　van Dijk は英国の新聞における人種差別的な記事に見られるさまざまなコメントの引用のされ方を分析し、多数派・エリートの立場に立ったコメントが多く、少数派(＝被差別側)の立場に立ったコメントは非常に少ないことを指摘した。そして、「記者はその新聞の立場を表明する話者の発言を引用する傾向がある」(van Dijk 1991: 175)と結論付けている。新聞記者がその新聞社の論調に都合のよい発言をするコメンテーターを選択すると

いう傾向は、産経の事例にも当てはまるのではないだろうか。また、本論文では扱えなかったが、毎日の検証記事におけるコメントの引用についても同様である。さらに言えば、日テレに関する読売の記事(5.1.)で見られた事例、すなわち、「身内」の3人が代わる代わる同様のコメントをして正当性を強調するという例も、コメントを都合よく利用するという点では同根だと言えるであろう。

6.2. 解説・検証記事に見られるストラテジー

以上見てきた産経の検証記事は「違反していない組」による検証であると総括できる。「違反していない組」と「違反した組」の間を画然と区切ることで、自社・身内には問題がないことを強調しているのである。この点に関しては、本論で扱えなかった毎日の検証記事についても、ほぼ同様の現象が見られた。

一方で、読売の解説記事(「TV局名義株本社保有問題　草創期、質と経営安定図る　多メディア化で規制緩和へ」)は、「違反組」としての釈明記事であると言える。その特徴は、①問題の矮小化・隠ぺい、②今後の前向きな対応を示す、③第三者名義株式の保有がいかにやむを得なかったかを強調する、④読売の対応がいかに時代の流れに沿っているか(総務省の時代遅れの規制)を強調する、などであった。

産経と毎日は、全国紙5紙の中で、総務省令に違反していない2社である。分析の結果を見る限りでは、「違反していないからこそ検証記事を掲載した」と考えられるだろう。この点で、釈明に終始している読売の解説記事と好対照をなしている。

以上、読者の理解を助けるための解説記事・検証記事が、身内の不祥事に際しては、皮肉なことに自己正当化や釈明の装置として機能している実態が浮き彫りになったと言える。また、検証を行っていない3紙(朝日・日経・読売)、すなわち「違反組」に関して言えば、自社に都合の悪いこと

にはあえて触れない、ということになろう。Fairclough(1995)が指摘するように、「テクスト中に存在しないことが何かということもしばしば、社会文化的分析の観点から見て同様の重要性を持つ」(Fairclough 1995: 5、傍点は筆者)のである。

7. 結論

7.1. 本論文のまとめ

本論文で抽出することができた新聞社の隠蔽・自己正当化ストラテジーをまとめると、表6のようになる。

これらのストラテジーには、van Dijk の「肯定的な自己呈示」と「否定的な他者呈示」(van Dijk(1998)など)という概念が当てはまるであろう。この概念は、「我々」と「彼ら」の間を峻別する概念であり、とりわけ、人種差別などのイデオロギーの再生産に関わっている。就職難や、財政難、

表6 新聞の第三者名義株式保有問題報道に現れたストラテジー

見出し	①身内に関する記事では、否定的なイメージを伴う語は使用しない。 ②身内に関する記事では、今後の前向きな対策の表現を使用する。 ③身内に関する記事では、「違反なし」など否定の表現を使うことで肯定的なイメージを生む。
ニュース記事	①身内にとって都合の悪いことは記事の中でも後回しにする。（第1段落で取り上げない） ②身内の真摯で前向きな対応を強調し、記事の中心に据える。 ③いかにやむを得なかったかを強調する。 ④違反していない場合は、違反がないことを強調する。 ⑤身内の印象の悪さを軽減する（問題を矮小化する）表現・構文を使用する。 ⑥他社の不祥事については否定的な表現を使用する。 ⑦「良い」身内と「悪い」他社の差異を際立たせるレイアウトを用いる。 ⑧他社の不祥事は大きく扱い、身内の不祥事は小さく扱う。
解説・検証記事	①身内に都合のよいコメントを引用する（識者コメント・身内の代表のコメント）。 ②総務省に責任を転嫁する。

治安の悪化などの原因が海外からの移民にあるとし、「悪いのは彼ら（＝移民）で、我々は被害者である」といった文脈で使われることが多いという。
　この「肯定的な自己呈示」・「否定的な他者呈示」という概念は"ideological square"という以下の4つの原理から成っている。

　　1　我々にとって肯定的な情報を表明・強調せよ。
　　2　彼らにとって否定的な情報を表明・強調せよ。
　　3　彼らにとって肯定的な情報を抑制・矮小化せよ。
　　4　我々にとって否定的な情報を抑制・矮小化せよ。
　　　　　　　　　　　　　　　　　　　　　（van Dijk 1998: 267）

　本論文に即して言えば、見出しに見られた3つのストラテジー、そしてニュース記事における①〜⑤のストラテジーは、新聞社が身内について語る場合に、いかに身内の立場を正当化するか、不祥事を隠蔽するか、というストラテジーである。これらの相乗効果が、「肯定的な自己呈示」を実現している。そして、ニュース記事の⑥〜⑧および解説・検証記事（①・②）のストラテジーは、競合他社や総務省について否定的に報道している点で、「否定的な他者呈示」に連なるものだと言える。
　van Dijk が分析において重視する「我々」「彼ら」という、単純とも言える二分法の発想は、第三者名義株式保有問題をめぐる新聞報道の中にも、重層的に存在している。

　　1　「身内」対 競合他社
　　2　マスメディア 対 西武鉄道
　　3　マスメディア 対 総務省
　　4　「違反していない組」対「違反組」

新聞はこの4つの位相[22]を自在に使い分けることで、それぞれ「肯定的な自己呈示」と「否定的な他者呈示」を行っている。競合他社を個別に批判する一方で、西武鉄道や総務省を批判する際には一転してマスメディア全体を「身内」として扱うのである。自らに負い目がある場合には、「より悪い」相手を探し出し、比較優位に立とうとするのだとも言える。さらに、身内に都合の悪い事実については隠蔽・矮小化を行い、正当化を図っている。その意味では、新聞各社がその編集方針や倫理綱領などで標榜している「公正」は単なるお題目に過ぎないと言えるだろう。

本論文で明らかになった新聞の隠蔽・自己正当化ストラテジーについての知見は、CDAにおける新たな視座を提供すると同時に、メディア・リテラシーの分野にも貢献できるであろう。すなわち、新聞が自社・身内について報道する際には、さまざまな隠蔽・自己正当化のストラテジーを用いる可能性が高いことを予め認識していれば、読者の側も、それに応じた批判的な読みが可能になるのである。

7.2. 今後の課題と展望

本論文では、1つの事例研究として、第三者名義株式保有問題を分析した。今後は他の不祥事の事例についても、研究を積み重ねていく必要があるだろう。

第三者名義株式保有問題は、新聞社の「経営」の問題である。これはいわば「会社ぐるみ」の問題であり、会社組織の上層部が関係している問題であるため、一記者や一編集部の立場では批判的な記事を書きにくいことが想定される。だからこそ隠蔽・自己正当化ストラテジーが顕著に表れたのではないだろうか。では、これが「経営」ではなく、「編集」の不祥事（誤報など）であった場合はどうだろうか。Bell(1991: 38)は、ニュースメディアにおいては、「経営」と「編集」の利害は異なると指摘している。

あるいは、末端の一社員の起こした不祥事の場合を考えれば、新聞社の

社内の権力構造によって、報道姿勢が異なってくる可能性がある。つまり、その不祥事が単なる一社員の属性の問題であれば、新聞社全体としては率直に誤りを認めて謝罪をしたほうが、得策であることも考えられる。これらに関しても、今後の研究が望まれる。

また、本論文では「不祥事報道における隠蔽・自己正当化のストラテジー」の分析に焦点を絞った。だが、マスメディアの「公正さ」が問われるのは、不祥事報道においてだけではない。その逆の場合、すなわち「祥事」についても言えるであろう。例えば、新聞社が自社の開催するイベントの情報を紹介する記事や、自社が何らかの賞を受賞したりした際の記事は、その実際のニュース価値以上に大きく扱われることが想定される。この、「自社に都合のよいことは強調する」という姿勢は、不祥事報道と表裏一体の問題であり、van Dijk の "ideological square" が当てはまる例の1つでもある。

この側面に光を当てることによって初めて、新聞の自己正当化ストラテジー、あるいは「自己肯定のストラテジー」とでもいうべきものを多面的に捉えることができる。この点に関しては、今後の課題としたい。

注

(1) 日本新聞協会ホームページ参照
(http://www.pressnet.or.jp/info/seimei/shuzai/01rinri.htm)。
(2) 広辞苑第五版によれば、「①公平で邪曲のないこと。②明白で正しいこと」とされているが、本研究では、「公正」であることを読者・社会と「公約」した新聞が、それを裏切っていないか、という点を問題とする。「公正とは何か」「そもそも公正というものが存在するのか」、といった問題には立ち入らない。
(3) ディスコースの定義は多様であるが、本研究では「広い意味での「コミュニカティブ・イベント」であり、会話の相互行為、書かれたテクスト、付随する身振り、表情、印刷のレイアウト、画像、その他の『記号論的』あるいはマルチメディア的次元での表意」(van Dijk 2001: 98) として扱う。
(4) discourse の訳語。本論文では、文脈に応じて「談話」・「ディスコース」の語を用い

る。社会学やマス・コミュニケーション研究などの分野では、「言説」を訳語とする場合もある。
(5) イデオロギーは van Dijk の定義によれば、「グループのメンバーに共有された社会的表象の基盤」であり、「社会構造と社会認知の間のインターフェースとして働く」(van Dijk 1998: 8) ものであって、必ずしも否定的なものを意味しない。
(6) 有価証券報告書は、有価証券を発行する企業が事業年度ごとに内閣総理大臣へ提出する事業内容の報告資料である(証券取引法第 24 条)。株式上場企業には提出の義務があり、一般投資家も閲覧・購入することができる。
(7) 証券取引所で上場廃止の可能性がある銘柄を暫定的に売買するポスト。上場基準に抵触したときや大きな材料が出たとき、それについて会社側の説明が不十分な場合などに、ここに移して商いが行われる。ポストといっても、実際にポストで取引するわけではなく、投資家への注意喚起のためにこうした言葉を使っているだけである(日本経済新聞社編(1999: 68)より抜粋)。
(8) 以下、表なども含め、新聞名は五十音順とする。5 紙の略称は朝日、産経、日経、毎日、読売とする。
(9) 以下、テレ朝、フジテレビ、TBS、日テレと表記する。
(10) 事実を報道するニュース記事については、相互比較が容易な第一報を対象とする。その他、解説・検証記事 3 本についても取り上げて分析する。
(11) テレビ東京(テレ東)は第三者名義株式問題が存在しなかったため、分析対象から外れている。
(12) 毎日を除く全国紙 4 社はそれぞれ系列のテレビ局との資本関係や人事交流がある。TBS との資本関係がない毎日も、TBS を「友好会社」と位置づけている(毎日新聞　会社案内より)。
(13) 第三者名義株式と同義に使われている。名義上の株主と事実上の株主が異なっている株式のこと。
(14) 毎日は 11 月 19 日付朝刊にもこの問題をやや簡略化して掲載するが、毎日についての記述は産経・フジテレビ・日テレの第三者名義株式保有問題の記事に付加する形になっている。毎日の名は見出しにも取られていないため、この節では扱わない。
(15) 産経も同様だが、これは同じ紙面に身内である産経・フジテレビの問題に関する記事を掲載しているためだと思われる。
(16) 読売による TBS に関する記事の見出しは「TBS は 24％保有　福島の系列局」と、表面的には否定的な語が含まれていないが、これは、同じ面の「朝日新聞も制限違反　株保有　岩手 2 局とも 15％」という見出しと合わせて考えるものとする。
(17) ただし、記事が 2 本以上ある場合(産経・日経)は、1 本目の記事の第 1 段落を取り上げる。

(18) 11月11日の参議院財政金融委員会で国税庁の村上喜堂次長が「税務当局の了承」についての質問に対し、「その株がだれが所有して、真実の所有者がだれであるかが分かればいいわけでありますから、その有価証券報告書にどういう記載があるかどうかは、特段それについて関与するところじゃございません。したがって、読売新聞等がどういう趣旨でそういうことを発言されておるのか、ちょっと理解できないところであります」と答えており、読売とは見解の相違があることが明らかになった(「国会会議録検索システム」http://kokkai.ndl.go.jp/ より)。
(19) 実際は非公開会社である。
(20) 3枚のパネルから成る宗教画。
(21) この他、5.1. の分析で読売のみに見られた特徴ではあるが、①税務・金融当局の「お墨付き」を得ていることの強調、②東証への責任転嫁、などを指摘しておきたい。
(22) このほか個別の事例を見れば、4.1. の日テレに関する記事で見られたように「読売・日テレ 対 東証」なども挙げられるであろう。

参考文献

Bell, A. 1991 *The Language of News Media*. Oxford: Basil Blackwell.
Fairclough, N. 2001 *Language and Power*, 2nd edition. London: Longman.
Kress, G. & van Leeuwen, T. 1996 *Reading Images: The Grammar of Visual Design*. London: Routledge.
日本経済新聞社編 1999『株式用語辞典〈新版〉』日本経済新聞社.
野呂香代子 2001「クリティカル・ディスコース・アナリシス」野呂香代子・山下仁編『「正しさ」への問い—批判的社会言語学の試み』pp.13–49. 三元社.
新聞編集整理研究会編 1994『新編 新聞整理の研究』日本新聞協会.
新村出編 1998『広辞苑第五版』岩波書店.
竹野谷みゆき 2004「言語行為としての謝罪広告—違法香料事件をめぐる新聞広告の分析」三宅和子・岡本能里子・佐藤彰編『メディアとことば1』pp.38–65. ひつじ書房.
van Dijk, T. A. 1988 *News Analysis: Case Studies of International and National News in the Press*. Hillsdale. NJ: Lawrence Erlbaum Associates.
van Dijk, T. A. 1991 *Racism and the Press*. London: Routledge.
van Dijk, T. A. 1998 *Ideology: A Multidisciplinary Approach*. London: SAGE Publications.
van Dijk, T. A. 2001 Multidisciplinary CDA: a plea for diversity. In Wodak, R. & Meyer, M. (Eds.) *Methods of Critical Discourse Analysis*. pp.95–120. London: SAGE Publications.

COLUMN
ことばとイデオロギー(Language and Ideology)

　「イデオロギー」という用語は、18世紀後半にフランスのデステュット・ド・トラシーが考案したもので、当初は、人間の観念に関する科学的な研究を意味する「観念学」の意味で使われた。その後、学問の名よりも、観念の体系そのものを指すようになり、マルクス主義者など、無数の論者によって多様な意味で使われてきた(詳細は、**テリー・イーグルトン著『イデオロギーとは何か』**(平凡社、1999年)を参照)。

　クリティカル・ディスコース・アナリシス(CDA)においても、イデオロギーは重要な概念である。van Dijk(1998)では、「グループのメンバーに共有された社会的表象の基盤」と大まかに定義するなど、論者によって異なるが、野呂(2001)は、CDAにおけるイデオロギーの位置づけについて、以下のようにまとめている。

> 　CDAは、型どおりの、あるいは社会に受け入れられやすい談話には、社会の再生産に寄与する「イデオロギー」が巧妙な形で含まれていると捉える。ここで言う「イデオロギー」とは、古典マルクス主義的な階級性を固定的に捉えた観念体系を指すものでも、逆にある集団の「世界観」と同義になるような中立的なものを指すものでもない(Fairclough 1995b: 17)。種々のメディアから入ってくる公的談話から日常交わされる談話まで、誰もが手にする日常的な談話の中に目に見えない'自然な'形で埋め込まれた、談話の様々なレベルにおいて発現しうる、かつ、人々に直接的間接的影響を与え得る一定集団の価値観や利害などを正当化するような構造をもったもので、いわば、一定の形や方向性を導き得る発動機付きの思考形態とでも言うことができよう。　　　　　　　(野呂 2001: 18)

　イデオロギー自体は不可視のものであり、「ことば」や身振りなど、表

COLUMN

面に現れた現象の分析によってしか、捉えられない。CDA は、とりわけ、マスメディアの報道や、政治家・研究者などのエリートの「ことば」に含まれた差別意識などが、人々に直接的間接的に影響を与え、社会的不平等を再生産してしまうことを問題視する。van Dijk や Wodak など、CDA の主要な研究者らが分析の対象にしてきたヨーロッパの人種差別問題について言えば、政治家が差別的な発言をしたり、マスメディアが外国人犯罪をことさらに強調して報道したりする例が挙げられよう。

ヴァン・デイク(2006)は、マスメディアが人種差別的なことについて語る場合には、「～と言われている」のような、疑惑やある距離感を表す指標が用いられることを指摘している。こうした表現は、気付かれにくく、「自然」で「巧妙」な形で談話の中に織り込まれていると言える。また、逆に「ことばの不在」が問題になる場合もある。ヴァン・デイクは、民族問題が絡んだ事件の場合でも、少数派の発言がほとんど引用されないことや、少数派出身のジャーナリストがほとんどいないことも批判している。これは、マスメディアが少数派の声を排除することで、間接的に多数派の優位を固定している、ということである。これらの指摘について、イーグルトンによるイデオロギーの定義の1つを援用するなら、「イデオロギーによって記号化される観念や信念は、支配的な集団もしくは階級の利益の正当化に役立つのだが、その場合、とりわけ歪曲と捏造の操作が大きくものをいう」ということになるだろう。

参考文献としては、**植田晃次・山下仁(編)『「共生」の内実　批判的社会言語学からの問いかけ』**(三元社、2006 年)で、**テウン・ヴァン・デイク「談話に見られる人種差別の否認」**の翻訳が読める。その他、イデオロギーがどのように人々の意識に影響を与えるかを、社会認知などの面から学際的に分析した T. A. van Dijk 著 *Ideology: A Multidisciplinary Approach* (SAGE、1998 年)も挙げておきたい。　　　　　　（布尾勝一郎）

子ども向け情報における「遊び」と「商品」の境界

1980年代初頭『コロコロコミック』「遊び方情報」記事から

森山由紀子

1. はじめに

　男子小学生の間で広く読まれている[1]雑誌『コロコロコミック[2]』(小学館)は、コミック誌であると同時に大量のカラーページを用いて子ども向け商品の新製品情報等を告知する、商品情報誌としての性質を持っている[3]。森山(2005: 171)では、これらの情報ページの表現について、次のように述べた。

>　「これらの商品はすごい」「新しい商品は価値がある」;「それらの商品を手に入れることは、極めて高い価値を持つ」という過剰に価値づけされた情報が、「記事」の枠組みの中であたかも現実であるかのように示され、その情報を、子どもたちが、エンターテイメントのコンテツの一部として享受するしくみになっている。(要約)

　もちろん、読者の側で「『コロコロコミック』という雑誌は商品カタログ誌である」と理解し、商品購買活動の参考にするという利用の仕方も可能である。しかし、この雑誌のターゲットが、判断能力の形成過程にある小

学生であることから、そういった商品の比較検討のための情報誌としてではなく、エンターテイメントとして購読されていると考えるのが普通であろう。言い換えれば、現代の男子小学生の多くは、過剰に価値付けされた商品カタログをエンターテイメントとして享受する環境の中に、日常的に置かれている可能性があるのである。

　こういった環境は、現在においては特に珍しいことではなく、むしろあたりまえのように受け入れられているといえる。筆者が『コロコロコミック』の情報記事の表現を詳細に追うことで明らかにしたいのは、「変化の結果何が起ったか」ではなく、「前には何があったか」「前には何がなかったか」「どのような過程を経て変化が起ったのか」ということである[4]。なぜならば、その変化の結果こそ現在の状況であり、多くの人には、その状況が以前から自明なものであったかのように認識されているからである。

　森山(2005)は、『コロコロコミック』1977年から1980年までの創刊当初、玩具等の一般商品の紹介はコンテンツとなって「いなかった」こと、しかし、コミックの内容や登場人物、および、コミック本への関心を高める記事はごく初期から豊富に見られ、コミック・コミック本・映画といった「物語・物語商品の情報」が重要なコンテンツとなっていくことを述べた。そして、1981年8月から1982年初頭には一般商品紹介記事が登場し、定番化していくが、当時の商品紹介記事の表現は、冷静な商品選びのアドバイスを行う姿勢を持つといった点で、現在のものとは異なることを指摘した。

　本稿は、商品紹介記事が登場したあと、「物語・物語商品の情報」が「商品情報」へと入れ替わる過渡期—1981年8月から1983年3月まで—を検証する。そして、「商品情報」が増加する前に登場し、子どもたちと商品とをつなぐ役割を果たした「遊び方情報」が、どのような姿勢で、どのような価値観を伝えていたかを明らかにし、子ども向け雑誌が本格的に商品情報誌となっていく直前の時期に、何がなかったのか、また、あったのかと

いうことを述べる。

2. 情報と現実世界との関わり

2.1. 現実世界との関わり方による情報の分類

『コロコロコミック』は、すでに 1977 年 5 月の創刊当初から、純粋なコミック以外の情報ページが一定量存在する雑誌であった。しかし、一口に「情報」と言っても、「ドラえもん」等の物語世界を味わうための情報から、現実の遊びや生活に関わる情報まで幅広い。森山(2005)において、「商品紹介記事の登場」とした 1981 年 8 月の記事は、携帯ゲーム機という、現実世界に存在する一般商品(玩具)の情報が発売元や金額とともに掲載されたわけであり、物語についての情報が中心だった当時の情報ページにあって、現実生活における消費行動に直接関わる情報であるという点で、特筆すべきものだったのである。

そこで情報ページの変化を大きく把握するために、情報と現実世界との関わり方という観点から、情報ページの情報の内容を以下のとおり分類する。

①物語・物語商品情報
②遊び方情報
　a. 商品と連動しない遊び　b. 商品と連動する遊び
③商品情報
　a. 商品画像の提示　b. 商品情報の提示

以下、それぞれについて解説を加え、また、1981 年 8 月までの情報ページのあり方について、この枠組みに沿って整理し直しておくこととする。

2.2. 1981年8月以前の情報ページの分類
①物語・物語商品情報

　これは、たとえば「ドラえもん」などのフィクションの作品世界についての情報、およびそれを提供する本や雑誌・TV番組・映画といったメディアについての情報である。具体的には、「登場人物の嫌いな食べ物」「登場人物がTV番組で使う技の図解」「アニメーションの技術」「コミック本の発売情報」「TV化・映画化の情報」「TVの特番の放映情報」などがあげられる。このうち、たとえば「登場人物の嫌いな食べ物」は、完全に物語世界についての情報であり、基本的に現実の世界とはほとんど関わりを持たない。

　一方、コミックやTV、映画など、「物語商品」についての情報は、それらの購読や視聴を促すという点で、明確に現実世界との関わりを持つ情報である。コミックや映画という有料メディア、また、無料であっても、TVの視聴にはその番組のスポンサーの商品の広告視聴が含まれるわけで、いずれも、子どもの消費行動に直結する情報である。そして、当然のことながら「物語情報」と、「物語商品情報」とは不可分のものであって、誌面上でも、「物語」についての情報と「物語商品」についての情報は完全に混在して提示される。「物語」についての関心が「物語商品」の視聴や購入に結びついていくのである[5]。

　さらに、①「物語・物語商品情報」の中で、直接に視聴や購読を促す表現を持つ情報は、読者にとってはいわば補足的な情報であって、読者の興味関心の中心は、あくまでも「物語」のストーリーや表現方法であるということもいえよう。

　たとえば、次の例1のような秘密解説型(森山 2005: 176)の表現は、比較型(同: 182)、リスト・ランキング型(同: 182)と並んで「物語・物語商品情報」を伝える際に頻繁に用いられるものであるが、これらの「秘密」は、現実世界においては何ら意味を持たず、物語に対する読者の好奇心を満た

すものである。

1　アニメ新ヒーロー／テレビ／パーマン登場あのすごい力は、どこから…？／①超能力のひみつ／ヘルメット／これをかぶると、力が6600倍になる。耳は万能ほん訳機になっている。（1983年4月）

　なお、1981年8月までの情報ページは、次にあげるいくつかの例を除き、ほとんどが①「物語・物語商品情報」に該当するものであった。

②「遊び方情報」

　これは、「遊び方」に代表される、子どもたちの現実の生活における行動や、一般的な知識の獲得につながる情報をさす[6]。このタイプの情報は、早くからコンスタントに掲載された、「まんがの書き方」の情報を除けば、1980年以前には非常に少ない。強いてあげれば、「王選手ホームラン情報」(1977年5月)、「スーパーカー童夢誕生」(1979年6月)、「ドラえもん音頭の踊り方」(1980年7月)、といった記事があてはまるだろう。

　ほかに、「釣りバカ大将㊙釣りアクション」(1981年7月)といった記事もあるが、これは、釣りの説明をしているようでいて、次のような、実際にはあり得ない技ばかりを解説しているので、むしろ①「物語・物語商品情報」に分類される。

2　糸の力で一瞬水を切り、そこへ飛び出した魚を釣り上げる秘技

　しかし、子どもたちにとっては、現実の世界で自分が釣りをするときに、「釣りバカ大将」になりきって、これらの「秘技」を使うイマジネーションを働かせることで、より楽しく釣り遊びができるということはあるだろう。このように、釣りという現実の遊びの中に、物語世界のイマジ

ネーションを持ち込む発想は、後に、現実の商品と物語世界とを結びつける上で、重要な役割を果たすことになる。

　さて、上にあげた1980年までの②「遊び方情報」は、いずれもa「商品と連動しない遊び方情報」であるといえる。たとえば、「スーパーカー童夢」についての情報は、小学生の消費に結びつくわけではなく、子どもにとっての教養や楽しみとしての情報である。「王選手ホームラン情報」は、プロ野球の視聴率に多少関わるかもしれないが、その場合は、他メディアへのリンクということになる。「ドラえもん音頭の踊り方」も、メディア上のキャラクターを実際の生活レベルに浸透させる手段の1つであると見ることができるので、「物語商品と連動する遊び方情報」であるとはいえるかもしれない。いずれにしても、これらの情報は「商品」と結びついてはいない。

　そして、1981年1月に登場した「ゲームマシン必勝法」の記事は、ゲームセンターに実在のゲームマシンをとりあげており、b「商品と連動する遊び方情報」に分類される。森山（2005）で述べたように、この記事は、マシンの宣伝ではなく、そのマシンを使っていかに遊ぶかということに重点がおかれた記事になっている。

③「商品情報」

　③「商品情報」のうち、a「商品画像の提示」は、価格やメーカー、機能等の商品情報を提供することなく、商品の画像のみを提示するものである。典型的なものとして、玩具等の画像がカラーで列挙される懸賞ページがある。価格や商品情報は掲載されないが、「提供ポピー」「提供ルネ」のように、メーカー名は付記されている（図1）。これらは、商品情報の伝達や購買意欲促進のために、大きな役割を果たしていると考えられる。

　1981年7月以前の③「商品情報」は、こういった懸賞ページを除けばごく少数である。そして、それらはいずれもa「商品画像の提示」の範囲に

図1　中央部に「提供／ルネ」の注記がある。（1980 年 1 月号）

とどまるものであった。そして、1981 年 8 月の「ゲームセンターあらしベストマシン必勝法」の記事においてはじめて、③ b「商品情報の提示」すなわち、「商品画像・商品説明・メーカー・価格」の情報を兼ね備えた商品情報が登場したというわけである。

　なお、この当時の③ b「商品情報の提示」の表現は、森山（2005: 198）で述べたとおり、読者に機種選定の情報を与えるという範囲のもので、たとえば、「新しい機種ほど価値がある」といった、現実世界における価値観の組み換えを企図するようなものではない。

　この状況をふまえ、以下、1981 年 9 月以降の推移を見ていくことにする。

表1　1981年9月～1983年11月の情報記事一覧

年/月	①物語・物語商品情報	②遊び方情報 a 商品と連動しない	②遊び方情報 b 商品と連動する	③商品情報
81/9	・あらしアニメーション秘技図解 (4) ・アニメ怪物くんおもしろベスト10 (3) ・あらしアニメひみつ百科 (5) ・怪物くん百科 (8) ・ドラえもんカラー新聞（綴込）(忍者ハットリくんテレビ化決定!!・TVアニメドラえもんが新しくなる・映画21エモンドラえもんまたまた大ヒット) (4)			
81/10	◎TVアニメ忍者ハットリくんひみつ大百科 (5) ・アニメあらし特報全フィルム (4) ・これが新ドラえもんテレビアニメだ! (3) ・映画ドラえもん怪物くんテレビ大放映発表 (1) ・あさりちゃん決定版百科 (3) ・ドラえもんカラー新聞（綴込み）(映画ドラえもんケンちゃんの冒険フィルムロードショー・ドラえもんが藤子先生に捧げた詩) (3) ・怪物くん百科 (8)	・ふれあいエチケット（ドラえもん新聞）(1) ・釣りバカ大将ひみつ釣り教室 (5)		
81/11	◎忍者ハットリくんアニメ大ひみつ (4) ◎あさりちゃんテレビ化決定 (2) ・ゲームセンターあらし必殺技危機一髪 (5) ・怪物くん百科 (8) ・釣りバカ大将誕生のひみつ (4) ・第二回藤子不二雄賞感激の授賞式・アニメになった!!本になった!!藤子先生の青春（ドラえもんカラー新聞）(綴込み) (2) ・ハットリくんアニメ特報（綴込み）(1)	・忍者体操（綴込）(1) ・釣りバカ大将ひみつ釣り教室 (4)		・バイクマシン爆走図解 (5)
81/12	◎ドラ・怪・ハットリ映画化決定! (5) ・忍者ハットリくん最新情報 (7) ・あさりちゃんアニメのひみつ (2) ・あさりちゃん全百科 (6) ・ドラえもんカラー新聞（藤子先生古代ギリシア探検記・藤子先生川崎市文化賞受賞）(2)	・カラー特別釣り教室アクション㊙ルアー釣り (4) ・とどろけ一番必勝勉強法（綴込み）(2)		・ゲームセンターあらし最新ゲームマシンカタログ (4)
82/1	◎ドラえもん・怪物くん・忍者ハットリくん映画ひみつ初公開 (5) ◎・ハットリくんびっくり忍法日記（綴込みカラー3その他5） ・ハットリくん百科ひみつ忍法帖 (6)			

子ども向け情報における「遊び」と「商品」の境界　105

	・ゲームセンターあらし必殺技グランド百科 (7) ・あさりちゃんスペシャルフィルム (4) ・ドラえもんカラー新聞 (綴込み) (4)	・釣りバカ大将アタック魚別ルアーカタログ (4)	
82/2	◎映画ドラえもん怪物くんハットリくん映画最新速報フィルム (3) ◎映画のび太の大魔境ドラえもんひみつメカ大図解 (2) ◎コロコロまんが家オールカタログ (2) ◎・忍者ハットリくん忍法映画完全百科 (綴込みカラー3その他5) ・忍者ハットリくん百科 (6) ・釣りバカ大将ひみつ釣具ファイル (3) ・あさりちゃん映画化決定ニュース (2) ・怪物くん対プリンスデモキン (2) ・ドラえもん新聞 (ドラえもん映画ひみつ情報) (綴込み) (2) ・藤子アニメクイズ (綴込み) (2)		・ゲームセンターあらしゲームマシン大研究 (5)	
82/3	◎ドラえもん巨神像完全図解 (3) ・ゲームセンターあらし特報 (1) ・忍者ハットリくん百科 (4) ・忍者ハットリくん映画おもしろ忍法全集 ・あらしアニメ化決定特報 (3) ・あらしTV情報 (2) ・釣りバカ大将ウルトラ特訓リスト (5) ・映画あさりちゃん特別ロードショー (4) ・ドラえもん新聞 (綴込み) (2) ・映画怪物くん五大決戦のひみつ (綴込み) (2) ・オガンダム大図解 (2)		・ゲームセンターあらし電子ゲーム大戦争 (4)	
82/4	◎映画ドラえもん怪物くん忍者ハットリくん大研究 (3) ◎アニメあらし番組特番ガイド (2) ・祝小学館漫画賞受賞ドラえもん (綴込み) (2) ・ドラえもん記録全集 (綴込み) (2) ・◎・ゲームセンターあらしテレビアニメの世界 (カラー1その他7) ・ハットリくん忍者学校のすべて (5) ・あさりちゃんひみつ情報10 (4) ・アニメドラえもん特番ガイド (2)		(付録) ◎あらし電子ゲーム必勝プログラムカード	
82/5	◎ドラえもんハットリくん怪物くんアニメヒーロー大研究 (3)		・第3回電子ゲームチャンピオン大会速	

106　4 ▶ 森山由紀子

	◎アニメあらし対まんがあらし (2) ・アニメあらしオール百科 (3) ・超人キンタマンヒーローへの道 ひみつ図解 (5) ・忍者ハットリくんニンニン特集 (7) ・金メダル㊙暴走百科 (4)	報（あらしゲーム戦士新聞）（綴込み）(2) ・電子ゲーム最高得点リスト（綴込み）(2)	
82/6	◎ドラ・ドラミとハットリ・シンちゃんきょうだいくらべ (3) ◎・超秘技炎のコマスペシャル (カラー2その他5) ・忍者ハットリくんひみつ特集ひみつ忍犬伝獅子丸 (7) ・ハットリくんツバメちゃん忍法合戦 (3) ・オガンダムお祈り図解 (4)		・ゲーム戦士新聞特報版 アニメあらし完成記念 日本テレビゲーム大会速報（ゲーム戦士新聞特報版）(2)	・電子ゲームニュータイプ全カタログ・愛読者チャレンジレポート（綴込み）(2) ・新製品全カタログ（綴込み）(2)
82/7	あらし超秘技開拓史 (5) アニメあらし激戦ベスト10 (2) ・ドラえもん・ワールド（綴込み）(4) ・シンちゃん忍法テスト (4) ・キンタマンひみつ超人ランド大公開 (3) ・オガンダムひょうきんIQクイズ (2)	・ひみつ釣りテクニック (5) ・ハットリ忍法教室 (4)		・最新電子ゲームチェックリスト (4) ・ニュータイププラモ大公開カタログ (3)
82/8	・アニメあらしグランプリ (3) ・超人キンタマンSFギャグタイプ図解 (2) ・ドラえもんアニメ特番情報 (1)		・甲子園熱血激闘史 (6)	・あらし新型電子ゲーム必勝大作戦（綴込み）(2) ・新製品大カタログ（綴込み）(2)
82/9	◎ドラえもんひみつ道具対ハットリくんひみつ忍法 (3) ◎・あらし激突まんが対アニメ必殺技くらべ（カラー2その他4） ・藤子アニメ特番情報 (1) ・鉄戦士軍団のひみつ (3)	・チャレンジ・ザ・ドラえもんポスター画大募集（綴込み）(2)	・最新プラモ改造テクニック（綴込み）(2)	◎あらし電子ゲームオールマップ（綴込み）(4)
82/10	◎ニューあらしパワーアップ全図解 (3) ・テレビ特番情報藤子アニメスペシャル (2) ・鉄戦士ムサシ超パワーのひみつ (3) ・あばれ隼ミラクル魔球百科 (2)	・チャレンジ・ザ・ドラえもん(のび太の海底城テーマソング募集)	◎ドラえもんプラモコレクション (3) ・チョロQ5大アクション大公開 (2)	・あらし最新ゲーム必勝法 (5)
82/11	◎ドラえもん新ひみつ道具博覧会 (3) ◎どらえもん忍者ハットリくんパーマン映画化決定！ (1) ◎・あらしひみつ超兵器（カラー2その他3） ・プロゴルファー猿 アニメグラフ (2) ・ロボ太くん煬獄死法ひみつ (3)	・チャレンジ・ザ・ドラえもん(ポスター画発表・ひみつ道具発明大会募集)(1)	・ゼロヨンQ太チョロQ最強テクニック大公開 (5)	・あらし最新電子ゲーム戦略カタログ (4)
82/12	◎藤子アニメ映画化大発表 (4)			

子ども向け情報における「遊び」と「商品」の境界　107

	・ニューあらし最新必殺技初公開 (3)(8)	・チャレンジ・ザ・ドラえもん	・ゼロヨンQ太激走アクションベスト (5)	・電子ゲーム史上最強リスト (6)
83/1	◎ドラ・ハッ・パー映画ひみつ初公開・ドラえもん栄光史 (5) ・パーマンスーパー大百科 (5)	・チャレンジ・ザ・ドラえもん (2)	・ゼロヨンQ太マグナム秘技激走図解 (5)	◎電子ゲームカタログ50 (綴込み) ・あらし電子ゲーム大決戦! (6)
83/2	◎ドラえもんハットリくんパーマン映画最新全フィルム (綴込みカラー2) ◎ドラえもん新ひみつ道具オール研究 (3) ・ゲームセンターあらし超必殺技7大対決 (5) ・コロコロオールまんが家激笑年賀状 (2) ・ハットリくん特集 ニューひみつ忍法初公開! (4)	・チャレンジ・ザ・ドラえもん (声優さんプラン発表) (2)	・ゼロヨンQ太㊙激走テクニック (5)	◎決定!83年型 超最新ゲーム大発表 (綴込みカラー2・その他4)
83/3	◎海底鬼岩城スペシャル図解 (3) ◎テレビ化決定!パーマンアニメ超ニュース!! (2) ・ドラえもんハットリくんパーマン映画誌上独占ロードショー (4) ・あばれ!!隼熱球激戦全データ (6) ・忍者ハットリくん伊賀の里しのび公開!!		・ゼロヨンQ太マグナム号㊙パワー全研究 (4) ・チョロQ爆走レース大会速報 (1月16日分) (1)	・あらし電子ゲーム最高得点ベスト作戦 (3)
83/4	・アニメ新ヒーローテレビパーマン登場 ・映画5大シーンフィルム大研究 (2)		◎マグナム号完全メカ図解 (2) ・青空レーサー連載記念特別立体企画これがポケットフォーミュラーだ (2)	・ゲームセンターあらし電子ゲーム大予言 (5) ・アクション別ベストチョロQ大発表 (価格なし) (5)
83/5	・決定版!パーマン超能力百科 (4)		・プラモ秘密エスパー作戦 (5) ・マグナム号㊙設計図 (5)	・電子ゲーム30大発表 (7)
83/6			◎プラモ天才企画プラモエスパー変身 (4) ・すがやみつる先生アメリカ電子ゲーム㊙レポート (3) ・Q太マグナム激走レース図解 (5) ・ラジコンボーイ連載開始記念爆走ワイルドウイリス (4)	・電子ゲーム新製品情報 (2) ・チョロQ特報 新製品 (2)
83/7			・ゼロヨンQ太爆走レース必勝テクニック (2) ・全国チョロQ爆走レース大会開始!! (2)	◎83年プラモ最新カタログ (5) ・新メカ登場プラモインオーガス (5) ・電子ゲーム超最新ガイド (4)
83/8	◎2大ヒーローコンピュータ図解パーマン対スーパーマン (4)		・プラモ・チョロQ熱	・最新チョロQパワー完全図解 (5)

	・かえってきたウルトラセブン!? (0.5)		闘ジオラマ決戦 (3) ・マクロス㊙設計図 (4)	・チョロQ全カタログ (7) ・超最新電子ゲーム特報 (コロコロホビースペシャル) (1) ・最新バイクがプラモになった (0.5)
83/9			◎エスパー太郎超立体カラーマクロスエスパー決戦 (4) ・オリジナルマグナム対量産型マグナム (3) ・ゼロヨンQ太マグナム号秘技募集 (2)	◎マクロスプラモ完全カタログ (4) ◎新マイコンPC 6001 MKⅡ登場 (3) ・最新テレビゲーム大研究 (5) ・超最新チョロQ情報 (1) ・アクションラジコン続々登場 (2)
83/10	・超時空要塞マクロス要塞艦㊙設計図 (4) ・藤子不二雄アニメ特報 (2)		◎マクロス㊙ファクトリー (5) ・まぼろしのチョロQ北海道でぞくぞく発見!! (0.25)	◎タイプ別バルキリー完全カタログ (5) ・最新プラモ秘密情報部 (3) ・新登場チョロQゼロヨンQ太秘技レースセット大公開 (3) ・最新テレビゲーム大研究パート2テレビゲーム激戦ベスト6 (4) ・ラジコンメカてってい研究 (2)
83/11			◎全日本プラモ写真コンテスト (1) ◎超強化バルキリー大作戦 (5) ・マグナムコインパワー大公開 (3) ・プラモ製作教室第1回 (3.5)	◎アクションラジコンてってい大カタログ (5) ・可変バルキリー完全カタログ (5) ・おもしろテレビゲームベスト20 (5) ・チョロQ新製品情報 (1) ・マクロスチョコ新発売 ・最新おもしろ情報部) (0.25)

- 括弧内の数字はページ数を、太字は、カラーページであることを示す。
- ②b「商品と連動する遊び方情報」の中には「商品画像」も頻繁に登場し、商品情報の一部が掲載される場合も多い。その場合、「商品画像・商品名・商品解説・メーカー・価格」という「商品情報」が完全であること、また、記事の目的が、「遊び方」の提示にあるのか、「商品情報」の提示にあるのかという2点を基準として、②bと③とに分類した。
- 懸賞等・会員募集のページは、読み物としての情報ページを分析するという趣旨からこの一覧には掲載していない[9]。なお、イベントやコンテストといった読者参加の情報は、②「遊び方情報」(物語商品と連動する記事は②a、一般商品と連動する記事は②b)に含む。
- ◎印をつけて太字にした記事はフルカラーであることを示す。タイトルの末尾の括弧内の数字はページ数。綴込みページは片面2ページとする。また、紙幅の関係上完全ではないが、表の中の上下の位置は、各号ごとの記事の前後関係を概ね反映している。

子ども向け情報における「遊び」と「商品」の境界　109

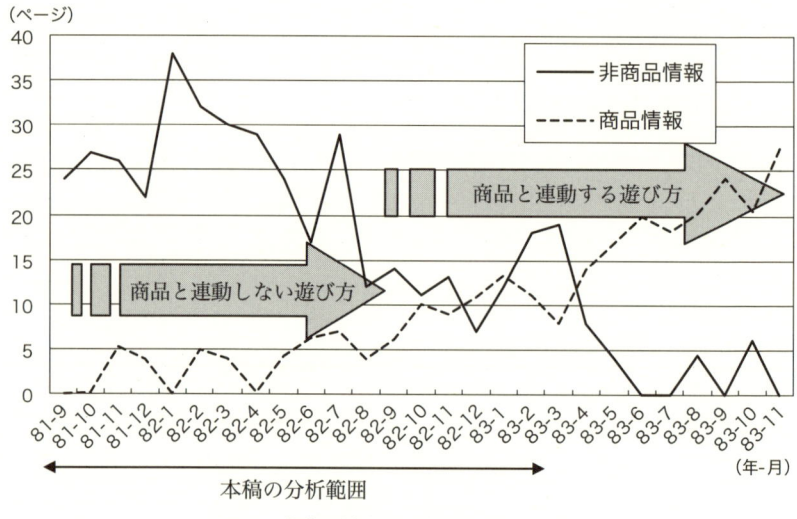

図2 非商品情報から商品情報への推移

3.「物語情報」から「商品情報」へ

3.1.「商品情報」の増加と「遊び方情報」の役割

　1981年9月から1983年11月までの情報ページ[7]について、その内容を表1にまとめた。この表を一覧すると、この時期、①「物語・物語商品情報」が減少し、③「商品情報」が増加していったことがわかる。また、それまでにほとんどなかった②「遊び方情報」が新たに登場し、②a「商品と連動しない遊び方情報」から、②b「商品と連動する遊び方情報」へと移行していく。特に読者の関心が集まることが期待されているであろうカラーページ(太字部)の割り当ても、次第に物語関連から、商品関連に移っていっている。

　図2は、情報ページの中で商品関連の情報の総量を見るために、①「物語・物語商品の情報」＋②a「商品非連動の遊び方」の総ページ数(非商品)、および、②b「商品連動の遊び方」＋③「商品情報」の総ページ数(商

品)の推移をグラフに表したものである。このグラフからは、「非商品」と「商品」のページ数が、1983年4月以降逆転する様子を読み取ることができる。

　本稿で主に考察するのは、このうち、1983年3月まで、すなわち、物語情報と商品情報とが拮抗していた時期、すなわち、商品情報が優位に立つ直前の情報記事のあり方である。

　この時期はちょうど、「遊び方情報」が登場した時期でもある。2.2.②で述べたように、『コロコロコミック』には、もともと②「遊び方情報」に該当する記事は非常に少なかった。1981年10月から、釣り情報などの②a「商品と連動しない遊び方情報」が若干見られるようになり、1982年9月以降は、「ドラえもん」関連のアイデアコンテストなど、ごく限られたページだけになっていく。一方、②b「商品と連動する遊び方情報」は、1982年5月・6月に、読者参加のゲーム大会の告知とその報告記事が出現し、1982年9月以降は、分量も増えて定番化してくる。「遊び方情報」は、1982年8月ごろを境に、商品と連動しないタイプから、商品と連動するタイプへと形を変えて増加していった。つまり、「物語情報(非商品情報)」から「商品情報」へと交替していく過程では、「遊び方情報」が、商品情報を持ち込む役割を果たしたと考えられるのである。

　以下、「遊び方情報」について、詳しく見ていくこととする。

3.2. 商品と連動しない遊び方情報

　商品と連動しない遊び方の情報は、1982年8月まで見られる。例外的な「福祉啓発」の情報のほか、物語の世界を現実の世界に持ち込んで楽しむ「物語世界の拡張」、逆に、物語世界の背景となっている現実の世界について情報を得る「現実世界の情報」とがある。

【福祉啓発】

　1981年10月「ふれあいエチケット」は、障害のある友達との接し方を書いた記事である。これは、社会福祉法人全国心身障害児福祉財団の製作によるドラえもんの映画「ケンちゃんの冒険」に連動するもので、記事に続けて、「ふれあいキャンペーン」として、ノートやバッジのセットの販売広告が付されている。福祉啓発活動やチャリティー広告の場としても、『コロコロコミック』の子どもたちへの影響力が注目されていたことがうかがわれる。

【物語世界の拡張】

　1981年1月「忍者体操」は、主題歌の振り付けを図解したものである。子どもたちがTVの特別番組で踊っている画像も掲載されている。物語の世界が実際に体を動かして遊ぶことへと拡張されている。

　　3　君も忍者になれる!!／忍者体操(1981年1月)

というキャッチコピーが、その狙いを端的に表しているといえよう。なお、このタイプの情報は、「ドラ音頭の夏接近中」(1980年7月)にも見られた。
　1982年7月「ハットリ忍法教室」にも、物語世界から遊びへの拡張がある。

　　4　ハットリくんがきみにもできる忍法を大公開／藤子先生も注目／「ハットリくんの教えてくれる忍法は、本当にだれでもできるのかな。ぼくたちもやってみよう!」(藤子不二雄せりふ)(1982年7月)

　このように、「きみにもできる」「だれでもできる」「やってみよう」と

いった言葉で、読者の参加を呼びかけ、読者と同年齢の少年の実写によって「忍術」の方法が解説される。紹介されている「忍術」は、いずれも道具のいらない簡単なもので、教室での遊びに直結したであろう。

1981年12月「とどろけ！一番　必勝勉強法」は、勉強の世界への拡張である。

5　今からでもおそくない！12月の成績表にはまだまだまにあう‼日本一の熱血試験戦士・轟一番がガッツあるキミだけに教える超ウルトラテクニックだ‼
　　Ａ道具使い方編／①えんぴつ／えんぴつの長さは11センチがサイコーだ‼／長いえんぴつは、動かしにくいので、なるべく短めのものを使おう！スピードアップまちがいなし！一番愛用の四菱ハイユニの長さも11センチだぜ‼

このほかの「テクニック」も、馬鹿げているとは言え、あながち荒唐無稽なものでもなく、生活レベルで「実践」可能である。なお、文中の「四菱ハイユニ」は、実在する「三菱ハイユニ」のパロディーである。

【現実世界の情報】

上記のような、物語の世界を現実世界に拡張するものとは異なり、物語が背景としている現実の世界についての情報を提供する記事もある。

1981年10月・11月「釣りバカ大将ひみつ釣り教室」、1981年12月「カラー特別釣り教室アクション㊙ルアー釣り」、1982年1月「釣りバカ大将アタック魚別ルアーカタログ」、1982年7月「ひみつ釣りテクニック」といった一連の釣り情報記事は、「釣りバカ大将」という作品に対応している。これらの記事は、例2の記事とは異なり、本当に実践的な釣りの技術を指導する内容になっている。たとえば、1981年11月「釣りバカ大将ひ

みつ釣り教室」は、主人公が友達言葉で読者に語りかけるアドバイス(例6・7)や、技術を説明する文(例8)とで構成されている。

6　「今回は投げ釣りのイシモチだぜ。」「にごりのあるところがいいんだけど、台風なんかでにごりすぎたら、絶対釣れないぜ。」
7　あぶないから絶対ひとりで釣りには行くなよ！
8　さおに負けぬよう45度の位置へ止める。

　情報の中には、技術的なアドバイスに混じって、例7のような安全面への配慮の言葉も見受けられる。
　また、商品との関わり方の観点から見ると、例8のような道具の紹介はあるが、特定の商品を指定するものではない。これは、1982年1月「アタック魚別ルアーカタログ」のような、「カタログ」というタイトルを持つ記事においても同じで、釣り方の情報としての道具の解説となっている[10]。
　この号に限らず、このシリーズを通して、釣具店の名前等は一度も出てこない。1982年7月「ひみつ釣りテクニック」は、「全日本投釣連盟会長」の監修が加わり、特に安全面への呼びかけが多くなされている。
　1982年8月「甲子園熱血激闘史」は、実在の高校野球の記録についての記事で、前期の「王選手ホームラン情報」や、「スーパーカー童夢」と同様、子どもたちの教養や知識欲を満たす情報である。ただ、「高校野球」というのは、実在する事柄ではあっても、子どもたちにすれば、やはり「メディアを介した世界」の話である。しかも、掲載号が8月号であることを考えれば、あるいは、高校野球の放映といった「他の情報へのリンク」があった可能性も捨てきれない。ただし、放映予定などの掲載はない。
　以上、1982年代の『コロコロコミック』に、「商品と連動しない遊び方情報」があることを確認した。あくまで物語との関連において提供される

情報ではあるが、受け止める子どもたちの興味関心があってはじめて成立する記事でもある。これらの記事からは、教室での他愛ない遊び、テスト、釣り、野球といった、マーケティングとは無縁の、子どもたちの関心の一端をうかがうことができる。

3.3. 商品と連動する遊び方情報

　商品と連動する遊び方の情報として、早くから登場したのは携帯ゲーム機である。ただ、ゲームというのは、もともと完全に玩具に依存する遊びなので、ゲーム機の使い方すなわち「遊び方」であり、また、「商品の情報」でもある。従って、ゲーム機に関しては、1981年8月以降、コンスタントに商品カタログ記事が掲載されているように、「遊び方情報」の段階でとどまることは少ない。「読者参加のイベント記事」は、ゲームを楽しむための枠組みを提供する新しい戦略であるといえる。

　また、この時期新たに登場して主要な記事になったのが、「プラモデルの改造」と「チョロＱ」の記事であった。これらはいずれも「商品」があることを前提とする遊びである。

【読者参加のイベント記事】

　1982年5月「TV放送開始記念第3回[11]電子ゲームチャンピオン大会速報」の記事は、まず、TV番組の広告の機能がある。「ゲームセンターあらし」は、同年4月5日からTV放映され、この大会でも「主題歌の合唱」「アニメの試写」が行われている。「試写を見て、みんな大感激!!」したと、ブーム強調型の表現を用いて、記事が書かれている。

　この大会の1週間後には、日本テレビ主催のゲーム大会も開かれ、その様子が、1982年6月「ゲーム戦士新聞特報版／アニメあらし完成記念日本テレビゲーム大会速報」の記事になっている。この会では、アニメの試写のほか、声優のアフレコ実演や主題歌披露などもあったようである。

一方、当然のことながら、携帯ゲーム機の広告としての機能も大きい。この大会では、読者と同じ小学生が「ゲーム戦士」と呼ばれ、憧れの漫画家に直接激励され、物語の世界にしか存在しなかった、ゲームの「チャンピオン大会」で戦う。しかもその中の3人は、「チャンピオン」として表彰され、その様子が「速報」として報じられる。読者としては、「ゲーム機は、これほどポピュラーで、全国の小学生がその技を競っている」「ゲーム機があれば、自分も物語の主人公のような熱い戦いができる」という印象を持つだろう。

　大会には、1981年12月号の「最新ゲームマシンカタログ」に掲載されたゲーム機「スーパーギャラクシアン」(エポック社・8800円[12])が使用され、誌面でも紹介されている。ただし、「協力／エポック社」といった注記はなく、それがかえって、ゲーム大会の「公共性」を印象付けているかもしれない。

　そして、この記事の裏面には、「大公開!!ゲームセンターあらし電子ゲーム最高点リスト」の記事がある。これは、携帯ゲーム機ごとの最高得点の表示方法を解説する形式をとりつつ、鮮明な商品画像と商品名、メーカー名を明示する、実質的な商品リストの記事[13]である。

9　やったぜ!!／最高点／めざせチャンピオン(1982年5月)

このキャッチコピーでは、「携帯ゲーム機で最高得点を出す」ことが、「チャンピオン」と結びつけられており、携帯ゲーム機で最高点を出すという個人レベルでの読者の遊びを、「チャンピオン大会」で「チャンピオン」を目指すこと、さらには、コミックの主人公に同化させることが仕組まれている。

　実は、もとになるコミック、「ゲームセンターあらし」の中で使用されるゲームは、携帯ゲーム機ではなく、もっと巨大で非現実的なものであり、

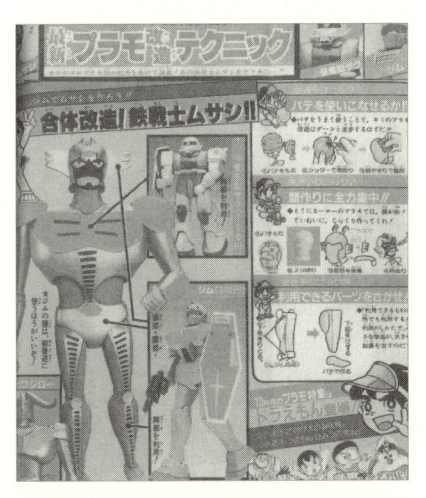

図3　改造プラモデルの作り方（1982年9月号）

TV化されてもそれは変らない。つまり、こういった読者参加の企画とそれを報じる記事は、非現実的な物語と現実世界の玩具とを結びつける役割を果たしているといえるだろう。

【創意工夫のプラモデル改造法】

　1982年9月「最新プラモ改造テクニック」は、上記のようなイベントの記事やゲーム機の情報とは違い、本当の意味での「遊び」が、商品と結びつけられて提示された最初の記事である。この号以降、商品と連動する遊び方情報が定番化する。

　記事の内容は、既成の「ザク」「ジム」という当時人気があった「機動戦士ガンダム」に登場する一種のロボット[14]のプラモデルを組み合わせ、パテをつけて削ったり、腰のパーツを前後逆に使ったりすることで、「鉄戦士ムサシ[15]」を作る方法を示したものである。

10　★コロコロプラモ班が総力をあげて挑戦！あの鉄戦士ムサシをプラ

モに…!!
ザク 1/100 ＋ジム 1/144 でムサシを作ろう!!／合体改造！鉄戦士ムサシ!!
▲1/100 量産型ザク（700 円）／胸部を利用！　▲1/144 ジム（300 円）／頭部・腰部・脚部を利用　★ジムの腰は前後逆に使うほうがいいぞ！

　材料となる「ザク」と「ジム」のプラモデルの画像とともに、スケールや価格が表示されている。ただし、メーカーの記載はない[16]。また、図3にみるとおり、市販されている改造前の二つの商品の画像よりも、改造後の作品の画像のほうが大きく写されている。また、囲みの中でイラストを使って説明される記事(11)も、パテの使い方や顔の作り方など、工作の技術的なことが詳しく述べられている。「利用できるものは何でも利用する」という記述まであり、「どの商品を買うか」ではなく、「商品を使って創造的に遊ぶ」方法が指南されているのである。

11　改造テクニック①／パテを使いこなせるか!?／◆パテをうまく使うことで、キミのプラモ改造はグ〜ンと進歩するはずだ!!／①パテもり　②カッターで荒削り　③紙やすりで整形　…(中略)…改造テクニック③利用できるパーツをさがせ!!／◆「利用できるものは何でも利用する！」利用のしかたで、小さな改造が、大きな効果を生み出すのだ!!／▲上下をきりとる。(1/144 ジムの足)⇒下部をけずる　パテで作る

　次の 1982 年 10 月「ドラえもんプラモコレクション」も似た性格を持つ。

118　4▶森山由紀子

12　①ジオラマ「のび太の海底城」／★ゆうれい船と海底(ジオラマ台)▲てきとうな帆船キットを使って、ゆうれい船に。色ぬりで感じを出そう。▲海底は、石こうを利用して作ってみた！／★サンキャクウオ▲胴体をパテ、ヒレは0.3ミリプラ板で作る。ふくざつなヒレに注意。／★のび太くん▲プラモ「ドラえもん」(バンダイ)についているキットをそのまま利用。ちょっとオジンくさいのび太くんだ!?／★ドラえもん▲「のこのこドラえもん」(バンダイ)を改造。帽子(パテ利用)ヒゲ(しんちゅう線)手足をパテでつくる。／★水中バギー▲「フェローバギー」(有井)を大改造した。「ワーゲンバギー」なども利用できそうだ!!▲1/35フェローバギー(有井)／完成!!「のび太の海底城」

ここで出てくる商品は、プラモデル「ドラえもん」(バンダイ)の中の「のび太くん」のキットと、「のこのこドラえもん」(バンダイ)、車のプラモデル「フェローバギー」(有井)の３つである。メーカー名は書かれているが、価格、および商品解説の情報はない。「のび太」は、「キットをそのまま利用」していながら、「ちょっとオジンくさいのび太くんだ」と、マイナス評価がなされている。他の材料は、「石膏」「パテ」「ミニプラ板」など、ベーシックな工作材料で、「てきとうな帆船キット」のように、まったく特定の商品にこだわらない表現も見られる。この帆船についての表現と対比すれば、メーカーが明示される３つの商品は、やはり、この情報ページの中で特別な意味を持つといえよう。つまり、「バンダイ」や「有井」のプラモデルを使って一工夫すると、自分だけのジオラマを作ることができるという、遊びの可能性を示すことで商品の購買を促進するページなのである。前月の鉄戦士ムサシの記事と同様、プラモデルは、単に設計図どおりに作るだけでなく、「作品」として仕上げることができるというアドバイスになっている。

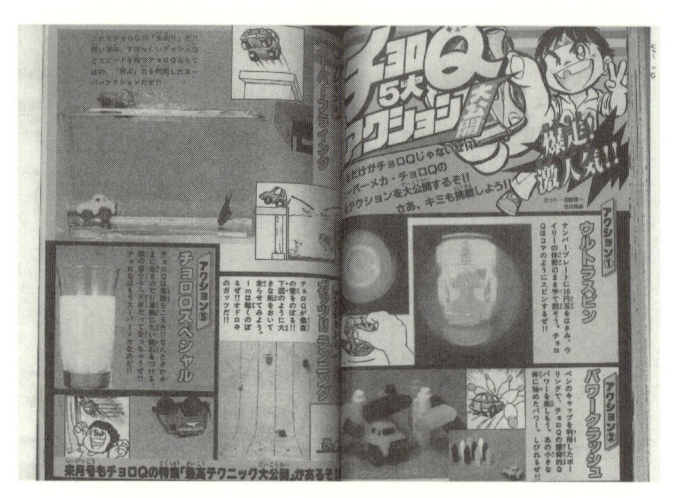

図4 「チョロQ」の遊び方（1982年10月号）

　一方、プラモデルの③「商品情報」としては、すでにこの2号前に1982年7月「ニュータイププラモ大公開カタログ」という記事が組まれている。

　こちらの記事は、商品画像・メーカー・商品名・スケール・価格・発売予定日を明示するカタログ形式をとっている。つまり、「遊び」を紹介する記事と、「商品」を紹介する記事とは独立しているといえる。

【特定商品を題材とするコミックと遊び方情報】

　同じ号の1982年10月「チョロQ 5大アクション大公開」は、記事のタイトルに「チョロQ」という特定商品名を含んでいる。「チョロQ」とは、1980年12月に株式会社タカラから350円で発売されたプルバック式ゼンマイ仕掛けのミニカーである。「チョロQ」の開発者、タカラの永岡順一氏によれば、発売直後から生産が追いつかないほど大ヒットし、1年後の1981年12月には累計販売台数1000万台を突破した（浅川大輔他1999: 13）ということなので、この記事はそれのさらに半年以上あと、

「チョロQ」という玩具と名前が、すでに一般に浸透している時点で書かれたものということになる。

　この記事のもととなるコミックは、前月号(1982年9月号)から連載がはじまった「ゼロヨンQ太」(池田淳一作)である。「チョロQ」という市販の玩具をメインの題材としているにもかかわらず、コミック内で商品「チョロQ」については一切の説明がなく[17]、「協力／タカラ」といった注記もない。物語は、「チョロQ」が「すでにあるもの」として始まっている。

13　爆走！激人気!!／走るだけがチョロQじゃないぜ!!スーパーメカ・チョロQの㊙アクションを大公開するぞ!!さあ、キミも挑戦しよう!!
アクション①／ウルトラスピン／ナンバープレートに10円玉をはさみ、ウイリー体勢のまま手で回そう。チョロQはコマのようにスピンするぜ!!
アクション②／パワークラッシュ／ペンのキャップを利用したボーリングでチョロQの爆発的なパワーを楽しもう。あの小さな体に秘めたパワー、しびれるぜ!!

　記事は、上記のとおり「走るだけがチョロQじゃない」遊び方をアドバイスしている。それぞれに実写の画像と、池田氏のイラストがついている。「チョロQ」の画像は、スピンさせたり、キャップをクラッシュさせたり、水切りをしたり、壁を走らせたり、といった遊びの場面のみで、カタログ的に商品が大写しされたものはない。「さあ、キミも挑戦しよう!!」「回そう」「楽しもう」と、読者を遊びに誘う表現が見られる。

　続く1982年11月「チョロQ最強テクニック大公開」、1982年12月「ゼロヨンQ太激走アクションベスト5」は、コミックに出てくるコース

をジオラマで再現する。コミックに出てくるのは、もともと非現実的なコースであるため、そもそも「チョロＱ」でそういったコースを突破することは無理なのである。従って、これは「物語情報」に過ぎないといえるかもしれない。しかし、そこで使われている「物」が、実在する玩具である以上、実写の画像は、その玩具を手にして遊ぶ子どもにリアルな遊びのイメージを与える。この記事が掻き立てるのは、「物語」への興味ではなく、「商品」を使った「遊び方」への興味だといえる。

　1983年1月「マグナム秘技激走図解」は、イラストで、主人公の愛車「マグナム号」の「秘技」を図解する。一例をあげると、ナンバープレートの間に曲げたコインをはさんで走らせ、その空気抵抗によって思いのままにジグザグ走行をする「セーリングダンス」、ドアが上に開いて風に乗って飛ぶ「マッハスクランブル」など、現実にはあり得ない[18]技ばかりである。「セーリングダンス」については、

　　14　キミにも、セーリングダンスが、できるぞ‼

と、手順が図解されている。子どもたちは、こういった「技」を実際にやってみることで遊んだはずである。次の1983年2月「㊙激走テクニック」は、「セーリングダンス」と「バックブレード」の実写映像である。

　こういった情報が、1982年10月号から、1983年2月号までの5号分続いたあと、1983年3月「マグナム号㊙全研究」では、「チョロＱ」の競技という、また別の遊び方が提案される。

　　15　ここがちがう！マグナムの秘密／「おれのマシーンは最高だぜ‼」（Ｑ太）／マグナムとふつうのチョロＱをくらべてみた！マグナムにどこまでせまれるか、キミもキミ自身のチョロＱで試してみよう‼／①ジャンプ力／3m80cm‼／とんだーっ‼最強チョロＱマ

グナム号は、ジャンプ力もものすごいぜ!!常識やぶりの驚異の飛距離は、低い空気抵抗と、装着された特殊メカが生み出すのだ!!／ダイナミックジャンプコース／高さ85cmの台の上から勢いをつけてジャンプさせ、着地地点までの距りをはかる。／平均109cm／大会優勝者134cm／Q太マグナム号380cm／チョロQ大会優勝者中田恵介君(小4)／ランク別評価表／★★★151cm以上／★★100～150cm／★99cm以下

　このほか、走行距離や速さ等についての測定のしかたとデータが載せられている。記事としては、「ここがちがう！マグナムの秘密」「マグナムとふつうのチョロQをくらべてみた」といった秘密解説型・比較型の表現を用いて、Q太の愛車「マグナム」が、いかにすごいかを解説する形をとっているが、一方で、「キミもキミ自身のチョロQで試してみよう」という参加を促す表現を用いて、友だち同士で競い合ったりすることも可能な、新しい遊び方の提案がなされている。

　ここで「大会優勝者」とあるのは、次のページで続けてレポートされている「第1回チョロQ爆走レース大会」(1983年1月16日・タカラ主催)での優勝者のことである。こういった一般小学生が参加するイベントを開くのは、ゲーム機と同じ手法である。しかも、ゲームとは違って、その記録と家庭での遊びで出た記録とを競わせることができる。

　以上、1983年3月までの、「商品と連動する遊び方情報」を見てきた。商品とタイアップした小学生参加のイベントやその報告記事、商品を使うことを前提とした遊び方、ひいては商品を題材としたコミックの登場と、『コロコロコミック』を用いたこども向けマーケティング戦略もいよいよ本格的になってきたといえる。
　しかし、これらの情報には、現代の『コロコロコミック』に見られるよ

うな、新商品に価値付けして売り込む表現は見られない。また、カタログ記事は別にあっても、「遊び方」の記事の中で、商品情報がラインナップされることもまだない。この当時の「遊び方」記事は、どのようなコンセプトで作られていたのだろうか、また、それにはどのような背景があったのだろうか。

4. 商品情報と遊び方情報の境界

4.1. 買えない商品を宣伝する理由

例15で、その素晴らしい性能が強調されている「マグナム」とは、主人公Q太愛用の「チョロQ」であるが、この「マグナム」は、厳密に言えば、当時発売されていた「チョロQ」ではなく、1980年9月に一時期テスト販売された「豆ダッシュ」というシリーズであるという設定になっている。つまり、例15の記事は、市販の「チョロQ」が、名車「マグナム」（購入不可能）の性能にははるかに及ばないということを言っているのである。

これは、売りたい商品の性能の高さ、新しさを強調する、現代の情報ページの感覚からは、とても考えられないことではないだろうか。

今まで見てきたとおり、1982年10月号から1983年3月号までの半年間、「チョロQ」を使った遊び方の情報ページでは、Q太の「マグナム」の技や能力が詳しく解説される一方で、「チョロQ」という商品自体にスポットがあてられることは一度もなかった。つまり、ここまでの一連の「ゼロヨンQ太」関連の情報は、読者が、コミックの主人公とその愛車に同化し、あるいは、その記録と競うことによって、「チョロQ」を使った様々な遊びを展開できるよう手助けする記事であった。その結果、「チョロQ」で遊ぶことの人気が高まり、「ブーム」が起って、商品の販売につながるのである。「当時コロコロ新人編集者・Ｉさん」の、

16　当時はどうやったらブームをもりたてられるのか毎日必死でした。ボクもカメラマンも若くて、もうとにかく走らせたりジオラマ製作したりとガムシャラに突っ走ってた記憶があります。

(浅川大輔他編 1999: 40)

という話は、まさにその間の事情を物語っている。
　また、当時出版された『チョロQ空をとぶ』(摺本好作・1982年7月・徳間書店)には、羽をつけたり、トレーラーをつけたりといった、チョロQの改造例や、コースの例、ゲームのアイデアなどが多数載せられている。中でも、「あそびの天才は情報通だ」というコラムが興味深い。

17　ここ(おもちゃ屋)にはチョロQの改造されたものも置いてあり、模型好きな人ならかならず足をとめて見て行くんだよ。だれが作ったんだろうね。キミも、すばらしい改造作品を作って近所の模型屋さんに置いてもらおう。
　…(中略)…いつも遊べる広い広場と何でもそろう模型店を知っているキミは遊びの天才だ！

(摺本好作 1982: 112)

　この記述からは、チョロQの改造遊びが、子どもと模型店とを結びつける手段として認識されていたことがよくわかる。
　これは、先述のプラモデルの改造記事においても同様で、この時点においては、情報ページによって、いかにしてプラモデルや「チョロQ」を存分に楽しませるかという発想はあっても、「新しい商品が出た[19]」といったこと自体を情報として発信するという発想がなかったのである。これが、この当時の「遊び」と「商品」との関係であった。

子ども向け情報における「遊び」と「商品」の境界　125

図5 「いくつも持ってたってダメなのだ」(1982年10月号「ゼロヨンQ太」(池田淳一))

4.2. 「多いこと」「新しいこと」を否定する価値観

　もっとも、この間ずっと掲載され続けている、ゲーム機の「商品情報」記事においては、1981年12月の段階ですでに「最新」という言葉が使われ始め、1982年6月からは毎回のように「新しい」ことがタイトルでうたわれるようになる。また、プラモデルでも、1982年7月のカタログ記事では「ニュータイプ」という言葉が使われている。商品を売る枠組みの中では、当然「新しい」ことは良いことに決まっている。

　ではなぜ「遊び方情報」の中では、「新しい商品」が発信されなかったのか。これは、「遊び」の文化の中では「新しいものが良い」という価値観が弱かったということ、そして、カタログとしての「商品情報」記事と、「遊び方情報」の記事の間には、しっかりとした境界があったことを示すのではないか。

　このことを裏付ける興味深い表現が、「ゼロヨンQ太」のコミックの中に見られる。(図5)

　これは、大金持ちの「チョロQ」コレクターが、Q太の「マグナム」が

「幻の豆ダッシュ」であるであることを知り、自分の全コレクションとQ太の「マグナム」とを賭けにして試合を挑み、敗北した場面である。Q太は、コースの面白さに魅かれて試合に臨むが、賭けに勝っても、

18 「いらんいらん！いくつも持ってたってダメなのだ。／ほんとに大事な宝物ってのは、なんだってひとつっきりさーっ‼」

と言って、膨大なチョロQコレクションの受け取りを拒む。
　同様の場面は1983年5月号にもあり、そこでは、3500万円で「マグナム」を買うと持ちかけられ、

19 「それだけあったら、チョロQが何台買えるんだ〜？」(と計算し)「はっ」(と我に帰って)「バカバカQ太のバカーっ！親友を売るなんてーっ！」(と、自分の頭をたたき)「帰れーっ！マグナムは絶対に売らないぜーっ」

と断る。このように、主人公Q太にとって「マグナム」は、「量」には代えられない無二の「親友」なのである。
　また、日常のQ太の遊び方にも、そのことは現れている。学校の屋上でレースをして遊ぶQ太のライバルの愛車「バロン＝スペシャル」は、

20 そのスピードの秘密は、プルモーター(チョロQ独特のダッシュ力をうみだす小型ゼンマイ動力)のゼンマイを自作・強化したことにある。(1982年9月)

と説明される。もちろん、Q太の「マグナム」も、ボディーを削り、後輪がスポンジタイヤに付け替えられている。このように、市販の商品をその

子ども向け情報における「遊び」と「商品」の境界 | 127

図6 「あいつだけがおれの宝」(1982年9月号「ゼロヨンQ太」(池田淳一))

まま使うのではなく、改造して自分のものにしているがゆえに、各自の「チョロQ」は、かけがえのないものになるのである。
　さらに、先生に見つかって全員「チョロQ」を没収された翌日、

21　屋上へは行かないのか？／今日はみんなニューマシンなんだぜ！

と声をかける友人たちに、Q太は、次のように答える。

22　おれのマシンはあのマグナム‼あいつだけが、おれの宝、おれの相棒だーっ！(1982年9月・図6)

これは、前のマシンがなくなれば、すぐ次に新しいマシンを買って使うその他大勢の友人たちと対比し、自分のマシンにこだわりを持つQ太がヒーローとして大きく描かれているといえる。
　このように、本来の「ゼロヨンQ太」のコミックには、玩具の多さや新しさを評価する価値観を否定し、自分の手で改造した唯一無二のものを評

価する価値観が存在していた。「ゼロヨンQ太」が体現する、こういった価値観は、当時の『コロコロコミック』を利用した消費意欲促進の手法が、「手作りの遊び方を指南してブームを作る」という段階にあったことと相補的に支え合っていたといえるだろう。また一方で、「ゼロヨンQ太」の価値観が意味を持つのは、それと対比される「新しい」「多い」という価値観がすでに子どもたちをとり巻きはじめていたためであるという見方もできる。この時期は、まさにその2つの価値観の交替する時期だったのである。

5. まとめ

　以上、『コロコロコミック』情報ページの内容が、「物語・物語商品情報」から、「商品情報」へと移行する過渡期には、雑誌を媒体として子どもたちと現実世界の商品とをつなぐ、「遊び方情報」が導入されたこと、その「遊び方情報」は、次第に商品と連動するものが多くなっていくが、そこでは、商品情報が直接ラインナップされたり、新商品に価値付けするような表現が用いられたりすることはない、ということを述べた。この時期の「遊び方情報」は、遊び方を指南することでブームを盛り上げるという発想はあっても、記事を用いて商品そのものを売り込むことはなく、子どもに向かって発信される情報において、「遊び」と「商品」の間に明確な境界があったということがいえる。これが、冒頭に述べた「変化の前に何がなかったのか、また、何があったのか」という問いへの答であり、ここに、子ども雑誌を媒体とする情報と商業主義とが連動する「以前」の子ども文化のあり方を確認することができる。

　では、1983年4月以降、「商品情報」が爆発的に増えていく中で、上記のような状況がどのように変化するのか、その点については、稿を改めて述べたい。

注

(1) 第 51 回学校読書調査（2005 年）(毎日新聞社 2006) においても、男子小学生がふだん読んでいる雑誌の第 1 位となっている。

(2) 『コロコロコミック』には、『別冊コロコロコミック』もあるが、以下特に断りのない限り『月刊コロコロコミック』をさす。

(3) 2003 年 4 月号の『コロコロコミック』726 ページのうち、172 ページが情報ページ（うち 120 ページはカラー）、30 ページが企業広告で、コミック以外のコンテンツが全体の 4 分の 1 を占めている。情報ページの内容のほとんどは、玩具等の商品紹介である。詳しくは森山(2005: 166)を参照。

(4) Schor(2004) は、変化し続ける子どもの消費環境を問題視し、子どもをターゲットとする経済活動に対して警告を発している。同書は、近年の状況については、非常に多くの研究データを引用して紹介しているのだが、それに比して過去の状況を実証するデータが極めて少ない。また、子どもをターゲットにした広告戦略の歴史についても紙面を割いているが、過去の状況の記述については、ラジオやテレビ放送の開始時期や CM ガイドラインの歴史的記述、CM 手法についての概略的で主観的な記述にとどまっている。

(5) 「物語情報」として頻繁に取り上げられるのは、定期的に映画化される一連の藤子不二雄作品のほか、「ゲームセンターあらし」「あさりちゃん」といった、TV 化・映画化されている作品である。

(6) 「遊び方」に限らず、生活・社会全般を含めた知識である。

(7) 情報ページに近いタイトルを持つものでも、コミックの形式をとるものは除外した。除外したのは、「キンタマン超兵器ひょうきんオリンピック」「ロボッ太くんスペシャルお年玉突撃キンポコ作戦」(1983 年 1 月)「超人キンタマンうらないクイズ」(1983 年 2 月)「キンタマン超人クラブ激突入団クイズ」(1983 年 3 月)「キンタマン超人美容クイズ」(1983 年 5 月)である。

(8) 電子ゲーム最強リストとあわせてカラー扉ページ 1 枚あり。

(9) もちろん、マーケティングの手法として極めて重要なページである。

(10) なお、翌月の「ひみつ釣具ファイル」(1982 年 2 月)は、表の中で①に分類されていることからもわかるように、「釣具ファイル」というタイトルとは裏腹に、「古自転車で作った超大物用のリール」や「アマゾンの大グモの釣り糸」など、荒唐無稽な非現実の情報となっている。

(11) これが「第 3 回大会」の報告なのは、主催が当時隔月刊だった『別冊コロコロコミック』の編集部で、同誌を媒体として行われていた企画（第 1 回は、1981 年 6 月開催）の第 3 回が、『コロコロコミック』本誌でも取り上げられたということによ

る。
(12) リスト中の最高価格商品である。
(13) 価格が表示されていないので、②「遊び方情報」に分類してあるが、ほとんど③「商品情報」であるといえる。
(14) 正確には武器の一種であるモビルスーツ。
(15) 『コロコロコミック』で1982年4月から連載されたコミック。
(16) 当時「ガンダム」のプラモデルを発売していたのは「バンダイ」。
(17) 作者の池田淳一氏は1982年4月号発表の「第3回藤子不二雄賞」で佳作をとった新人で、この作品が受賞第1作になる。受賞作品は「アクションハンターピント」という、「チョロQ」とは無関係のカメラを題材にした作品なので、新連載の題材に、当時すでに人気があった「チョロQ」をタカラと提携して用いることが、編集部の企画であったという可能性は十分考えられる。
(18) 浅井大輔他編(1999: 39)で、「セーリングダンス」が本当にできるかという実験がなされているが、結論は、「コインがなくても、この程度のブレは出る」というものであった。
(19) 実際には、この間「チョロQ」にも、次々と新シリーズが発売されており、1983年1月にはJセット、4月にはKセットと呼ばれる各4台が発売されている。

参考文献

浅川大輔他編集・株式会社タカラ監修 1999 『チョロQ 79to99』小学館.
毎日新聞社 2006 読書世論調査・学校読書調査.
森山由紀子 2005 「広告メディアとしてのこども向け雑誌―『コロコロコミック』における商品紹介記事の登場とその変容」三宅和子・岡本能里子・佐藤彰編『メディアとことば2』pp.160-201. ひつじ書房.
Ontario Ministry of Education 1989 *Media Literacy. Resource Guide*. ［FCT(市民のテレビの会)訳 1992『メディア・リテラシー―マスメディアを読み解く』リベルタ出版.］
Schor, J. B. 2004 *Buy to Born*. New York: Scribner. ［中谷和男訳 2005『子どもを狙え！―キッズ・マーケットの危険な罠』アスペクト.］
摺本好作 1982『チョロQ空をとぶ』徳間書店.

COLUMN
ことばと商業主義

　「商業主義」(commercialism)とは、「社会におけるすべての活動を営利的な視点でとらえる傾向をいう。」(見田宗介編『社会学事典』弘文堂、1988年)と説明されるように、「主義」というものではなく、現代社会に広く見られる価値判断の傾向であり、どちらかといえば、批判的な文脈で用いられることが多い。

　この「商業主義」の傾向は、「消費社会」と表裏一体の関係を持つ。「消費社会」とは、「人々が消費に対して強い関心をもち、高い水準の消費が行われる社会であり、それにともなってさまざまな社会的変化が生じるような社会」(**間々田孝夫著『消費社会論』**有斐閣、2000年)と定義される。消費社会のはじまりは、アメリカで自動車が爆発的に普及し、後に経済学者**ロストウ**が**『経済成長の諸段階』**(ダイヤモンド社、1961年)(原書は *The Stages of Economic Growth* 1960年)において「高度大衆消費社会」と名づけた1920年代とする場合もあるが、より一般的なのは、経済学者**ガルブレイス著『ゆたかな社会』**(岩波書店、2006年)(原著は *The Affluent Society* 初版は1958年)が描く1950年代である。

　必要に迫られるのではなく、すでに身の回りに豊かなものがあふれる消費社会において、産業システムは、常に消費者の欲望を創出していかなければならない。ガルブレイスの言う「依存効果」である。物を作ることではなく、商品を売ることが至上命題となって「商業主義」が生じ、様々な消費プロモーションのしかけが社会の中に組み込まれていく。

　わけても、「広告」は、社会学者**吉見俊哉**の**『メディア時代の文化社会学』**(新曜社、1994年)が、「広告は1920年代以降、商品世界を演劇化し、欲望を喚起し、更新する消費社会の自己意識として、時代の想像力に決定的な作用を及ぼすようになっていったのだ。」と述べるように、文化・芸術・日常生活の隅々にまで行き渡り、大きな影響力をもっている。

　現代社会に流通する「ことば」や「コミュニケーション」についても、

COLUMN

　その多くは広告やマスメディアを介するものであって、身の回りの私的な会話を除けば、消費プロモーションとまったく無縁なものは極めて少ないというのが現状である。
　これらの文脈で用いられる「ことば」や「コミュニケーション」の機能は、情報や感情を伝達することを目的とする、従来のそれとは大きく異なっている。哲学者 J. ボードリヤールは、**『消費社会の神話と構造』**（紀伊国屋書店、1979 年）（原書は *La Société de Consommation: ses mythes, ses structures*）において、次のように述べている。「広告は、何かを理解したり学んだりするのではなくて期待することをわからせるという点で、予言的な言葉となる。広告の語る言葉はあらかじめ存在する事実（モノの使用価値についての事実）を前提とせずに、広告の発する予言的記号がつくりあげる実在性によって追認されることを前提としている。広告はモノを擬似イベントに仕立てあげる。この擬似イベントが、広告の言説への消費者の同意を通じて、日常生活の現実の出来事となるのである」。また、哲学者 J. ウィリアムスン著**『広告の記号論』**（つげ書房新社、1985 年）（原書は *Decoding Advertisements-Ideology and Meaning in Advertising*）においては、「言語が記号システムとしてだけでなくひとつの記号としても機能しうる」ことから、広告が「言語を写真と完全に同じように利用しうる」ことが指摘されている。
　商業主義社会における、これらの「ことば」の特殊性への理解は、商品を売る側からは、より有効な消費プロモーションの戦略として、また、一般市民の側からは、現代社会を生きる上での基礎的リテラシーとして、欠くべからざるものとなっている。　　　　　　　　（森山由紀子）

〈女ことば/男ことば〉の成立期の研究

1940年前後のラジオドラマのことばの分析をとおして

佐竹久仁子

1. はじめに

　日本語の特徴の1つとして、女と男のことばの差が大きいということがよくあげられる。日本語概説書や文法書などでは、おもに文末形式や人称代名詞、感動詞に性差があることが指摘され、それらが「女ことば(女性語)」「男ことば(男性語)」として記述されているし、国語辞書でも特定の語について「女性語」「男性語」といったような使用者の性別についての注記がおこなわれているのがふつうである。「最近ことばが中性化してきた」という指摘もあるが、それも以前は明確な違いがあったということが前提になっている。

　しかし、現実の言語使用の実態をみれば、もともといわゆる〈女ことば／男ことば〉の使用はそれほど一般的な事実ではないことがわかる。それは、〈女ことば／男ことば〉とされる形式の多くが東京の「山の手ことば」にもとづくものであることからすれば当然のことである。たとえば、「あら、雨よ」「あたしはいやだわ」「そうかしら」は〈女ことば〉、「おい、帰るぞ」「おれはいやだ」「そうかい」は〈男ことば〉とされるのだが、こうしたことばづかいがあらわれるのは、日常のくだけた会話やぞんざいな会話においてである。人は、場面や聞き手との関係などさまざまな条件を考

慮して、いくつかの言語変種を使いわけている。場面が公的であらたまったものになればなるほど、また聞き手が目上・疎の関係になればなるほど敬体を用いた「標準語」的な話しかたをするのがふつうであり(そこでは性差は目立たない)、一方、日常的なくだけた場面や親しい人と話すときには地域のことば「方言」の要素が色濃くあらわれる(多くの方言において性差は目立たない)。〈女ことば／男ことば〉の出現域となる私的な領域・インフォーマルな場面の話しことばの基本が方言であるとすれば、多くの地域において他方言である「山の手ことば」的な〈女ことば／男ことば〉が実際に使用される余地はあまりないのである。

　それにもかかわらず、〈女ことば／男ことば〉諸形式はその出自である「山の手ことば」という方言性を無視され、「現代日本語の話しことばの特徴」として一般化されてきた。人々の多くは自分が実際に使うわけでもない「山の手ことば」的な〈女ことば／男ことば〉を女と男のことばづかいのイメージのステレオタイプとしてもっている。では、このような〈女ことば／男ことば〉の位置づけは、いつごろどのようにしてできあがったのだろうか。その道筋は概略つぎのように描ける。

　東京語を基盤とした「標準語」の成立期は1900年前後とされるが[1]、この時期には書きことばでは言文一致体が採用され口語体が成立する。口語体による小説や読み物においてくだけたスタイルの会話文のことばに用いられたのは、「標準語」の基盤となった東京の「山の手ことば」である。佐竹(2004)では、明治期の口語体の小説などの会話文に用いられた「性別化された形式」からなる「山の手ことば」が、「標準語＝東京語」という権威を背景に、「標準」「一般」「普遍」という価値や、「よい」「上品」「美しい」「格好いい」のような審美的な感覚的評価を付与されていったことを示した。こうした価値を与えられた「山の手ことば」は、活字メディアをとおして、さらにのちには音声メディアであるラジオによっても広範に流布され、また、メディア内で再生産されて、インフォーマルな話しことばの標

準モデルとしての特権的な地位を固めていったと考えられる。そして、1930年代の後半以降、そうした「山の手ことば」の性別化された諸形式が東京という地域性をしるしづけられることなく日本語一般の特徴として文法のなかで記述されるようになる[2]。このことは現在につながる〈女ことば／男ことば〉の位置づけがこのころに確立したこと、すなわち〈女ことば／男ことば〉という概念が成立したことを意味する。

　本稿では、〈女ことば／男ことば〉概念の成立期のラジオのことばをとりあげる。〈女ことば／男ことば〉概念の成立の背景には、「山の手ことば」がインフォーマルな話しことばの標準モデルとしてかなり広範に浸透していた状況があったことが推測できるが、ラジオはそれにどのような役割を果たしたのだろうか。ラジオの普及と音声メディアというラジオの特徴からすれば、ラジオは活字メディアにはない大きな力を発揮したはずである。しかし、ラジオ放送における「山の手ことば」的なことばづかいの具体的な姿や、それがどのような位置をしめ、どの程度使用されたかの実態は、当時の音の記録が残っていないために今では知ることができない。ただ、ラジオドラマについては脚本が残っているものがあり、ラジオから流れたことばの一端をみることができる。そこでここでは、1940年前後に放送されたラジオドラマの台本を資料に用いて、当時の人々がくだけた話しことばとしてどのようなことばを耳にしていたかを検証した。小説がドラマ化されたり既存の小説家や劇作家が脚本を書いたりしたことが多かったことからすれば予想できることではあるが、そこで明らかになったのは、ラジオドラマのセリフは明治期の小説の会話文とかわらない「山の手ことば」的なものであったということである。それは「インフォーマルな標準日本語」ととらえうるものであった。活字メディアによってすでに提示されていた性差の大きいことばづかいが、大衆的な影響力をもつラジオによってもまた流布されていたことは、ラジオが〈女ことば／男ことば〉の常識化に大きな役割を果たしたことを意味する。〈女ことば／男こと

ば〉概念の成立期がラジオの普及期にあたるのは偶然の一致ではないといえよう。

2. ラジオの役割

　日本でラジオ放送が開始されたのは、1925(大正13)年3月のことである。戦前の聴取契約者数および世帯あたり普及率は以下のように増加している(数字は日本放送協会編(1965)による)。

	契約者数概数	普及率
1930(昭和5)年	78万人	6.1%(市部11.5%　郡部　3.8%)
1935(昭和10)年	242万人	17.9%(市部36.8%　郡部　8.1%)
1940(昭和15)年	567万人	39.2%(市部61.6%　郡部26.3%)
1944(昭和19)年	747万人	50.4%(市部68.8%　郡部38.9%)

　1930年代になると、受信機は鉱石式から交流式が主流になり、1台のラジオを何人もで聞くことが一般的になった。都市では一家団欒の茶の間でラジオを聞く姿がみられ、都市にくらべてラジオ普及率の低い農山漁村では受信機のある家へ「もらいぎき」に行くことがおこなわれた。ラジオの普及とともにラジオが日常生活に密着したものになっていったことは、1930年代になって使われはじめた小学校の教科書[3]に「トケイヤ　ノ　ミセ　カラ、ラヂオ　ガ　キコエテ　キマシタ。」(『小学国語読本』巻二)、「けさは、五時に起きて、ラヂオ体操に行つた。」(同巻五)などのように、それまでの教科書にはなかった「ラジオ」が登場することからもうかがえる。
　ラジオという新しい音声メディアは、速報性、一度に不特定多数の人々に情報を伝える同時性、中継による臨場感などの点で従来の書きことばメディアとは質がまったく異なるものだった。しかも、ラジオによって、

人々は書かれた「標準語」を読むのではなく、話される「標準語」を聞くという体験をすることになる。

　方言を「醇化矯正」して「標準語」を普及し、植民地をも含んだ国民に「国民精神の宿る国語」を浸透させるという戦前の言語政策を遂行するうえで、ラジオが大きな影響力をもつメディアであることは当然注目された。岡倉(1934)は「実際ラヂオこそ国語陶冶の最上の利器である。それは如何なる辺鄙な土地に住む人の耳にも、直接中央の標準語を口づから伝へることが出来、随つてその文字に表すことの不可能な微妙な明暗までもハッキリと聴取させることが出来る。これは国語の陶冶、惹いては国民の思想感情の統一といふ上からいつて、実に大きな可能性が開けたことであつて、今後国語の陶冶とか、国語の発達とかいふ国語愛護の問題を考へる者は、何人と雖も、ラヂオの国語に及ぼす影響といふことを無視するわけにはいかない。」(p.33)と述べ、また、崎山(1941)は「ラジオは言葉を通して、広汎な範囲に影響を及ぼし、国語の醇化統一と対外普及に役立つ。ラジオは、言葉の教育機関ともなり、それ自体に言葉の教育機能を具へてゐる」(p.325)と、国語教育にとってラジオが有効な手段であることを指摘する。

　このようにラジオは国語教育メディアとしての役割も期待されたわけだが、聴取者のがわはまずなによりも娯楽を提供するメディアとしてラジオを受け入れた。1931(昭和6)年の柳条湖事件(満州事変)以降、時局関係のニュース放送への関心は高まったものの、やはり好まれたのは報道番組や教養番組よりは演芸・音楽・ドラマ・スポーツ実況などの娯楽番組であったことは当時のラジオ聴取調査から知ることができる。

　ラジオドラマは放送開始の年の8月から放送されており[4]、当初から人気が高かった。日本放送協会編(1965)によれば、1932(昭和7)年の全国ラジオ調査における娯楽番組の嗜好率は、1位「落語・漫談」、2位「浪花節」、3位「ラジオドラマ・風景」、4位「映画劇・映画物語」、5位「講談」、6位「歌舞伎劇」、7位「琵琶」、8位「スポーツ競技実況」、9位「義太夫」、

10位「和洋合奏」で、ラジオドラマは3位である。また、1937(昭和5)年の調査でも、ラジオドラマは浪花節・落語など一連の大衆芸能や歌謡曲などとともに75%以上の聴取率をあげている。

ドラマからは、「標準語」の手本となるアナウンサーのことばづかいとは異なる、くだけたことばづかいによる日常的な会話も流れてきた。多くの人々が、それまで小説などの書きことばの会話文として目にするだけだった東京風のくだけたことばづかいに、ラジオをとおして具体的な音声をともなったかたちで接することになったのである。ただ読むのと実際に話されるのを聞くのとでは現実味がまったく異なる。ラジオドラマの聴取者は、臨場感を与えるさまざまの効果音による演出のなかで生身の人間の演じるラジオドラマのセリフを現実の会話そのものの再現として聞き取ったことだろう。また、活字メディアに接するのは文字が読めてかつ読む意志のある「読者」(および、ばあいによっては「読者」に読んで聞かせてもらう少数の人)に限られるが、ラジオにはそうした制約はない。幼いこどもも文字が読めない人も聴取者になるし、また聴く意志がなくともラジオの近くにいれば音声が耳に届く。ラジオの普及率の上昇とともに、〈女ことば／男ことば〉に関する知識は「日常知」として人々に広くわけもたれるようになり、書きことばの世界のいわば「約束事」としてのことばづかいから現実の話しことばのモデルへと移行していったと考えられる。

3. データ

3.1. 資料について

データとしては、CD-ROM化されている小林勝・作／脚色のラジオドラマ台本(遠藤他(2004)所収)を利用する。台本は、1936年放送のものから1955年放送のものまで78冊あるが、ここでは敗戦時までに放送された以下の12冊の台本をとりあげる[5]。

- 【漱石ドラマ】：夏目漱石の小説をドラマ化したもの（小林勝脚色）
「草枕」（原作1906年、1939年放送）、「三四郎」（原作1908年、1936年放送）、「彼岸過迄」（原作1912年、1940年放送）
- 【昭和ドラマ】：当時の日常生活が描かれているもの[6]
「石油」（1939年放送、里村浩二作・小林勝脚色）、「五万円の旦那様」（1940年放送、小林勝作）、「遥かなる地平」（1940年放送、湯浅克衛作・小林勝脚色）、「分教場の四季」（1941年放送、小林勝作）、「芦溝橋」（1942年放送、大隈俊夫作・小林勝脚色）、「翼」（1944年放送、藤沢恒夫作・小林勝脚色）、「開墾騒ぎ」（放送年不明、小林勝作）、「帰来曲」（放送年不明、小林勝作）、「古戦場」（放送年不明、小林勝作）

漱石ドラマと昭和ドラマの2種をとりあげたのは、明治期を舞台にしたドラマと当時の日常を描くドラマとで登場人物のことばづかいの特徴がかわらないこと、また、その特徴は明治期の小説の会話文のことばと同じであることを明らかにするためである。

3.2. データ概要

原データをつぎのように処理して、今回の分析用のデータを得た。
- ト書きや効果音の指示、および「解説（ナレーション部分）」は削除する。
- 原データでは句点の切れ目を単位（1レコード）としているが、文末形式の詳細をみるために、読点や疑問符（？）、ダッシュなどの区切り符号の切れ目で独立した文がとりだせるものは、そこで切って1文とする。

表1はこうして得た各ドラマの文数と話者数である。

表1 データ概要

ドラマ	総文数	女文数**	男文数**	話者数(人)	
草枕*	958	225	732	〔女3〕	〔男8〕
三四郎*	1412	280	1131	〔女5〕	〔男7〕
彼岸過迄	776	211	565	〔女4〕	〔男5〕
石油	523	132	391	〔女4〕	〔男6〕
五万円の旦那様	455	236	219	〔女2〕	〔男2〕
遥かなる地平	570	156	414	〔女6〕	〔男8〕
分教場の四季*	484	113	370	〔女3〕	〔男7〕
芦溝橋	459	81	378	〔女2〕	〔男9〕
翼	1075	241	834	〔女2〕	〔男10〕
開墾騒ぎ	492	161	331	〔女3〕	〔男2〕
帰来曲	393	204	189	〔女3〕	〔男3〕
古戦場	441	180	261	〔女1〕	〔男1〕
計	8038	2220	5815	〔女38〕	〔男68〕

* 「草枕」「三四郎」「分教場の四季」では性別不明の複数話者によるセリフが各1文ある。
** 「女文数」は「女の登場人物のセリフの文数」、「男文数」は「男の登場人物のセリフの文数」である。

4. 原作小説と台本の比較

　ここでは、夏目漱石原作の「草枕」「三四郎」「彼岸過迄」の3作を対象に、台本のセリフと原作の会話文との比較をおこなう[7]。特に性差にかかわる形式について、異同の有無を確かめるのが目的である。

　3作とも部分的に省略されたり、登場人物の数が減らされたり、話の順序がいれかわったりしているところがあるが、話の筋立ては原作にほぼ忠実な内容である。原作のダイジェスト版というところだろう。ドラマはナレーターの解説と登場人物のセリフによって進行していく。台本のセリフと原作の会話文との異同は表2のとおりである。

表2 台本と原作の異同

台本	総文数	同	異	該当なし
草枕	958	719	130	109
三四郎	1412	376	299	737
彼岸過迄	776	354	141	281

(注) 読点や句点、表記のちがいは無視した。「同」は原作会話文と同じ文の数、「異」は原作会話文の該当部分と異なりのある文の数、「該当なし」は原作に該当する会話文のない文の数である。

問題となるのは、原作会話文と異なるセリフと原作に該当する会話文のないセリフであるが、性差の特徴があらわれやすい文末形式と呼称について台本と原作の相違を作品別にみてみたい。

・「草枕」

3作品のうち、もっとも原作との異なりが少ない。原作の会話文に出現しない文末形式が用いられているのは、馬子のセリフの「行かっしゃれよ」1例のみである。自称代名詞は、原作では江戸っ子を自称する床屋が「あっし・わっし・わっち」を使っているが、台本では「わっち」は用いられない。また、那美の自称として原作では「私」のほかに「わたし」「わたくし」が使われているが、台本では「私」のみで、これが「わたし」なのか「わたくし」なのかは不明である。対称代名詞で原作にあらわれないのは床屋が画家[8]に対して用いている「お前さん」だけである。その他、呼びかけの語として「親方」(画家→床屋)、「馬方さん」(画家→馬子)、「旦那さん」(茶屋の婆さん→画家)、「姉さん」(画家→宿の下女)、「お小僧さん」(床屋→小坊主)が台本だけにあらわれるが、これらは登場人物の紹介や会話相手の特定のためのものといえる。

・「三四郎」

「三四郎」の台本には、原作に該当する会話文がないセリフが多いが、それらのほとんどは、原作において間接話法で述べられている部分と場面や状況を説明する地の文の内容のセリフ化からなっている。文末形式では、

「だい」、「な禁止」、「命令形＋よ」、「わよ」が原作にあらわれない形式である。

　原作とのちがいが大きいのは呼称である。台本では、みね子と三四郎・与次郎、よし子と三四郎はたがいに「名＋さん」で呼び合うが原作では「姓＋さん」が用いられている。また、台本の三四郎と与次郎は「なまえ呼び捨て」あるいは「なまえ＋君」で呼び合っているが、原作ではそれらの形式はあらわれない（原作では与次郎が三四郎を「小川」と姓で呼び捨てにする場面が１例ある）。台本におけるこの変更は、姓よりもなまえのほうが登場人物の識別がしやすいこと、また、親しい友人どうしという関係を設定するためだと思われる。なお、自称・対称の代名詞使用は原作とほぼ一致している。ただし、原作では「私」のほかに「わたし」が女にも男にも用いられているが、台本では「私」と表記されており読みかたは不明である。

　もう１点、原作の会話文の表現の変更で注目される点が三四郎のセリフにみられる。

　　原作：「まだ遣らんです」→台本：「いやまだ遣ってません」
　　原作：「うん、あれなら知っとる」→台本：「うん、あれなら知ってます」
　　原作：「どうも能く分らんですが」→台本：「よく解りませんが」

これによって、三四郎の西日本方言的なことばの特徴は、台本では消されている。

- **「彼岸過迄」**

　「彼岸過迄」においても、原作に該当する会話文がないセリフは原作の間接話法部分や場面・状況の説明部分にもとづいている。台本の登場人物のセリフの文末形式はほぼ原作の会話文にみられるバリエーションの範囲内

で、原作の会話文にみられないものは「だな」だけである。ただし、この形式は原作の間接話法部分に1例用いられている(登場人物は異なる)。また、原作では千代子のことばに「貴方は卑怯だ」という「だ」が1例みられるが、これが台本では「貴方は卑怯よ」と変えられている。若い女の「だ」使用を排除したものとみられる。台本で自称代名詞として用いられている「私」「妾」はやはり読みかたが不明だが、原作では「私」「わたし」「あたし」が使われている。原作で台本の「妾」に対応する箇所は「あたし」となっているので、台本の「妾」は「あたし」と読まれた可能性がある。その他の自称代名詞と対称代名詞は原作と同じである。「草枕」と同じく、呼びかけに原作では用いられていないものがわずかだがあらわれる。若い男から友人の男への姓での呼びかけ、母からこどもへのなまえでの呼びかけ、主婦から下女への「ねえや」という呼びかけで、いずれも会話相手を特定するためのものである。

　以上にみた台本と原作の異同から、文末形式のバリエーションや自称・対称代名詞の使用は原作とほぼかわりがなく、原作にみられることばづかいの性差の特徴は台本に反映されているといえる。また、三四郎のセリフからの西日本的特徴の消去や千代子のセリフの文末形式の変更は、規範的なことばづかいへの変更とみられ、インフォーマルな話しことばの標準モデルが確立していたことをうかがわせる。

5. 台本「草枕」「三四郎」「彼岸過迄」のセリフの性差

5.1. 若い女のことばづかい

　この3作には12人の女が登場するが(セリフの文数は計715文)、セリフのほとんどは主要登場人物である若い女4人(「草枕」の那美、「三四郎」のみね子・よし子、「彼岸過迄」の千代子)のものである(同514文)。4人

表3　若い女4人のセリフ文数

登場人物	那美〈草〉	みね子〈三〉	よし子〈三〉	千代子〈彼〉
文数	135	197	57	125

のセリフの文数は表3のとおりである。なお、〈草〉は「草枕」、〈三〉は「三四郎」、〈彼〉は「彼岸過迄」の略記である(以下でも同様)。

「三四郎」「彼岸過迄」の舞台は東京で、みね子・よし子・千代子のことばづかいは中流階級の若い女の「山の手ことば」的特徴をもつ。「草枕」の舞台は東京から遠く離れた山里の湯治場であるが、那美のことばづかいには地方色はみられない。ここでは、この4人のことばづかいを中心にその特徴を概観する。

まず、この4人が使用する文末形式について、男の登場人物が使用しない形式を整理すると表4のようになる。

表4　「草枕」「三四郎」「彼岸過迄」の〈女ことば〉文末形式

文末形式	出現数	用例	出現数計
て疑問	〈三〉10・〈彼〉3	あなた、御不自由じゃなくって〈三〉	13
て依頼	〈三〉1・〈彼〉2	じゃ妾に一寸貸して〈彼〉	3
てよ*	〈彼〉2	あら、好くってよ〈彼〉	2
体言+ね	〈草〉1・〈三〉10・〈彼〉2	まあ、悪い方ね〈三〉	13
のね	〈草〉1・〈三〉7・〈彼〉3	余っ程変っていらっしゃるのね〈草〉	11
用言+の	〈草〉2・〈三〉31・〈彼〉9	これから汽車で帰るの〈彼〉	42
なの	〈草〉2・〈三〉5・〈彼〉3	ホヽヽヽヽ、それで御勉強なの〈草〉	10
体言+よ	〈三〉7・〈彼〉16	みね子さんのお兄さんのお友達よ〈三〉	23
のよ	〈三〉6・〈彼〉4	伯母さんを送って来たのよ〈彼〉	10
わ	〈草〉2・〈三〉19・〈彼〉16	妾ちゃんと知ってるわ〈彼〉	37
わね	〈草〉2・〈三〉7・〈彼〉1	だって、それじゃ可笑しいわね〈三〉	10
わよ	〈三〉1・〈彼〉1	はぐれるわよ〈三〉	2
こと	〈草〉3・〈三〉2	美しいこと〈三〉	5
もの(敬体)**	〈草〉1・〈三〉6	だって無いんですもの〈三〉	7
てちょうだい	〈草〉2・〈三〉2・〈彼〉2	それじゃあなたの顔を色々にして見せて頂戴〈彼〉	6
上記文末形式出現数総計			194

* 〈三〉原作では使用例あり(よし子に4例)
** 〈彼〉原作では使用例あり(千代子に1例)

〈女ことば／男ことば〉の成立期の研究　145

ここには、いわゆる〈女ことば〉とされる特徴をもつ文末形式がほぼすべてあらわれている。表4にあがっていないのは「かしら」くらいであるが、「かしら」は〈三〉のみね子・よし子に3例、千代子に1例用いられているものの、〈三〉の三四郎に1例出現する。用例数が少ないので断定はできないが、女の使用のほうが多い形式とみることもできる[9]。

　多く使われる特徴的な終助詞としては、「わ（わ、わね、わよ）」、「の（「用言＋の、なの」）」、「よ（「体言＋よ、のよ」）」、「ね（「体言＋ね、のね」）」があげられる。「の」「よ」「ね」の用法は、助動詞「だ」あるいは終助詞「か」の不使用による表現で、常体の露出を避ける効果をもつ。表4の文末形式（「〈女ことば〉文末形式」と仮称）の出現数は総計194であるが、そのうち約80%がこれら終助詞「わ」「の」「よ」「ね」を用いた文で占められており、これらが〈女ことば〉文末形式の主要形式だといえる。

　ところで、〈女ことば〉文末形式のあらわれかたには3作品で差がある。4人のセリフのなかでこれらの形式が占める割合をみると、千代子〈彼〉では60.8%（125文中76文）、みね子・よし子〈三〉では44.9%（2人計254文中114文）になる。それに対し、那美〈草〉のばあいは11.9%（135文中16文）でしかない。また、その種類も少ない。この差は、会話相手との関係によって生じていると考えられる。千代子のセリフは親密な従兄の須永（125文中89文）を中心に身内などの親しい相手に対してのものである。みね子・よし子のセリフは主に三四郎に対してのもので（みね子197文中144文、よし子57文中45文）、2人と三四郎とは初対面のわずかな場面を除き、親しい関係として描かれている。三四郎以外の会話相手も親しい知り合いの男が多い。一方、那美の会話相手のほとんどは画家であるが（135文中127文）、画家は初めてやってきた宿の宿泊客で那美はその宿の主人の娘であり、親しい関係にはない。インフォーマルな場面での若い男との会話を中心とする4人のセリフであるが、相手との親密度に比例して〈女ことば〉文末形式の出現率が高くなっている。

表5　若い女4人の常体と敬体の使用

登場人物	那美〈草〉	みね子・よし子〈三〉	千代子〈彼〉
常体の文	28文(24.3%)	123文(60.9%)	79文(77.5%)
敬体の文	87文(75.7%)	79文(39.1%)	23文(22.5%)

　親密度は当然、敬語使用ともかかわってくる。

　4人のセリフでの常体と敬体の使用割合は表5のようになっており[10]、千代子では常体が中心であるのに対し、那美では敬体が中心である。また、聞き手目あての尊敬語や謙譲語などの敬語表現は、みね子・よし子のばあいが2人計254文中64文(25.2%)、那美のばあいが135文中35文(25.9%)に用いられているのに対して、千代子では125文中21文(16.8%)と他の3人より少ない。

　なお、人称代名詞についてみると、自称代名詞は、みね子・よし子・那美は「私」、千代子は「妾」であるが、ワタクシかワタシかアタシかは不明である。対称代名詞には広く「あなた」が用いられている。

　4人のセリフにみられることばづかいのパターンを整理すると、つぎのようになる。

(1)　常体がベースで〈女ことば〉文末形式が多様に出現する

　みね子・よし子・千代子のことばづかいは、親しい相手に対するインフォーマルな会話のものととらえることができる。①はみね子と三四郎、②は千代子と従兄との会話の例である。

　①三四郎：広田先生や野々宮さん達はさぞ僕等を探しているでしょうね。
　　みね子：大丈夫よ、大きな迷子ですもの。
　　三四郎：迷子だから探したでしょう。

（中略）
みね子：あなた、迷子の英語を知って入らして？　教えてあげましょうか。
三四郎：ええ。
みね子：ストレイ・シープ、解って？
三四郎：ストレイ・シープ。
みね子：静かですわね。何時までも迷子でいたい。
②須永：千代ちゃん行っちゃどうだ。あっちの方が広くって楽なようだから。
千代子：何故？　こゝにいちゃ邪魔なの。
須永：邪魔じゃないけれど。
千代子：そんならいゝじゃないの。
　　　（中略）
千代子：市さん、こっちからのぞくのよ。
須永：わかってるよ。
千代子：蛸が見えて？
須永：見えない。
千代子：じゃ妾に一寸貸して。
須永：千代ちゃんには見付かったかい。
千代子：駄目よ。蛸なんか何処にも泳いでやしないわ。

　常体がベースで敬体も混用され、文末形式には表4のような〈女ことば〉文末形式が多様にあらわれる（敬体では「わ・わね・の・もの」が出現）。親密度が高い相手（千代子から従兄など）になると、敬体や聞き手に対する尊敬語・謙譲語の使用が減る。常体の使用には制限があり、用言の原形や助動詞「だ」「だろう」「う・よう」「ない」「た」を用いた言い切りは避けられる。また、質問や確認、行為指示など聞き手への働きかけの強

い発話には敬体が用いられるか、常体が用いられるばあいは、命令は常に敬語形(「一緒にいらっしゃい」「中ててご覧なさい」など)であり、依頼や質問も「一寸来てくださらない」「どうしてお失くしになったの」「どうなすって」などのように敬語形が用いられることが多い。なお、「名＋さん」での呼称が親しい若い男に対して用いられる。

(2)　敬体がベースで〈女ことば〉文末形式はあまり用いられない

　③画家：いえ、もう帰ろうかと思ってるんです。
　　那美：それじゃ御一所に参りましょうか。
　　画家：えゝ。
　　那美：画をお描きになったの。
　　画家：やめました。
　　那美：こゝへいらしってまだ一枚もお描きなさらないじゃありませんか。
　　画家：えゝ。
　　那美：でも折角画を描きにいらしってそれじゃ詰りませんわね。

　③の会話のような那美の画家に対することばは、親しくない相手(少し年上の男)へのインフォーマルな場面でのことばづかいとしてみることができる。敬体がベースのことばづかいに常体がまじる。表4の形式が少しあらわれるが、それらのほとんどは敬体で用いられるか(「詰りませんわね」)、常体であれば敬語形が用いられる(「画をお描きになったの」)。

5.2. 男のことばづかい
　男はこの3作に20人が登場する(セリフの文数は計2427文)。主要登場人物の年代は女と異なり多様である。ここでは表6に示した主要登場

表6　男性主要登場人物10人のセリフ文数

登場人物	画家〈草〉	三四郎〈三〉	与次郎〈三〉	野々宮〈三〉	広田〈三〉	原口〈三〉	敬太郎〈彼〉	須永〈彼〉	松本〈彼〉	田口〈彼〉
文数	344	438	303	152	150	79	155	153	147	88

人物10人のセリフ（計2009文）をとりあげる。

　まず、この10人のセリフの文末形式から、みね子・よし子・千代子（東京の中流階級の若い女）に用いられていない形式をあげると、表7のようなものがある。いずれも現在〈男ことば〉とされる諸形式で、助動詞「だ・だろう」、終助詞「ぜ」「さ」「かい」、常体での終助詞「か」「よ」「ね」「な」、普通動詞命令形などが特徴的である。「ぞ」は〈男ことば〉の代表としてよくあげられるが、〈三〉に2例あらわれたのみで、原作でもあまり用いられていない[11]。表7の文末形式（「〈男ことば〉文末形式」と仮称）を用

表7　「草枕」「三四郎」「彼岸過迄」の〈男ことば〉文末形式

文末形式	出現数	用例	出現数計
だ	〈草〉10・〈三〉99・〈彼〉33	子供どころか、まだ独身だ〈三〉	142
だろう	〈草〉6・〈三〉24・〈彼〉13	それは間違だろう〈三〉	43
う・よう*	〈草〉4・〈三〉10・〈彼〉6	うん、その中に話しておこう〈彼〉	20
か*	〈草〉4・〈三〉62・〈彼〉12	所で君、此の辺に貸家はないか〈三〉	78
かい	〈草〉20・〈三〉4・〈彼〉13	わたし一人かい〈草〉	37
かな	〈草〉7・〈彼〉3	着物は何処にあるかな〈彼〉	10
かね	〈草〉5・〈三〉7・〈彼〉4	うぐいすは鳴くかね〈草〉	16
だい	〈草〉8・〈三〉2・〈彼〉3	じゃ何をしに行くのだい〈草〉	13
さ	〈草〉2・〈三〉13・〈彼〉11	夢だからわかるさ〈三〉	26
ぜ	〈草〉1・〈三〉20・〈彼〉1	汚くっちゃ不可ないぜ〈三〉	22
ぞ	〈三〉2	君は、先生に叱られるぞ〈三〉	2
とも*	〈三〉5	ああ行くとも〈三〉	5
な（「だな」以外）	〈草〉7・〈三〉22・〈彼〉7	少し難しくなって来たな〈草〉	36
だな	〈三〉14・〈彼〉2	明日は日曜だな〈三〉	16
ね*（「だね」以外）	〈草〉5・〈三〉19・〈彼〉10	閑静でいいね〈草〉	34
だね	〈草〉4・〈三〉6・〈彼〉15	なるほどこりゃ鮮かだね〈彼〉	25
や	〈三〉2	まあいいや〈三〉	2
よ*（「だよ」以外）	〈草〉5・〈三〉16・〈彼〉23	君はいやでも向うでは喜んでるよ〈三〉	44
だよ	〈草〉1・〈三〉7・〈彼〉14	まだ六時だよ〈彼〉	22
普通動詞命令形	〈草〉1・〈三〉11・〈彼〉3	何時迄も借りておいてやれ〈三〉	15
たまえ	〈三〉8・〈彼〉3	安心したまえ〈三〉	11
な（禁止）	〈三〉2・〈彼〉3	そんな心配するな〈彼〉	5
ん*	〈三〉7・〈彼〉1	いや構わん〈彼〉	8
上記文末形式出現数総計			632

*「う・よう」「か」「とも」「ね」「よ」「ん」はいずれも常体で用いられるもの。

いた文は、10人のセリフ文数(2009文)の約3分の1(632文)である。

10人の年齢であるが、台本の解説部分やセリフから、三四郎・与次郎・敬太郎・須永が20代の若い男、画家・野々宮・原口は30代、広田・松本・田口は40代以上と推測される。三四郎は熊本出身で上京したての大学生であるが、先に触れたように原作にみられる西日本風のことばの特徴は台本では消されており、この10人のことばづかいの特徴は東京の中流階級の男の「山の手ことば」のものである。

会話相手との関係も5.1.の「若い女」のばあいより多様で、親疎、年齢差の有無、同性か異性かなどで条件の異なる会話がある。こうした条件を考慮して、表7の〈男ことば〉文末形式のあらわれかたのパターンを主な会話場面からまとめると、つぎのようになる。

(1) 常体専用で〈男ことば〉文末形式が多様に出現する

男の友人どうしではもっぱら常体が用いられ、文末には〈男ことば〉文末形式が多様にあらわれる。たとえば、④は〈三〉の三四郎と与次郎の会話である。

④三四郎：文芸時評から原稿料をくれたか。
　与次郎：原稿料って、原稿料はみんな取ってしまった。
　三四郎：だって此の間は月末に取るように言っていたじゃないか。
　与次郎：そうかな。それは聞違いだろう。もう一文も取るのはない。
　三四郎：可笑しいな。だって君はたしかにそう言ったぜ。
　与次郎：何、前借りをしようといったのだ、所が中々貸さない、けしからん。
　三四郎：じゃ金は出来ないのか、冗談じゃないぜ。
　与次郎：いや他でこしらえたよ、君が困るだろうと思って。

〈女ことば／男ことば〉の成立期の研究 | 151

三四郎から与次郎へのセリフ (111 文) では常体は 93 文で〈男ことば〉文末形式が 18 種類 71 例、与次郎から三四郎へのセリフ (227 文) では常体は 218 文で〈男ことば〉文末形式が 22 種類 159 例あらわれる。
　教え子や甥・姪といった親しい目下に対するばあいも常体のみで〈男ことば〉文末形式が多用されている。また、初対面であっても〈草〉の画家は、茶屋の婆さんや宿の下女、床屋に対して一貫して常体で〈男ことば〉文末形式を用いている。すなわち、親しい同輩の男や目下、また親しくなくとも明らかな下位者には常体が専用されてさまざまな〈男ことば〉文末形式が使用されている。聞き手目あての尊敬語や謙譲語はあらわれない。

(2)　常体・敬体が混用されて〈男ことば〉文末形式が出現する
　目上から目下でも親密度が低いばあいには、常体と敬体が混用されて〈男ことば〉文末形式があらわれる。〈三〉の広田から三四郎(教え子の友人)や〈彼〉の松本・田口から敬太郎(甥の友人)へのセリフがその例である。また、若い女に対することばづかいもこのパターンである。つぎの⑤は〈彼〉の松本と敬太郎の会話である。

　⑤松本：どうも怪しからん奴だね、あの田口という男は、それに使われる君も君だ。余っ程の馬鹿だね。
　　敬太郎：どうも悪いことをしました。
　　松本：謝って貰いたくも何ともない。只君が気の毒だから言うのですよ。あんな者に使われて。
　　敬太郎：それほど悪い人なんですか。
　　松本：一体何の必要があって、そんな愚な事を引き受けたんです。
　　敬太郎：もう懲りました。もうやらない積りです。
　　松本：貴方は僕に対して済まん事をした様な風をしているが、実際そうなのですか。

敬太郎：そうです。

松本：じゃ田口へ行ってねこの間の若い女は芸者だって、僕自身がそう保証したと言って呉れ給え。

　常体の割合や〈男ことば〉文末形式のあらわれかたは親しいほど多くなる。〈三〉の広田と三四郎の会話を例にとると、汽車に乗り合わせた乗客どうしという初対面の場面と教え子の友人として知り合ったのちとでは、広田から三四郎へのことばづかいはつぎのようにかわる。

《初対面のとき(53文)》　　常体27文　敬体22文
　　　　　　　　　　　　　〈男ことば〉文末形式4種類8例
《知り合ってから(46文)》　常体35文　敬体9文
　　　　　　　　　　　　　〈男ことば〉文末形式8種類22例

　〈草〉の画家から那美へのセリフ(157文)では、敬体がベースに常体がまじり(常体21文・敬体94文)、〈男ことば〉文末形式はあまり用いられない(3種類8例)。那美から画家へのことばづかいと対応する、親しくないものへのインフォーマルな会話とみられる。

表8　目上へのセリフ

	話者	会話相手	文数	常体*	敬体*	〈男ことば〉文末形式
〈草〉	画家	大徹和尚	42	0	34	「な」3例(ですな・ますな)
〈三〉	三四郎	広田(友人の先生)	59	1	45	0
〈三〉	三四郎	野々宮(先輩)	64	0	47	「な」1例(ましたな)
〈彼〉	敬太郎	松本(友人の叔父)	36	0	32	「な」1例(ですな)
〈彼〉	敬太郎	田口(友人の叔父)	40	1	37	0
〈彼〉	敬太郎	須永(友人)の母	15	0	10	「な」1例(ですな)
〈彼〉	須永	松本(叔父)	59	5	52	「だ」1例**

*「常体」は常体の文数、「敬体」は敬体の文数。
**須永から叔父への「だ」1例は、感情的な場面での例外的使用である。

(3) 敬体専用で〈男ことば〉文末形式がほとんど用いられない

　このパターンは目上に対するセリフにみられる。表8に示したのが発話者とその会話相手の例である。〈男ことば〉文末形式としては、わずかに終助詞「な」が用いられる程度である。

　敬体専用とまではいえないが、似た傾向のことばづかいが〈三〉の三四郎からみね子・よし子に対してなされている。つぎの⑥は、三四郎と先輩の妹であるよし子との会話である。

⑥よし子：熱がおありなの。何でしょう、御病気は。御医者はいらしって？
　三四郎：えゝ、昨夜来ました。インフルエンザだそうです。
　　　（中略）
　三四郎：みね子さん、何か特別に急（ママ）しい事が出来たのですか。
　よし子：えゝ出来たの――　美味しいでしょう？　この蜜柑みね子さんの御土産よ。
　三四郎：よし子さん、あなたの御縁談はどうなりました。
　よし子：あれきりです。
　三四郎：みね子さんにも縁談があるそうじゃありませんか。
　よし子：もう纏りました。
　三四郎：纏まった？　誰です。先は。

　初対面のときから親しくなったのちまで、三四郎からみね子・よし子に対してはほぼ敬体が用いられており（敬体110文、常体12文）、〈男ことば〉文末形式は「だ」1例のみしかあらわれない。これは、みね子・よし子から三四郎に対することばづかいよりも丁寧な印象を与えるものであり、三四郎をいなかから出てきたばかりのうぶで礼儀正しい若者と印象づける効果をねらったものと考えられる。

154　5▶佐竹久仁子

文末形式以外に、男のことばづかいの特徴として目立つのは呼称である。人称代名詞ではみね子・よし子・千代子が用いていない形式として、「僕・おれ・我々・君・おまえ」があげられる。また、なまえ・姓での呼びすてや「君づけ」も男のセリフにのみあらわれる。これらを整理するとつぎのようになる。

(4)　僕―君
　男の友人どうしではたがいに「僕―君」が用いられ、また、なまえの呼びすてや君づけがおこなわれている。自称代名詞「僕」は広く用いられており、友人だけではなく、年上の男、年下の男、知り合いの若い女、身内に対するセリフにもあらわれる。目上や若い女に対して「僕―あなた」の組み合わせで用いられることもある。一方、対称代名詞「君」やなまえの呼びすて・君づけが用いられているのは男の友人以外には年下の男に対してだけである。

(5)　おれ―おまえ
　「おれ―おまえ」の組み合わせは〈彼〉の叔父から甥へのセリフにみられる。また、〈草〉の画家は床屋に対して「おれ」と自称している。「おまえ」は甥のほか、娘・妹・従妹に対して用いられていて、この3作では目下の身内に対する呼称となっている。「おれ」「おまえ」は目下相手への自称・対称として用いられているといえる。

6. 当時の日常が描かれているドラマのことば

　ラジオドラマ化された「草枕」「三四郎」「彼岸過迄」のセリフは、原作をよくいかしたもので、その登場人物のことばづかいの性差には5.節でみたような特徴がある。原作はいずれも明治末期に書かれており、作品の

舞台もその当時である。放送されたドラマでも、「草枕」(「今度の日露戦争」というセリフがある)や「三四郎」(冒頭に「これは明治四十年頃の物語であります」という解説がある)では、明治末期の物語であることが明らかにされている。では、この明治末期を舞台にした夏目漱石原作のドラマ(「漱石ドラマ」と仮称)と、それから30年前後たった当時の日常が描かれているドラマ(「昭和ドラマ」と仮称)とでは、そのセリフのことばづかいの性差の特徴に相違があるのだろうか。以下では、ドラマの内容と主要登場人物を簡単に紹介したあと、前節と同じく主要登場人物のことばづかいをとりあげて検討してみる。

6.1. ドラマの内容

　9作品はつぎのような内容の話である(〈　〉は以下で用いる略称)。

・「石油」〈石〉：春子(10代末)は石油会社の入社試験を受ける予定である。そこで、石油についての知識を得るため、石油会社の重役をしている父の学生時代の友人である八田(50代男)の家を父の日上(50代)とともに訪れ、話を聞く。八田は、若い甥とその妻の乗った車のガソリンが切れた話などをする。
・「五万円の旦那様」〈五〉：結婚した娘の朝子(20代)が夫に不満をいだいて実家に戻るが、両親(北川夫妻、夫は60代、妻は50代)と話をしたのち夫のもとに戻る。
・「遥かなる地平」〈遥〉：満州開拓移民団の村の組織づくりをする男たちとその妻の日常生活を描く。主要登場人物は的野(30代男)と成瀬(同)、的野の妻の伊久子(20代)。
・「分教場の四季」〈分〉：貧しい雪深い村の分教場を舞台にした、若い教員夫婦(川上と妻のイト)と生徒の話。
・「芦溝橋」〈芦〉：芦溝橋事件当日の平野家のようすからドラマが始ま

る。そのあと、出征した平野家の息子の義夫(20代)とその友人の本橋(20代)との中国大陸での出会いをはさんで、太平洋戦争開始に際して戦意をかためる4年後の平野家のようすが描かれる。主要登場人物は、義夫・本橋のほか、義夫の妹の光枝と母の房子(40代)。
- 「翼」〈翼〉：会社社長の岡川(40代男)と隣家の画家相良(60代男)の娘の香魚子と曉子(ともに20代)を中心に戦時中の生活が描かれる。他に主な登場人物として、岡川の若い友人で海軍飛行兵の和倉(20代)や相良の絵の教え子・菱谷修平(20代)、軍需工場社長の能村欣兵衞とその息子で専務の能村欣之助(20代)がいる。舞台は関西(阪神間)。
- 「開墾騒ぎ」〈開〉：隣組で空き地を開墾することに決めて土地を耕しはじめるが、水道管を傷つけてしまうコメディタッチの話。主要登場人物は、岩崎(30代男)とその妻(20代)、三井(30代男)と妹の光子(20代)。
- 「帰来曲」〈帰〉：劇作家の吉田(30代)の妻・香代子(20代)が、夫を応援しようと画策して夫のプライドを傷つけ、それが原因で別居する。妻は別居中に付き添い看護婦として、村山(30代男)の看護をする。仲人の柴田(60代男)が心配するが、結局、夫婦はもとのさやにおさまる。
- 「古戦場」〈古〉：元兵士の父親(50代)が娘の蘭子(10代末)とともにかつて戦った中国の村を訪れ、娘の出生の秘密(中国人であること)を明かす。娘は父とともに、新東亜建設に協力するためにその地で農業をはじめる決意をかためる。

6.2. 若い女のことばづかい

　昭和ドラマ9作品には26人の女が登場する。そのセリフの文数は計1503文で、そのほとんどが「若い女」のセリフである。ここでは、若い女の主要登場人物13人をとりあげる(セリフ文数計1150文)。

　13人のセリフにあらわれる文末形式について、男の登場人物には用いられないものをみてみると、その特徴は漱石ドラマの「若い女」のものと

ほぼ一致する。異なる点としてはつぎのようなことが指摘できる。まず、漱石ドラマでは男の使用がなかった「て依頼」形と「用言＋の」であるが、昭和ドラマでは男の使用例がみられる。「て依頼」形は男が3例（〈分〉2・〈五〉1)用いている。ただし、漱石ドラマにはあらわれなかった「大きな顔をしていてね」〈五〉のような「て依頼」形に終助詞「ね」のついた形が女にのみ用いられている。「の」は男による使用が4例（〈分〉1、〈芦〉1、〈翼〉2)あらわれたが、いずれも疑問文（例「どうして知ってるの？」〈翼〉)で用いられており、「いゝえ、そうじゃないらしいの」〈翼〉といった平叙文での使用はみられない[12]。「の」はその使用数の多さからも漱石ドラマのばあいと同様に〈女ことば〉的特徴の濃い表現であるといえる。また、「かしら」は7作品に計19例あらわれる。男の使用は〈翼〉1作品3例のみなので、昭和ドラマでは女の使用にかたよっているといえる。

　つぎの表9は、13人のセリフの文末形式について、表4の〈女ことば〉文末形式の項目に「てね依頼」「かしら」を加えて、その出現状況を整理し

表9　昭和ドラマの〈女ことば〉文末形式

文末形式	〈作品〉出現数	出現数計
かしら	〈石〉1・〈遥〉4・〈分〉1・〈芦〉1・〈翼〉7・〈帰〉3・〈古〉2	19
て疑問	〈翼〉1・〈帰〉3・〈古〉6	10
て依頼	〈五〉1・〈分〉2・〈芦〉2・〈帰〉4・〈古〉1	10
てね依頼	〈五〉2・〈分〉1・〈芦〉1・〈帰〉2	7
てよ	〈翼〉3・〈開〉1	4
体言＋ね	〈石〉2・〈五〉2・〈遥〉4・〈分〉2・〈芦〉1・〈翼〉6・〈開〉2・〈帰〉1・〈古〉1	21
のね	〈石〉4・〈遥〉6・〈翼〉6・〈開〉1・〈古〉4	21
の	〈石〉14・〈五〉6・〈遥〉21・〈分〉8・〈芦〉3・〈翼〉45・〈開〉9・〈帰〉9・〈古〉20	135
なの	〈石〉2・〈遥〉2・〈翼〉8・〈帰〉1・〈古〉4	17
体言＋よ	〈石〉5・〈五〉5・〈遥〉5・〈分〉4・〈芦〉2・〈翼〉9・〈開〉4・〈帰〉6・〈古〉2	42
のよ	〈五〉2・〈遥〉20・〈分〉3・〈芦〉1・〈翼〉21・〈開〉8・〈帰〉5	60
わ	〈石〉32・〈五〉21・〈遥〉21・〈分〉8・〈芦〉5・〈翼〉46・〈開〉20・〈帰〉23・〈古〉42	216
わね	〈石〉3・〈翼〉6・〈開〉5・〈帰〉1	15
わよ	〈石〉3・〈五〉3・〈遥〉3・〈分〉1・〈開〉3・〈帰〉3	16
こと	〈開〉2	2
もの(敬体)	〈石〉7・〈五〉10・〈分〉4・〈翼〉1・〈開〉6・〈古〉4	32
てちょうだい	〈五〉1・〈遥〉2	3
上記文末形式出現数総計		630

たものである。

　終助詞「わ(わ、わね、わよ)・の(用言＋の、なの)・よ(体言＋よ、のよ)・ね(体言＋ね、のね)」が多用される特徴は漱石ドラマと同じで、これらの形式を用いた文は表9の〈女ことば〉文末形式の出現数総計630のうちの約90％にものぼる。また、漱石ドラマと比較すると、「わ」の使用がことに目立っている。漱石ドラマでは「わ」は「の」とともに〈女ことば〉文末形式出現数の約25％であるが、昭和ドラマでは約40％が「わ」で、常体でも敬体でも広く使われている。

　昭和ドラマの若い女13人の会話相手は漱石ドラマよりはバラエティがみられるが、親しい相手とのくだけた会話に〈女ことば〉文末形式が多様にあらわれることにはかわりがない。そのパターンとしては、(1)常体をベースに〈女ことば〉文末形式が多様に出現する、(2)敬体をベースに〈女ことば〉文末形式が多様に出現する、(3)敬体ベース、あるいは敬体専用で〈女ことば〉文末形式としてはおもに「わ」「の」があらわれる、といったものがある。

　(1)は、夫や親しい若い男に対するセリフ、姉妹どうしのセリフにみられ、漱石ドラマの千代子のことばづかいと近い。また、聞き手への働きかけの強い発話には敬体が用いられるか、常体であれば多く聞き手目当ての尊敬語や謙譲語が用いられる点も漱石ドラマと同じである。つぎの⑦は〈翼〉における親しい若い男との会話例である。

⑦暁子：あら、修平さん、やっぱりいらしたわね、たった今、今夜は何
　　　　だか修平さんがいらっしゃりそうな気がするって姉さんが仰
　　　　有ってた所よ。
　修平：先生は？
　暁子：お父様はね、丁度今朝から一週間の予定で阪神の日本画家連中
　　　　の勤労報国隊で兵庫県下の鉱山へいらして留守よ。

修平：ほう、それは御苦労様だな、しかし、この暑いのに、あのお年で大丈夫かな。
　　（中略）
曉子：お母様も一寸お出掛けになって姉さんとあたしと二人きりなのよ、お庭へいらっしゃいな、姉さんまっていてよ。
修平：その前に岡川さんのところへ一寸挨拶に行って来よう。
曉子：岡川の小父様、今日はまだお帰りになっていない様よ。

　(2)は、親しい相手が親や年配者であるばあいにみられる。このタイプの会話相手は漱石ドラマには登場しなかったものである。たとえば、〈古〉の娘から父へのセリフ(180文)は常体33文・敬体108文で〈女ことば〉文末形式が11種類94例、また、〈翼〉の香魚子・曉子姉妹から親しい隣人男性の岡川(40代)へのセリフ(計55文)は常体15文・敬体24文で〈女ことば〉文末形式が8種類31例あらわれる。つぎの⑧は〈古〉の娘と父の会話である。

⑧娘：糧食はございましたの。
　父：糧食はあった。握飯を後方から運んで呉れるので食事には困らなかったが、味噌汁が食べたくなって、敵の遺棄した鉄かぶとで味噌汁を作った事があったよ。
　娘：まあ、戦争中にそんな暇がありますの。
　父：そりゃあるさ。しょっちゅう弾丸ばかり撃ってるわけじゃない。
　　（中略）
　娘：お父様も何か歌をお歌いになって？
　父：さあ、歌ったかも知れん、忘れてしまった。
　　（中略）
　娘：お父様、土饅頭の所まで来ました。

父：そうか。もう塹壕の跡なんかないだろうが、十八年前には、この
　　　　あたり一面に穴ぼこだらけだった。
　　娘：今は耕地整理して、立派な畑になっていますわ。

　(3)は、親しくない相手や初対面の相手に対するばあいのもので、それが父の友人や仲人といった目上のばあいには敬体が専用される。あまり親しくない若い男に対する会話は、漱石ドラマ〈草〉の那美から画家に対することばづかいと似たものになっている。⑨は〈石〉の春子が初対面の父の友人とかわす会話である。

　⑨春子：私その岡のひき船を見ましたわ。四五日前の事じゃございませ
　　　　　んの。
　　八田：そうですよ、五日ばかり前の事です。
　　　　（中略）
　　春子：そうですわ。
　　八田：はゝゝ、お嬢さんの方が年が若いだけ近代的だ。

　なお、人称代名詞は、自称に「私」「わたし」「あたし」が、対称に「あなた」が用いられている。「あたし」は親しい相手に用いられており、「あなた」は漱石ドラマと同じく広く用いられている。また、親しい若い男に「なまえ＋さん」づけでの呼称が用いられるのも漱石ドラマと同じである。

6.3. 男のことばづかい
　男はこの9作品に48人登場する(セリフの文数は計3387文)。漱石ドラマと同じく、主要登場人物の年代は多様である。ここでは、主要登場人物20人のセリフ(計文2776文)をとりあげる。
　20人が使用する文末形式について、6.2.でとりあげた若い女13人の使

表10　昭和ドラマの〈男ことば〉文末形式

文末形式	〈作品〉出現数	出現数計
だ	〈石〉56・〈五〉20・〈遥〉71・〈分〉35・〈芦〉41・〈翼〉69・〈開〉39・〈帰〉25・〈古〉23	379
だろう	〈石〉3・〈五〉5・〈遥〉5・〈分〉1・〈芦〉4・〈翼〉10・〈開〉7・〈帰〉5・〈古〉9	50
う・よう*	〈石〉7・〈五〉5・〈遥〉5・〈分〉3・〈芦〉8・〈翼〉6・〈開〉14・〈開〉13・〈帰〉4・〈古〉13	75
か*	〈石〉33・〈五〉19・〈遥〉26・〈分〉35・〈芦〉14・〈翼〉41・〈開〉28・〈帰〉13・〈古〉25	234
かい	〈五〉12・〈遥〉3・〈芦〉1・〈翼〉14・〈開〉8・〈古〉7	45
かな	〈石〉5・〈五〉10・〈遥〉3・〈分〉7・〈芦〉2・〈翼〉12・〈開〉3・〈帰〉2・〈古〉7	51
かね	〈石〉2・〈五〉3・〈遥〉2・〈分〉1・〈翼〉15・〈開〉7・〈帰〉2・〈古〉1	33
だい	〈石〉1・〈五〉4・〈遥〉15・〈開〉5	26
さ	〈石〉7・〈五〉7・〈遥〉1・〈分〉1・〈芦〉3・〈翼〉16・〈開〉7・〈帰〉1・〈古〉6	49
ぜ	〈石〉1・〈五〉3・〈遥〉3・〈翼〉5・〈開〉6	17
ぞ	〈石〉3・〈五〉3・〈遥〉3・〈分〉12・〈芦〉4・〈翼〉3・〈開〉3・〈帰〉2	35
とも*	〈翼〉1・〈開〉3・〈帰〉1	5
な(「だな」以外)	〈石〉7・〈五〉14・〈遥〉3・〈分〉15・〈芦〉9・〈翼〉42・〈開〉13・〈帰〉7・〈古〉3	110
だな	〈石〉3・〈五〉7・〈遥〉4・〈分〉4・〈翼〉12・〈開〉10・〈帰〉1・〈古〉1	42
ね*(「だね」以外)	〈石〉13・〈五〉7・〈遥〉15・〈分〉3・〈芦〉6・〈翼〉29・〈開〉9・〈帰〉2・〈古〉13	97
だね	〈石〉6・〈五〉3・〈分〉2・〈芦〉6・〈翼〉16・〈開〉5・〈古〉4	43
や	〈遥〉1・〈翼〉5	6
よ*(「だよ」以外)	〈石〉14・〈五〉16・〈遥〉11・〈分〉6・〈芦〉3・〈翼〉14・〈開〉10・〈帰〉1・〈古〉13	88
だよ	〈石〉19・〈五〉3・〈遥〉12・〈分〉4・〈芦〉2・〈翼〉19・〈開〉2・〈帰〉1・〈古〉38	104
普通動詞命令形	〈石〉8・〈五〉4・〈遥〉7・〈分〉3・〈芦〉7・〈翼〉13・〈開〉11・〈帰〉1	54
たまえ	〈石〉7・〈芦〉2・〈翼〉4・〈開〉1	14
な(禁止)	〈石〉1・〈分〉1・〈翼〉4・〈開〉9・〈帰〉9・〈古〉3	7
ん*	〈石〉6・〈五〉4・〈芦〉1・〈翼〉4・〈開〉9・〈帰〉9・〈古〉3	36
上記文末形式出現総数		1600

*「う・よう」「か」「とも」「ね」「よ」「ん」はいずれも常体で用いられるもの。

用しない形式を整理すると表10のようになる。これらは漱石ドラマの〈男ことば〉文末形式と一致する。なお、終助詞「ぞ」は、漱石ドラマでは〈三〉に2例しか用いられていなかったが、昭和ドラマでは9作品すべてにあらわれ、「ぜ」をかなり上回る。

　〈男ことば〉文末形式のあらわれかたのパターンも漱石ドラマと同じである。〈男ことば〉文末形式を用いた文は、20人のセリフの文数(2776文)の2分の1強(1600文)で漱石ドラマ(約3分の1)より多いが、これは5.2.の(1)のパターンの男の友人どうしのセリフや妻・娘に対するセリフが多いためである。

人称代名詞に関しては、対称代名詞「君」が漱石ドラマよりも広い範囲に用いられている点が異なる。「君」は漱石ドラマでは男の友人や年下の男に用いられていたが、昭和ドラマでは妻や妹、親しい若い女に対してなど女への使用がみられる。「僕」「おれ」「おまえ」などの用いられかたは同じである。また、軍隊用語の「自分」や「きさま」の使用がみられる。これは漱石ドラマにはないもので、時代的特徴を帯びた代名詞といえる。

7. インフォーマルな標準日本語としての〈女ことば/男ことば〉

7.1. ドラマの〈女ことば/男ことば〉の様相

　昭和ドラマと漱石ドラマの性差形式のありかたをくらべると、文末形式のいくつかの項や人称代名詞に 6.2.・6.3. でみたような相違がみられるが、その相違は全体としてみれば非常に目立つというほどのものでもない。ドラマによって登場人物の人間関係が異なることを考えれば、「漱石ドラマ」「昭和ドラマ」といった区分さえできるかどうかあやしいほどである。けっきょく、昭和ドラマと漱石ドラマのセリフの性差のありかたには大きな違いはないといっていいだろう。

　ラジオの聴取者はこうしたドラマの登場人物のことばづかいから、女と男それぞれに特徴的な形式についての具体的知識を得、女には常に他者への配慮が求められて敬語使用が必要であるという規範を確認し、女と男のことばづかいは非常に異なるものであるというメッセージを受け取ったと思われる。

　女と男のことばの差異の大きさを、昭和ドラマ 6 作に登場する 6 組の若い夫婦の会話でみると表 11 のようになる。〈石〉〈五〉〈遥〉ではセリフの文の 7～8 割に多様な〈女ことば／男ことば〉文末形式が用いられており、〈分〉〈開〉〈帰〉では〈女ことば〉文末形式の割合はこれらより少ないが、妻の敬語(敬体や聞き手目あての尊敬語・謙譲語)使用が多い。6 作と

〈女ことば／男ことば〉の成立期の研究 | **163**

表11　夫婦のことば

		文数	常体*	敬体*	尊敬・謙譲*	〈女ことば／男ことば〉**		呼称
〈石〉	妻→夫	51	44	5	2	37(10種類)	72.5%	私／あなた
	夫→妻	54	53	0	0	42(13種類)	77.8%	僕／君
〈五〉	妻→夫	21	18	2	3	15(10種類)	71.4%	私／あなた
	夫→妻	17	16	0	0	12(6種類)	70.6%	おれ
〈遥〉	妻→夫	52	44	6	0	36(10種類)	69.2%	私／あなた
	夫→妻	64	63	0	0	54(18種類)	84.4%	おれ／君・伊久子
〈分〉	妻→夫	44	23	15	2	25(8種類)	56.8%	私／あなた
	夫→妻	65	59	0	0	43(12種類)	66.2%	おまえ
〈開〉	妻→夫	38	21	16	5	15(7種類)	39.5%	私／あなた
	夫→妻	29	24	1***	1***	15(10種類)	51.7%	僕／君
〈帰〉	妻→夫	49	24	8	10	26(9種類)	53.1%	私／あなた
	夫→妻	47	43	0	0	36(9種類)	76.6%	おれ／おまえ・香代子

* 「常体」は常体の文数、「敬体」は敬体の文数。尊敬・謙譲は聞き手目あての尊敬語・謙譲語があらわれる文数。
** 妻から夫へは〈女ことば〉文末形式、夫から妻へは〈男ことば〉文末形式の出現数と種類。％は文数に対する割合。
*** 敬体で謙譲語を用いた「じゃそうさせていただきますかね」という例があるが、これは皮肉まじりにふざけて言った表現である。

も妻から夫に対しては敬語が用いられているが、夫のセリフには、ふざけて言った例外的な１例以外、妻への敬語はあらわれない。また、呼称も異なる。妻は「私」と自称し、夫を「あなた」と呼ぶのに対し、夫は「僕／君」「おれ／お前・君」を用いており、妻の名の呼びすてもあらわれる。⑩は〈石〉の若い夫婦の会話である。

　⑩妻：ねえ、東京も此の辺まで来ると、まるで車が通らないわね。
　　夫：ああ、ほんとうに通らないなあ。ガソリンがないからだよ。だけどはやく飛ばすのに邪魔がなくていいよ。
　　妻：だけど余り飛ばしちゃいやよ。危いわ。
　　夫：大丈夫だよ。アメリカに居た時の車を考えて見たまえ。君だってもっとうんとぶっ飛ばしてたじゃないか。
　　妻：だって向うはハイウェイがあるんですもの。東京じゃ人の通る道も車の走る道も一所で、おまけに無暗に人が歩いてるんですも

の。迎も恐くて、私一人でドライヴなんて出来ないわ。
　夫：まあ日本へ来たらドライヴなんかよすんだね。
　　　（中略）
　妻：あれは荷馬車じゃないの。
　夫：荷馬車だけれども空車だよ。
　妻：あれに乗るんですの。いやだわ〜〜。
　夫：まあ待ち給え。今交渉するから。
　妻：私いやよ。断然いや。あんな汚い車。（中略）あらほんとなの。およしなさいよ、お願いだから。

7.2. 無標化された「山の手ことば」

　昭和ドラマのセリフの性差のありかたは漱石ドラマとほぼ同じであること、また、漱石ドラマのセリフの特徴は原作を反映したものであることから、昭和ドラマのことばづかいは明治末期の小説の会話文のことばづかいと大差ないものだということがいえる。すなわち、明治末期の小説の会話文においてすでに提示されていた〈女ことば／男ことば〉諸形式が、日常場面での親しい相手に対することばづかいとしてラジオを通してさらに広く流布されていったわけである。
　ただし、漱石の原作と漱石ドラマ・昭和ドラマとにはある注目すべき違いがある。漱石の原作では、「山の手ことば」の使用は東京という地域性と切り離せない。したがって、熊本から上京した三四郎は西日本方言のなごりのあることばをつかう。また、「草枕」原作では、画工が那美に「あなたの言葉は田舎じゃない」「東京にいたことがありましょう」と評する場面がある。那美が東京風のことばづかいをすることには理由があるのである。しかし、台本では三四郎のことばから西日本方言的要素は除かれ、那美のことばづかいについての説明もない。「山の手ことば」は地域性とは関係のない、だれが用いてもとくに説明のいらないことばとして一般化されて

いるといえる。

　昭和ドラマのばあいも同じで、登場人物の多くは「山の手ことば」的なことばづかいをするが、それは必ずしもその人々が東京の人間であることを意味しない。たとえば、「翼」は阪神間の人々の話であるが、12人の登場人物のうちふたりの男が大阪弁で話す以外は、すべて東京風のことばづかいである。たとえば、つぎは父と娘の会話であるが、関西方言的な要素はまったくみられない。

⑪曉子：お父様、岡川の小父様がいらつしやいました。
　父：何、岡川さんが？東京から戻られたんだな。
　曉子：小父様、羽織袴に扇子まで持っていらっしてよ。お座敷で今お姉さまがお相手をしていますの。

　また、若い教師夫婦を主人公とする「分教場の四季」は、関東周辺にあると思われる貧しい村の分教場が舞台である。こどもたちとその親のせりふは、「方言」風であるが、主人公の川上夫婦のことばだけは東京風である。男教師はたまに生徒やその親に「方言」風のことばづかいをすることがあるが、女教師はまったく「方言」的なことばづかいはしない。

⑫与一：先生、先生、おら鼬とって来たゾ先生。
　先生(男)：ほう、与一のおとしにかゝる鼬もあるのかな。
　与一：ホレ、聞えんべ。ガタガタ箱の中で鼬動いてっぞ。
⑬生徒の母：へえ、先生さにおら一寸お話があるもんで——。
　先生(男)：まあ、お上りなさい。
　　　　　　（中略）
　生徒の母：へえ、こげななりしているんだから、こゝでえゝす。
　先生(女)：じゃ、座布団でも当てゝ下さいな。

「翼」でも「分教場の四季」でも登場人物が東京風のことばづかいをすることについての説明はない。「山の手ことば」は「中流階層のふつうの人々のことば」として無標化されており、「方言」は特徴的な人間として登場人物を目立たせたり、上品さ・富・教養とはほど遠い「いなか」を表象したりする「有標」のことばとして用いられるのである。

漱石ドラマや昭和ドラマの「山の手ことば」的なことばづかいは「方言」ではなく、「インフォーマルな標準日本語」であるととらえることができる。もちろん、「山の手ことば」を無標化した用いかたはこの時期になってあらわれたものではなく、書きことばの会話文に「山の手ことば」が用いられた当初から一般的な読み物や翻訳小説にみられたものである。それがマスメディアの拡大とともに大量に流布されるようになったことで、「インフォーマルな標準日本語」ができあがったといえる。

8. おわりに

明治期以降、政府は近代国家建設へ向けて「国家を背負う男と、家を守り次代の国民を育てる女」という国民のジェンダー化をすすめた。ジェンダーの分離はことばについてもおこなわれ、学校教育では女と男で異なることばづかいがあてがわれたのであるが、ただし、それはメディアで流布される〈女ことば/男ことば〉と同じものではなかった。〈女ことば/男ことば〉のうち〈女ことば〉は学校教育のなかに採りいれられることはなかったのである。戦前の国語教科書である国定読本の第1期(1904年より使用)から第5期(1941年より使用)までの会話文をみると、〈女ことば〉諸形式はほとんどあらわれないことがわかる。わずかに第2期(1910年より使用)から「こと」、第4期(1933年より使用)以降「ね」「の」「よ」が少数ながらあらわれる程度である[13]。〈女ことば〉の代表ともいえる「わ」は一切使用されていない[14]。「わ」の登場は戦後になってからである。一方、

〈男ことば〉諸形式は一部(「ぜ」「や」など)を除いて用いられており、「僕・君」「〜したまえ」や常体が男のことばとして使用されている。同じ「山の手ことば」的要素のなかで男のことばだけが採用されたのは、ひとつには教科書をつくったのが男だったからであろう。女は丁寧に話すべきだという規範意識は、山の手の「女学生ことば」などの女の自由なことばづかいを許さなかったと考えられる。

　学校では女の常体使用を排除するかたちで女と男のことばづかいを峻別する教育がなされたわけだが、これはインフォーマルな話しことばのモデルとしては非現実的でアンバランスなものだったといえる。事実、これまでみたようにメディアでは女のくだけたことばづかいの描写に〈女ことば〉は盛んに使用された。そして、その広範な流布とともに〈女ことば〉を含んだ〈女ことば／男ことば〉という非対称的な対はインフォーマルな標準日本語として一般に認知されていくのである。女と男に別々の形式を割りふる〈女ことば／男ことば〉はジェンダーの分離とまったく矛盾せず、かえってそれを推し進めるもので、それゆえ、ついに「日本語の一般的特徴」という位置をしめることになったといえる。

注

(1) 田中(1983)は、「今日行われているような、東京語を基調とした、いわゆる標準語は、その普及は別として、ことばのかたちとしては、明治三十年代には、ほぼ完成の域に達していたとみることができる」(p.77)とする。
(2) 記述の詳しいものとしては、三尾(1942)、岩井(1944)、藤原(1944)などがある。
(3) 1933(昭和8)年から学年進行で使用された第4期国定読本『小学国語読本』。なお、ラジオ体操の開始は1928(昭和3)年のことである。
(4) 最初のラジオドラマは、イギリスの詩人リチャード・ヒューズ原作(小山内薫訳)の『炭鉱の中』。
(5) 歴史もの、登場人物が男だけのもの、女のセリフの少ないもの(原データで女の発話レコード数が80以下のもの)はとりあげなかった。
(6) 「開墾騒ぎ」「帰来曲」「古戦場」の3作は、放送年は不明であるがドラマの内容か

ら戦中の放送であることが明らかなものである。
(7) 原作の確認には岩波文庫版の『草枕』(1990年改版)・『三四郎』(同)・『彼岸過迄』(同)を用いた。
(8) 原作では「画工」だが台本では「画家」となっている。ここでは、台本の「画家」を用いる。なお、「三四郎」のばあいも原作では「美禰子」だが台本の「みね子」を用いる。
(9) 「かしら」は原作では複数の男が使っており、女に特徴的な形式とはいえない。原作での「かしら(ん)」の出現状況はつぎのとおりである。
　　〈草〉那美：かしら1例　　画家(心内発話)：かしら1例・かしらん2例
　　〈三〉みね子：かしら1例　与次郎：かしら1例・かしらん2例　広田・野々宮：かしら各1例　原口：かしら1例・かしらん1例　三四郎(心内発話)：かしら4例・かしらん5例
　　〈彼〉千代子：かしら4例(1例は間接話法)　百代子・須永・高木：かしら各1例(間接話法)　敬太郎：かしらん1例(間接話法)
(10) 感動詞、呼びかけ、文体の決定できない中途終了による文を除く。5.節・6.節で常体文数・敬体文数に言及するときも同じ。
(11) 原作でも、「ぞ」は〈三〉に1例(三四郎のことば)、〈彼〉に2例(須永の父のことば)出現するだけである。
(12) 表9の「の」135例のうち、平叙文は76例、疑問文は59例である。ちなみに、漱石ドラマ3作品のばあいの「の」42例では平叙文20例、疑問文22例。
(13) 「マア、ウツクシイコト。」(『尋常小学読本』巻四)、「まあ、きれいね。」(『小学国語読本』巻六)、「雪の中からお人形が出て来たの。」(同巻十)、「アラ、ウグヒスヨ。」(『ヨミカタ 二』)、「正男さんは、金魚とにらめっこをしてゐるのね。」(『よみかた 三』)など。
(14) 第4期国定読本の編集にあたった井上赳は、のちに、女性のことばに「わ」「よ」がつきものになったが、読本ではそのような流行伝染的な女性語を一切受け付けないで通したと述べている(『国定教科書編集二十五年』)。

参考文献

遠藤織枝他 2004『戦時中の話しことば―ラジオドラマ台本から』ひつじ書房.
藤原與一 1944『日本語―共栄圏標準口語法』目黒書店.
井上赳著・古田東朔編 1984『国定教科書編集二十五年』武蔵野書院.
岩井良雄 1944『標準語の語法』山海堂.
海後宗臣編 1963・1964『日本教科書大系　近代編　国語』第4巻〜第9巻　講談社.

三尾砂 1942『話言葉の文法(言葉遣篇)』帝国教育会出版部.
日本放送協会編 1965『日本放送史』日本放送出版協会.
岡倉由三郎 1934「国語陶冶とラヂオ」『国語科学講座 XII 国語問題』pp.3–35. 明治書院.
崎山正毅 1941「ラジオと国語教育」『国語文化講座 第三巻 国語教育篇』pp.324–344. 朝日新聞社.
佐竹久仁子 2004「「女ことば／男ことば」規範の形成—明治期若年者向け雑誌から」『日本語学』23(7): 64–74.
竹山昭子 2002『ラジオの時代—ラジオは茶の間の主役だった』世界思想社.
田中章夫 1983『東京語—その成立と展開』明治書院.

COLUMN
ことばとジェンダー(language and gender)

　「ジェンダー」はもとは性別をあらわす文法用語だが、フェミニズムはこの語に「社会的・文化的・歴史的につくられた性別」という意味を与え、現在は一般にこの意味で使われることが多い。

　これまでの「ことばとジェンダー」に関する研究を大別すると、2つの流れがある。1つは、女や男を表現することばに焦点をあわせた研究で、おもに取り上げられてきたのは、性差別語や性差別的表現、また、女や男をステレオタイプ化する表現の問題である。この分野は、特に英語圏ではフェミニズムの言語改革運動との結びつきが強い点に特徴がある。日本でも、辞書やメディアのことばを対象にした研究がおこなわれ、たとえば、**ことばと女を考える会編『国語辞典に見る女性差別』**（三一書房、1985年）、**上野千鶴子＋メディアの中の性差別を考える会編『きっと変えられる性差別語—私たちのガイドライン』**（三省堂、1996年）などがある。

　もう1つの流れは、ことばづかいの性差にかかわる研究である。これまで、社会言語学、語用論、会話分析、談話分析などさまざまな領域で言語使用の性差をめぐる実証的研究が積み重ねられてきた。初期の研究では、女と男の言語使用はどのように異なるのかという問題意識のもとに言語的性差の検証が目指されたが、研究の進展とともに、言語的性差は一般的・固定的にとらえられるようなものではないことが明らかになってきている。すなわち、話し手の性という要因は他の社会的要因と複合して言語使用に影響を与えており、言語使用のありかたを単純に性によって二分することはできないということである。

　女も男も地域・階層・職業・年齢・集団・場面などによって多様なことばづかいをしているのが実態なのだが、だからといって、性が言語使用にとって重要な問題ではないということではない。社会には「女らしさ／男らしさ」というジェンダーのステレオタイプや規範があり、それ

COLUMN

はことばにおいては「女／男のことばづかいはこういうものだ、こうあるべきだ」という常識として人々に共有されている。この常識はことばづかいに関するジェンダー規範として働き、それに従うにせよ反発するにせよ、人々がことばを使ったり解釈したりする行為に影響を与える。また、ことばづかいのジェンダー規範は女に対してより抑圧的・制約的なもので、〈女ことば／男ことば〉という概念のある日本社会では特にその傾向が強い。**遠藤織枝著『女のことばの文化史』**(学陽書房、1997年)では、女のことばづかいについておこなわれてきた過去からの言説を見ることができる。ことばづかいのジェンダー規範の問題は「ことばとジェンダー」研究の重要な課題の1つである。

　なお、近年の「ことばとジェンダー」研究の関心は、人が言語的相互行為を通じてどのようなジェンダー・アイデンティティをつくりあげるか(どのような女／男として自己を実現するか)という問題に向けられている。特に、年齢、階層、エスニシティ、性的指向などさまざまなアイデンティティ要因と複雑にからみあいながら多様なジェンダーが言語実践のなかでつくられる過程を探る詳細な民族誌的研究が盛んである。**中村桃子著『ことばとジェンダー』**(勁草書房、2001年)では英語圏のこうした研究が紹介されている。その他、参考になる文献をあげておこう。**『月刊言語』**31-2(2002年)では**「言語のジェンダー・スタディーズ」**という特集が組まれている。また、英語圏の論文の翻訳集として、**れいのるず秋葉かつえ・永原浩行編『ジェンダーの言語学』**(明石書店、2004年)がある。概説書としては **Penelope Eckert & Sally McConnell-Ginet 著 *Language and Gender***(Cambridge University Press、2003年)がすぐれている。また、**寿岳章子著『日本語と女』**(岩波新書、1979年)は30年近く前に書かれたものであるが、その理論的視座は今日的で、学ぶところが多い。ぜひ読んでほしい著作である。

(佐竹久仁子)

電子メディアを通じて ことばはいかにして話されるのか

平本 毅

1. はじめに

　夏休みで暇を持て余している小学生のA君に、父親が後学のためにと型落ちのパソコンを譲り与えた。夏休みの宿題の調べものができれば便利だろうと、高速インターネット回線も導入した。最初の2、3日は恐る恐るマウスを撫でる程度だったA君も、飲み込みのはやい子供のこと、1週間も経つと色々なwebサイトを覗き始め、半年後には毎晩夜更かしして友達とのチャットに興じるまでになる。両親ははじめのうちは子供のすることだからと笑って見ていたが、夏休みが終わって数ヶ月が経ち、定期試験の前になっても一向にパソコンの前から離れないわが子を見てだんだんと心配が募る。ある晩、子供部屋から漏れる打鍵の音に気づいた母親が中を覗き込み、いつものごとくディスプレイに食いつかんばかりに夢中になっているA君を発見してこう叱る。「またこんな夜中までパソコン相手にカチャカチャカチャカチャと！子供は早く寝なさい！」。相手もあってのこと、A君もこう言って反論する。「今日はB君とたくさん遊ぼうねって約束したんだよ！」。母親にとっては、A君のことばは言い訳に聞こえない。「B君なら明日会って話せばいいじゃない。いったいそんなもの、何が楽しいのかしら……」。B君に悪いなあ、と思いながらA君は渋々［そ

ろそろ寝なきゃ。じゃあまた明日］と打ち、パソコンの電源を落とす。

会話例1

そろそろ寝なきゃ．じゃあまた明日

　母親は、「こんな夜中までお友達とおしゃべりして！」とは言わない。母親にとって、A君がしていることは「パソコンをカチャカチャ」することであって、「友達とおしゃべり」することではない。A君がB君に向かって［こんにちは］とことばを発したと感じているときに、母親に見えているのは「k, o, n, n, n, i, t, i, h, a と打ってEnterキーを押した」という行為である。つまり、実際の行為としては同じことをしているにもかかわらず、A君と母親のその行為を捉えるときの認知は大きく異なる。

　そもそも、電子メディア[1]を通じてことばを話すとはいったいどういう行為なのだろうか。これまでの電子メディアを通じたことばの研究は、そのほとんどが話されたことば、すなわち［こんにちは］の言語的特徴やこの発話が埋め込まれる会話の連鎖(発話間の前後関係)の相互行為的特徴を研究対象にしてきた。しかし、実際に行われている行為をありのままに見る限り、事はそう単純ではなさそうである。A君は半年前には［こんにちは］と話すことができなかったし、母親はその行為を「k, o, n, n, n, i, t, i, h, a と打ってEnterキーを押した」ものとして見ている。A君と母親のどちらの認知のあり方が正しいにせよ、1つだけ確かなことがある。それは、電子メディアを通じてことばを話すとき、A君は必ずパソコンを操作するということである。本論では、電子メディアを通じてことばを話すという行為の過程(=パソコンを操作する過程)をありのままに、詳細に追ってゆくことによって、電子メディアを通じたことばの使用の成り立ちを示すことを目的とする。すなわち、A君が［こんにちは］と言うとき、実際には

何が起きており、その行為はどうやって成立しているのか。ふだんは行為者自身にとっても研究者にとっても顧みられることのないこの過程を追うことで、いったい何が見えてくるのだろうか。細馬(2000)、Garcia & Jacobs(1999)などは、パソコンの画面上の動きを追うことで発話が組み立てられる過程を記述する試みを行っている。しかし画面上の動きは、パソコンの操作そのものではない。本論は、ユーザがどこを見、どのキーを押したかといったパソコンを操作する過程のデータを組み込むことによって、さらに詳細な分析を可能にするとともに、新たな知見を得ることを目的にするものである。

　コミュニケーションの過程をありのままに、詳細に観察する手法は、会話分析(Conversation Analysis)において用いられる。会話分析では、トランスクリプトと呼ばれる以下のような相互行為の記録をデータとして使用する[2]。

会話例2

1　J：　あと一応、こういうかたちで(.)三十分(0.3)
2　S：　はい(1.3)
3　J：　＞だから＜：三時はん(↑)までか．(0.7)三時はんごろまで
4　　　　°おねがいします°(↓)．(.)待ってるので．
5　S：　は：[：い
6　J：　　　[でね(0.2)＞なんか＜不都合があったらまた(0.8)携帯ナンバーにごれ[んらく°ください°．(0.6)
7　S：　　　　　　　　[はい　　　　　　はい

　この会話は、実験者である筆者(J)と被験者(S)との間で交わされた、チャット会話のデータ収録の教示に関するやりとりである。JがSのパソコンの画面を覗き込みながら教示を行い、その間Sはキーボードから手を

図1　Jの教示を聞くS

離し、Jの方を向くなどして教示を聞く。このトランスクリプトには、抑揚の上下（↑↓）や早口に喋った部分（>文字<）までも含めて、JとSとの会話の過程が詳細に記録されている。

平本（2005）は、会話分析を応用して、電子メディアを通じてことばを話す行為の過程をありのままに、詳細に観察する方法を提案している。例えば、上記例2の会話がJとSとの間で交わされている間に、S（チャット会話においてはハンドルネーム"コアラ"）は、以下のようにチャット会話の参与者としても行為している。

会話例3

時間	ユーザ（"コアラ"）の行為 操作以外の身体的動作	コンピュータの操作	画面上の動き
	視線は画面		
0.0〜0.7	実験者の教示を受けている。視線は基本的に画面		
0.8			"ネコ"：こんにちは
0.9〜17.0	教示の続き。続けて、マウスに置いていた右手をキーボードのポジションに伸ばし始める	時々マウスを操作する	時々マウスの軌跡
17.2	視線をキーボードに		
17.7	視線を画面に		
18.3		削除開始 "ん"	こんにちはく「いぬさ|
19.2		"<「いぬさ"を削除	こんにちは|
20.8		送信ボタン	
21.4			カーソルに砂時計マーク（発言の前触れ）
21.7			"コアラ"：こんにちは

電子メディアを通じてことばはいかにして話されるのか | 177

このトランスクリプトの見方は多少複雑なので、簡単に説明しておこう。まず、ユーザである"コアラ"の行為は、コンピュータの操作とそれ以外のものとに区別することができる。例えば、18.3秒から19.2秒までで"コアラ"は［＜「いぬさん］を削除する、という操作を行っている。一方で、"コアラ"は0.0秒から17.0秒までの間に上記例2の教示に関する会話を実験者と行っているが、これはコンピュータの操作ではない。コンピュータの操作は、画面上の表示を変化させる。例えば、元は［こんにちは＜「いぬさん］だったメッセージ入力欄の表示は、削除という操作によって変化してゆく。

図2　削除による表示の変化

　「画面上の動き」列の灰色のセルは、メッセージ入力欄内の変化を表す[3]。灰色のセル内の縦棒は、次の文字が入力されるカーソルの場所を意味する。白いセルは、その他の画面上の動きを表す。とくに、"ハンドルネーム"が最初につくセルは、その"ハンドルネーム"によって投稿されたメッセージを表す。
　つまりこのトランスクリプトは、ユーザの一挙一動と画面上の動きを0.1秒単位で並行的に記述したものである。このトランスクリプトをデータとして用いることによって、電子メディアを通じてことばを話す行為の成り立ちを詳細に分析することが可能になる。加えて会話分析では、各参与者が現在の会話の状況や内容をどう理解しているかを相互に示し合い、調節することで会話が成り立つと考える。この視点は、空間的に離れた場所に存在する参加者同士が会話を成り立たせる過程を分析するという本論の目的に適うものといえる。

2. パソコンの「向こう」の「社会」

A君の例と同じ現象を、今から10年以上も前のパソコン通信の時代に原田(1993: 75)がこう表現している。

> 未経験者は、パソコン通信を「人がパソコンに向かってカチャカチャ打ち込んでいること」ととらえる。──筆者中略──これに対して、パソコン通信の経験者にとって、パソコン通信とは目の前にあるパソコンを使うことではなく、「(パソコンと電話線の向こうにいる)人とコミュニケーションすること」である。すなわちパソコンの向こうに社会が開けているのである。

A君のパソコンの向こうには「社会」が開けている。パソコンの向こうに「社会」が開けたとき、例4のような文字列がその「社会」を表す(といわれる)。

会話例4

L1	ネコ：今日もポカポカしてますね。15:03
L2	いぬ：確かに。ぜんぜん寒くないですね 15:03
L3	サル：そうですねー。私は寒いの苦手なんでうれしいです。15:03
L4	いぬ：私は年末にスキーに行く予定なので、めっちゃ心配です 15:04
L5	コアラ：うちも。。。寒がりなんで、、、＞サルさん 15:04
L6	コアラ：スキー、どこに行くのですか？＞いぬさん 15:05

このような文字列は、一般にコミュニケーションのログ（記録）と呼ばれる。つまり、この文字列は"ネコ"・"いぬ"・"サル"・"コアラ"が交わした、天気とスキーに関する会話の記録である（と考えられている）。われわれは、電子掲示板や電子チャット、電子メールなどの電子メディアを通じてことばを、いかにも自然なものとして聞き、話す。試しに、上のログを"ネコ"役・"いぬ"役・"サル"役・"コアラ"役の四人で分担して、演劇の台本を読むように読み上げてみるといい。テンポよく、快活に交わされる会話に、少なくとも不自然な印象は抱かないはずだ。このログは、まさに"ネコ"・"いぬ"・"サル"・"コアラ"の会話という「社会」の記録である（ようにみえる）。

　しかし、実際にわれわれがこれらのことばを発するときに行う行為は、時にテンポのよさや快活さとはほど遠い。頬杖をつきながら寝間着姿で椅子にもたれ掛かり、課題の文書ファイルを作成しながら息抜きに別ウィンドウを開いてチャットをし、キーを打ち間違え、イライラしながら削除して書き直し、来客があれば席を外し、眠気に襲われて意識を飛ばしながら、ことばは聞かれ、話される。Ａ君がパソコンに食いつかんばかりになっていたときに、パソコンの向こうのさらに向こうのＢ君が同じようにパソコンに噛り付いていると、誰が保証できるだろうか？　下の画像は、筆者が行ったデータ収録の一コマである。データの収録を行うときは被験

図3　弁当を食べる被験者

者にノートパソコンを渡し、デジタル・ヴィデオカメラで当人の様子を撮影しているが、ちょうどお昼時の収録だったこともあり、途中からこの被験者は、チャットをしながら持参した弁当を食べ始めてしまった。

　弁当をつまみ食いしていても、チャットはそれとは関係なしに進んでゆく。被験者はこの後、口をもぐもぐさせながら再びタイピングを始める。食事どころか、Ｂ君はひょっとしたらそこにいない可能性さえ考えられる。画面の向こうでは、じつはＢ君の弟のＣ君がＢ君を装ってチャットしているかもしれない。それでも、Ａ君のパソコンの向こうには「社会」が開けている。Ｂ君だと思っていた相手が実はＢ君ではなくても、Ｂ君が実はＡ君とチャットする傍らで携帯を肩と耳ではさみ、誰か他の相手とＡ君の悪口を言い合っていたとしても、Ａ君に見えるのは屈託ないＢ君との会話である。そして、同様にＢ君にとっても、Ａ君がパソコンの向こうのさらに向こう側で実際には何をしているのかはわからない。

　これは、考えてみると非常に不思議なことである。われわれは普段、常に対話者を観察し、その観察から得られた手がかりを利用することで次の行為を予期しながらことばを聞き、話す。この手がかりは、言語だけに限らない。相手の姿勢、視線、仕草、表情、そういったもの全てを活用して相互に次の行為を予期し合うことで、会話は成り立っている（Goodwin 1981）。しかし、電子メディアを用いてことばを話す場合には、そのほとんどが伝わらない。互いの次の行為を予期するための手がかりがほとんどない状態で、どうやってわれわれは会話を成立させうるのだろうか？

　トランスクリプトを用いて会話の過程を詳細に検討してゆくと、様々な手がかりが動員できる対面会話でさえ、参与者同士が互いに高度な技巧を駆使し合うことによってなんとか成り立っているものであることがわかる。

　例えば、再び例２に戻って考えてみよう。Ｊが行った(1)データの収録時間は30分であること、(2)データ収録は３時半頃まで行われること、(3)

不都合が生じた場合はJの携帯に電話すること、の3点の教示のそれぞれに対してSは［はい］と答えている。ここで、もし3つめの［はい］だけSが発せず、また頷きやジェスチャー等何らの付随する行為も返さなかったとしたら、教示は教示として成り立っただろうか。

会話例5
1　J:　あと一応、こういうかたちで(.)三十分(0.3)
2　S:　はい(1.3)
3　J:　>だから<：三時はん(↑)までか．(0.7)三時はんごろまで
4　　　°おねがいします°(↓)．(.)待ってるので．
5　S:　は：[：い
6　J:　　　[でね(0.2)>なんか<不都合があったらまた(0.8)携帯ナンバーにごれんらく°ください°．(0.6)
7　S:

　例2と例5のトランスクリプトを、それぞれ読み上げて比べてみて欲しい。どのような印象を受けるだろうか。最初の2つの教示には［はい］で答えている以上、SにJの言葉が聞こえていないということはなさそうである。もし3つめの教示だけ聞き取れなかったか理解できなかったかだとしたら、Sは聞き返すなどして聞き取れなかったことや理解できなかったことを示すだろう。もしかしてSは、3つめの教示にだけ了承できない理由があるのだろうか。しかし、もしそうだとするならば、なぜSは拒否や別の案の提示ではなく、沈黙を選んだのだろうか。このように、［はい］一語を発しないだけで、成立していたはずの会話はとたんに成り立たなくなる。
　ここで、本論の問題提起は以下のように言い換えることができる。すなわち、A君のパソコンの向こうに「社会」が成立しているとするなら、A

君はいったいいかなる技巧を用いてこの「社会」を成り立たせているのだろうか。

3. 電子メディアを通じてことばを話すとはどういうことか？

　これまで、電子メディアを通じて話されることばは社会心理学、社会言語学、認知科学、社会情報学など多岐にわたる領域の研究対象となってきた。それらが主に取り扱ってきたのは、パソコンの向こうに存在する「社会」つまりログである。なぜなら、ログは先に述べたように、電子メディアを通じてことばを話すという行為の記録である（と考えられている）。A君は、B君が向こう側で何をしているのか実際にはわからない。同様にB君も、A君が本当に何をしているのかはわからない。ログに現れる「A君」や「B君」が本人であるかどうかさえも、じつは確証を持てない。しかし、こうは言えないだろうか。そのとき実際にA君やB君が何をしていたにせよ、「A君」と名乗る何かが［こんにちは］と言い、それに対して「B君」が［こんにちは。今日はサッカーの話をしよう！］と返した、その事実は変わらない。したがって、ログは電子メディアを通じてことばを話すという行為の記録である。

　しかし、ここであえてさらに疑問を投げかけてみよう。＜「A君」と名乗る何かが［こんにちは］と言い、それに対して「B君」と名乗る何かが［こんにちは。今日はサッカーの話をしよう！］と返した＞事実は、本当に存在したのだろうか？　実際の行為の過程では、もう少し複雑なことが起きているのではないだろうか？

　次の事例の分析を通じて、この疑問に取り組もう。

会話例 6

L1　nix> testing. my name is nix (4/20 13:28:13)
　　　（テスト中。私の名前は nix です。）

L2　nix> lily are you on? (4/20 13:29:36)
　　　（lily、入室してるの？）

L3　lily> testinghello.my name is Gally! (4/20 13:30:04)
　　　（ハローのテスト中。私の名前は Gally です！）

L4　lily> ah! I meant to write my handle name! (4/20 13:30:36)
　　　（あっ！ハンドルネームが書きたかったんです！）

L5　nix> hahaha! ok. this is just about my first chat experience. (4/20 13:30:50)
　　　（ハハハ！OK。私チャットは初めて。）

L6　lily> me too! I'm more of an emaler…… (4/20 13:31:29)
　　　（私も！メールばっかり……）

　この事例の"lily"は、タイピングが苦手で、チャットの経験もない被験者である。彼女は、すでに「lily」というハンドルネームでチャットルームに入室しているにもかかわらず、[testinghello.my name is Gally!（ハローのテスト中。私の名前は Gally です！）] と、「Gally」という本名（論文化にあたって、偽名で表記してある）で挨拶してしまい (L3; 21.5)、L4 で慌てて [ah! I meant to write my handle name!（あっ！ハンドルネームが書きたかったんです！）] と釈明する。ここで、対話者の"nix"は"lily"が挨拶のメッセージを入力している間に"lily"に [lily are you on?（lily、入室してるの？）] と呼びかけており (5.0)、"lily"がこの発言を読んでさえいれば、誤った挨拶のメッセージを投稿する前に自分の名前が「Gally」ではなく「lily」であることに気づけたはずである。しかし、先に述べたように

会話例7

時間	ユーザ("lily")の行為		画面上の動き
	操作以外の身体的動作	コンピュータの操作	
	視線はキーボード		testing	
4.0		打鍵開始"h"	testingh	
5.0	視線を画面に	"ello"	testinghello|
			"nix": lily are you on?
5.5	視線をキーボードに		
6.0		"."	testinghello.	
6.6		打鍵開始"m"	testinghello.m	
6.9		"y n"	testinghello.my n|
7.1〜11.9	実験者の教示を受けている。視線は実験者に		
11.9	視線をキーボードに		
12.1	視線を画面に		
12.7	視線をキーボードに		
13.0		打鍵開始"a"	testinghello.my na	
14.8		"me is Gally"	testinghello.my name is Gally	
16.5	視線をキーボードに	"!"	testinghello.my name is Gally!	
19.5		マウスの操作	マウスの軌跡
21.0		送信ボタン	カーソルに砂時計マーク
21.5			"lily": testinghello.my name is Gally!

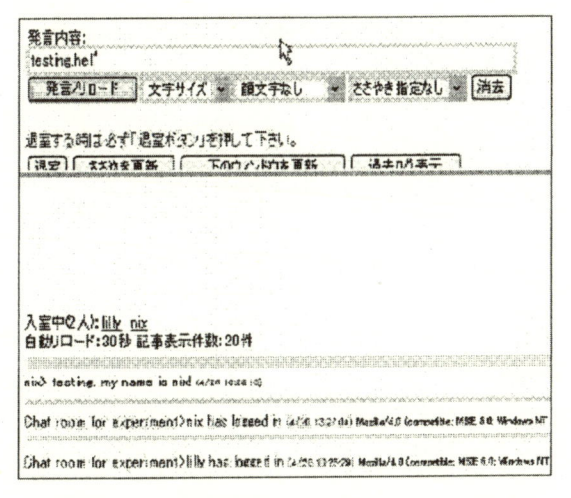

図4 "lily"の収録に用いられたチャットシステム

電子メディアを通じてことばはいかにして話されるのか

"lily"はタイピングが苦手で、チャットの経験もない。基本的に彼女は、キーボードを見ながらタイピングする。キーボードを見ずにタイピングできる場合と異なり、この場合彼女に与えられた"nix"の発言を読む機会は限られている。さらに、この収録で用いられたチャットのシステムは、図4のようにメッセージ入力欄とログの部分とが画面の上下に分かれたものであり、両者の間にはかなり間隔が空いている。

　"lily"は5.0秒と12.1秒で視線を画面に向けるが、どちらも向けた先は自らのタイピングの結果を確かめるためのメッセージ入力欄であり、ログの部分は読まれない。つまり"lily"は、L3のことばを話す時に対話者の"nix"とログを共有してはいない。このときログは、少なくとも"lily"と"nix"の相互行為の記録としては機能していない。

　続けて、もう1つ事例を見てみよう。

会話例8

L1　コアラ：いいなぁ！！去年スノボー行ったけど、難しすぎて全然滑れなかった、、、15:07
L2　サル：私も今年は挑戦してみたいなぁ、スノボー。15:08
L3　いぬ：確かに白馬は難しいコースが多いですよね。でも雪が降らなかったら、何もすることないでしょうね～・・・15:08
L4　コアラ：めっちゃむずいですよ！！スキーは結構すべれるのに、なんか全然別物！！＞サルさん　15:09

　ここで被験者"コアラ"は、自らの［いいなぁ！！去年スノボー行ったけど、難しすぎて全然滑れなかった、、、］(L1)という発言の後に続けて［すべれますか？スノボー＞みなさま］と、フロアに向けてスノーボードを滑れるかどうかを尋ねようとしている。しかし、この質問メッセージを書いている途中に投稿された"サル"の発言(L2; 0.0)は"サル"がスノーボ

会話例 9

時間	ユーザ("コアラ")の行為		画面上の動き
	操作以外の身体的動作	コンピュータの操作	
	視線は画面		
0.0		変換キー	すべれますか?スノボー>みなさまホシ
			いなぁ、スノボー。(発言の投稿があるが、変換候補のプルダウンメニューに隠れて発言者と"いなぁ"の前の文が読めない状態)
0.3		変換キー	すべれますか?スノボー>みなさま干し
1.0		変換キー×2	すべれますか?スノボー>みなさま探し
1.4		変換キー×3	すべれますか?スノボー>みなさま☆
1.8		変換キー	すべれますか?スノボー>みなさま★
2.5		確定キー	すべれますか?スノボー>みなさま★|
			私も今年は挑戦してみたいなぁ、スノボー。("サル"の発言の全文が見えるようになる)
4.5		削除キー長押し開始	すべれますか?スノボー>みなさま|
5.4		全文削除	

ドを滑れるか否かを明らかにするものであり([私も今年は挑戦してみたいなぁ、スノボー。]: 2.5)、この発言の存在は"コアラ"が質問を[みなさま]に向けて発することの適切さを失わせる。つまり、この"サル"の発言は"コアラ"の入力中のメッセージに大きな影響を及ぼすものである。だが、"コアラ"は最初、画面を見ていたにもかかわらず"サル"の発言を読むことができない。図5にあるように、"コアラ"が[ほし]を変換するときに出てきたプルダウンメニューが"サル"の発言の大半を隠し、誰がどのようなことを話したのかが見えなくなっている。

"コアラ"が変換を確定してプルダウンメニューを閉じることによってはじめて、"サル"の発言の全文が読めるようになり(2.5)、自らのメッセージの不適切性に気づいた"コアラ"は最終的に作りかけのメッセージを全文削除する(4.5-5.4)。

ここでも、ログは共有されていない。"コアラ"がログの発言を読むことができるのは、あくまで画面上にそう表示された場合においてである。あ

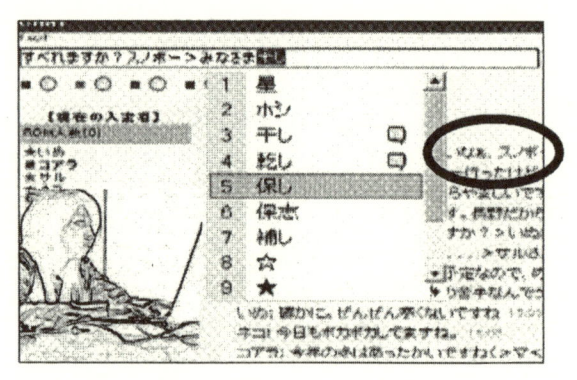

図5　プルダウンメニューに隠された発言

る意味でこれはパソコンのさじ加減一つともいえる。画面のデザイン次第で、ログは読みづらかったり読むことのできないものになったりしうる。

　この2つの事例に示されているように、人びとは画面上に表示されるものを読んだり読まなかったり（読めなかったり）するだけである。ログは、けっしてそこに記される会話の状況をそのままのかたちで参与者が経験したことを保証していない。極端な例として、参与者のうち1人だけが携帯電話でチャットに参加していたとしたらどうだろうか？携帯電話の小さな画面に表示される文字列は、明らかにパソコンに向かう他のユーザが見ているものと異なるだろう。また近年は、自分の打ち込んだメッセージを自動的に相手の国の言語に翻訳して投稿してくれるチャットシステムが出てきている。当然ながらこのとき、日本のユーザが読むログとアメリカのユーザが読むログは全く別物である。

　A君のパソコンの向こうにある「社会」は、あくまでA君が行為するその瞬間瞬間で体験するものである。しかし、2つの事例の分析結果が示しているように、ログはその瞬間瞬間に参与者が共有した会話の記録であるとは限らない。そうであるならば、電子メディアを通じたことばの使用という行為においていったいログとは何か。われわれの多くが慣れ親しんだ

文字列は、果たしてどんな役割を担うものなのだろうか。ログは、ユーザがパソコンを操作する過程に出現しないわけではない。むしろ、ここまでの事例をみる限りは、その過程で非常に重要な役割を果たしているように思える。電子メディアを通じてことばを話すときには、想像以上に「パソコンをカチャカチャ」する過程で複雑なことが起きているようである。

4. 人とパソコンの「間」の「社会」

じつは、A君のパソコンは「k, o, n, n, n, i, t, i, h, a と打って Enter キーを押す」のではなく、「c, o, n, n, i, c, h, i, w, a と打って変換キーを1回押してから Enter キーを押す」のでも、同じように［こんにちは］と出力する。実際には違う行為に従事しているにもかかわらず、画面の向こう側にいるB君にとっては、どちらも同じ「［こんにちは］ということばを発する」という行為である。このことは、電子メディアがただチャットのことばを機械的に媒介するだけではなく、ことばを発する過程になんらかの社会的（あるいは人為的）な干渉を行うものであることを意味している。A君の使う日本語入力ソフトにとっては、「k, o, n, n, n, i, t, i, h, a と打って Enter キーを押す」という行為も「c, o, n, n, i, c, h, i, w, a と打って変換キーを1回押してから Enter キーを押す」行為も同じように［こんにちは］と、つまり日中の挨拶として出力されるべきものである。日本語入力ソフトは「c, o, n, n, i, c, h, i, w, a と打って変換キーを1回押してから Enter キーを押す」行為を［こんばんは］と出力することも原理的には可能だが、実際にはそうはしない。これは、この日本語入力ソフトを設計・実装した側が、「「k, o, n, n, n, i, t, i, h, a」や「c, o, n, n, i, c, h, i, w, a」と打った者は［こんにちは］と言いたいのだろう」と推測したうえで設計と実装を行ったことを意味する。つまり、日本語入力ソフトには、ソフトを設計した側の人間の自然言語使用に関する「プラン (plans：計画)[4]」(Suchman 1987=1999) が埋め込

まれている。そして、明らかにA君の行為にはこの「プラン」が影響を与える。例えば、もしこの日本語入力ソフトが「c, o, n, n, i, c, h, i, w, a と打って変換キーを1回押してからEnterキーを押す」行為を［こんばんは］と出力するものであったとしたらどうなるだろうか。

したがってその意味で、パソコンの「向こう」にだけではなく、A君とパソコンの「間」にもなんらかの「社会」が存在する。ユーザと機械との間に存在する「社会」をユーザと機械との「会話」と捉え、会話分析の枠組みでこの「会話」を分析しようとした研究者として、ルーシー・サッチマンがいる。サッチマンは、ユーザと機械（サッチマンの例ではコピー機）の「会話」を分析するために図10のようなトランスクリプトを用いた[5]（Suchman 1987=1999）。

会話例 10

ユーザ		コピー機	
機械に利用不可能な行為	機械に利用可能な行為	ユーザに利用可能な効果	デザイン上の根拠
		画面1(*)	手続きを選択する
B: すぐに"スタート"って出るはずなんだけど。			
A: そうなの？			
B: そうだったよ:、前にはね。(ポーズ) 小さなスタート:っていう四角が:			
		画面4(*)	印刷準備完了
B: ほら出た。			
A: "スタートボタンを押してください"			
	スタートを選択した		
よし。		印刷を開始した	

この表が、これまで用いてきたトランスクリプトと似ているのに気づいただろうか。これまで用いてきたチャットのトランスクリプトは、サッチマンのそれを電子メディアを介したことばの使用に応用したものである。

サッチマンの捉え方では、ユーザが機械を操作するときに、行為しているのはユーザだけではない。機械も、画面に何らかの指示を表示するなどしてユーザに対してはたらきかける行為を行っている。つまり機械の操作は、人と機械との行為の交換である。しかし、人の行為には、機械にとって相互行為の資源(resource)(別の言葉でいえば手がかり)として利用可能なものとそうでないものとがある。利用可能な行為(ここまで「コンピュータの操作」と表記してきたもの)は、ボタンを押したりレバーを引いたりするような、機械の内部状態を変化させるものである。一方で利用不可能な行為(ここまで「操作以外の身体的動作」と表記してきたもの)とは、ユーザ同士の会話などの機械にとって感知できないものを指す。逆に、機械の行為のなかでユーザに利用可能なものは、主に画面上の表示である。

　人と機械は、相手側の行為を自らの次の行為の資源として利用しながら、相互行為を行う。そのように考えると、機械の設計に埋め込まれた(その使用に関する)「プラン」は、けっしてユーザの行為を「決める」ものではない。そうではなく、「プラン」はユーザの実際の使用状況において行為の資源として「利用」されるものである。「プラン」を設計し、実装した側はユーザがその「プラン」の通りに行為すると想定している。しかし、例えば画面上に表示された「レバーを左に回してください」という指示は、あくまでその瞬間瞬間でユーザが利用する資源でしかない。もしそのときユーザがコピー機に正面から向き合わずに真横から覗き込んでいたとしたら、ユーザは自分から見て左にレバーを回そうとするかもしれない。

　サッチマンに従って、チャットのトランスクリプトは例11のように書き換えることができる。

会話例 11

時間	ユーザ ("コアラ") 利用不可能な行為	ユーザ ("コアラ") 利用可能な行為	コンピュータ 利用可能な効果
		視線は画面	
0.0		"さつ"	うちも。。。寒がりなんで、、>さつ|
0.3		"つ"を削除	うちも。。。寒がりなんで、、>さ|
0.6		打鍵開始"r"	うちも。。。寒がりなんで、、>さr|
1.5		"るさん"	うちも。。。寒がりなんで、、>さるさん|
1.8		変換キー	うちも。。。寒がりなんで、、>猿さん
2.5		変換キー	うちも。。。寒がりなんで、、>さるさん
2.8		変換キー	うちも。。。寒がりなんで、、>サルサン
3.2		確定キー	
3.5			うちも。。。寒がりなんで、、>サルサン|
3.7		"サ""ン"を削除	うちも。。。寒がりなんで、、>サル|
4.0		打鍵開始"s"	うちも。。。寒がりなんで、、>サルs|
4.3		"さん"s	うちも。。。寒がりなんで、、>サルさん|
		確定キー×2	
4.9			送信ボタンが反転
5.3			カーソルに砂時計マーク
5.6			砂時計マークが消える
			"いぬ":私は年末にスキーに行く予定なんで、めっちゃ心配です

　コンピュータは、ユーザが行った自らにとって利用可能な行為に反応して表示の変更という行為を返す。ユーザはその表示を見て、さらに次の行為を行う。例えば、0.0秒ではユーザ"コアラ"が［さつ］とタイピングし、それに対してコンピュータは［さつ］をメッセージ入力欄に表示する。0.3秒で"コアラ"はその表示を見てタイプミスに気づき、［つ］を削除する。

　以上を踏まえたうえで、もう一度ログに戻って考えてみよう。ログは、どのようなかたちであるにせよA君がことばを話すときにコンピュータのユーザに「利用可能な効果」として表示される。つまりログは、ユーザとパソコンが相互行為を行ううえでの資源であるといえる。前掲例7では"lily"は相互行為の資源としてのログを利用できず、前掲例9では今度はパソコン側が資源としてのログを"コアラ"に提供しない。電子メディ

アを通じてことばを話すうえで、ログは会話の記録ではない。むしろログの役割とは、A君とパソコンとが社会的な相互行為を行ううえで利用される資源である。

5. 人とパソコンの「間の社会」と
パソコンの「向こうの社会」との関係

さて、それではA君とパソコンの「間」に存在する「社会」は、A君のパソコンの「向こう」の「社会」とはどういう関係にあるのだろうか。次の2つの事例(例12と13)を見て欲しい。

会話例12

| 時間 | ユーザ("コアラ")の行為 | | コンピュータ |
	利用不可能な行為	利用可能な行為	利用可能な効果
0.0	視線はキーボード		
0.4		打鍵開始"s"	ちゃむずいですよ！！スキーは結構すべれるのに、なんか全然別物！！>s
0.6		さる	やむずいですよ！！スキーは結構すべれるのに、なんか全然別物！！>さる
0.7	視線を画面に		
1.0		変換キー	ちゃむずいですよ！！スキーは結構すべれるのに、なんか全然別物！！>猿
1.6		変換キー	ちゃむずいですよ！！スキーは結構すべれるのに、なんか全然別物！！>さる ("ち"と"る"は半分隠れている)
2.5		矢印キー"↑"	ちゃむずいですよ！！スキーは結構すべれるのに、なんか全然別物！！>サル ("ち"と"ル"は半分隠れている)
2.9		確定キー	やむずいですよ！！スキーは結構すべれるのに、なんか全然別物！！>サル
3.2		打鍵開始"s"	やむずいですよ！！スキーは結構すべれるのに、なんか全然別物！！>サルs
3.4		さん	ずいですよ！！スキーは結構すべれるのに、なんか全然別物！！>サルさん
3.9		確定キー	ずいですよ！！スキーは結構すべれるのに、なんか全然別物！！>サルさん

電子メディアを通じてことばはいかにして話されるのか | 193

会話例 13

時間	ユーザ("コアラ")の行為 利用不可能な行為	利用可能な行為	コンピュータ 利用可能な効果
	視線はキーボード		
0.1		確定キー	手からついたら、手が体を支えきれずに骨折ったりするらしいですよ
0.2	視線を画面に		
0.3		">"	手からついたら、手が体を支えきれずに骨折ったりするらしいですよ>|
1.5		確定キー	手からついたら、手が体を支えきれずに骨折ったりするらしいですよ>|
2.2		打鍵開始"s"	手からついたら、手が体を支えきれずに骨折ったりするらしいですよ>s
2.9		"さるゆ"	手からついたら、手が体を支えきれずに骨折ったりするらしいですよ>さるゆ
3.1		"ゆ"を削除	手からついたら、手が体を支えきれずに骨折ったりするらしいですよ>サル
3.5		変換キー	手からついたら、手が体を支えきれずに骨折ったりするらしいですよ>サル│s
		"s"	手からついたら、手が体を支えきれずに骨折ったりするらしいですよ>サルs
3.8		"さん"	手からついたら、手が体を支えきれずに骨折ったりするらしいですよ>サルさん|
4.2		確定キー	手からついたら、手が体を支えきれずに骨折ったりするらしいですよ>サルさん|
4.4		送信ボタン	

　この2つの事例は、前掲例11のそれぞれ約5分後、約12分後の"コアラ"の行為のデータである。この3つではいずれも、"コアラ"が［>サルさん］と呼びかけている。しかし、全く同じ［>サルさん］でも、"コアラ"がこのことばを発するために行った行為は、3つのケースの間で微妙に異なっている。最初の例11で、"コアラ"は一気に［さるさん］と打ってからそれを変換しようとする(1.5)。しかし、変換候補に「サルさん」はない(1.8–2.8)。仕方なく"コアラ"は［サルサン］で暫定的に確定し(3.2)、［サン］の分を削除してから(3.7)［さん］を平仮名で付け加えて［サルさん］を完成させる(4.3)。次に、2つめの例12では、"コアラ"は一気に［さるさん］を打つのをやめ、まず［さる］と打って(0.6)変換を試みる。ここでは［さる］は最初［猿］に変換され(1.0)、次に［さる］(1.6)から［サル］(2.5)になる。この［サル］を確定した(2.9)後、"コアラ"は［さん］を付け加えて［サルさん］を完成させる(3.4)。最後に、例13で"コアラ"は例12と同様にまず［さる］を打ってから(3.1)変換を試みるが、例12では［さる］→［猿］→［さる］→［サル］だった変換候補の順番が、例13では［さる］→［サル］に一発で変換できるようになってい

る。

　例11→例12の間では、ユーザ"コアラ"による学習が行われている。［さるさん］が［サルサン］に変換できないのは、日本語入力ソフトに埋め込まれている設計者の「プラン」である。"コアラ"はその「プラン」を学習し、［さるさん］を一気に打つのではなく［さる］と［さん］とに分けることで対処しようとする。一方で例12→例13の間では、今度はユーザではなく日本語入力ソフトによる学習が行われている。このとき日本語入力ソフトが利用しているのは、「［サルさん］と打ちたい」というユーザ側の「プラン」である。日本語入力ソフトはユーザの「プラン」を学習し、［さる］の変換候補を［さる］→［猿］→［さる］→［サル］から［さる］→［サル］に変えることによって［サルさん］を打ちやすくしている。

　例11→12→13の流れの中ではユーザとパソコンが社会的な相互行為を行い、協力してメッセージの入力をスムーズなものにしていっている。つまり、この例ではユーザとパソコンとの間の「社会」が、ユーザと他のユーザの間の「社会」を支えている。

　もちろん、こういったわかりやすいかたちでユーザとパソコンの間の「社会」が観察可能になるケースは、実際には稀である。しかし、ユーザとパソコンの間の「社会」は、常に微視的に存在する。

会話例14

時間	ユーザ（"lily"）の行為		コンピュータ
	利用不可能な行為	利用可能な行為	利用可能な効果
0.0	視線はキーボード	打鍵開始"h"	ah! I meant to write my h |
0.5		"andlw"	ah! I meant to write my handlw |
0.9	視線を画面に		
1.3		"w"を削除	ah! I meant to write my handl |
1.4		"e"	ah! I meant to write my handle |

電子メディアを通じてことばはいかにして話されるのか

例14でユーザ"lily"は、[handle]と打とうとして最初[handlw]とタイプミスをする。キーボード上で「w」は「e」の隣である。つまりここでは、キーボードの配列が電子メディアを通じたユーザのことばの使用に影響を与えている。

ここで、日本語入力ソフトの変換候補とキーボードの配列には、それぞれ別種の「プラン」が埋め込まれている。この2つだけではなく、A君のパソコンは様々なハードウェアやソフトウェアによって複合的に構成されており、そのそれぞれに設計した側の「プラン」が埋め込まれている。むろん、これらの「プラン」が全て電子メディアを通じてことばを話すための「プラン」であるとは限らない。チャット会話を遂行するうえで用いられるキーボードの配列やブラウザも、べつにチャット会話に最適化されて設計されているわけではない。ユーザとパソコンとの間の「社会」は、時にユーザと他のユーザの間の「社会」を支えない。だが、A君がB君とことばを交わすためには、それらとの相互行為は避けられない。例えばA君は、チャットを始める前にまずマウスやキーボードの配列との対話に慣れる必要があった。

6. おわりに

帰宅したA君がパソコンの前に座り、電源を入れる。A君とそのパソコンの向こうのさらに向こうのB君がそれぞれ「B君に[こんにちは]と言った」、「A君のことばを[こんにちは]と聞き、それに対して[こんにちは。今日はサッカーの話をしよう！]と返した」と認知することによって、「社会」は成立するはずである。しかし、会話分析が明らかにしてきたように、会話はそう簡単には成立しない。われわれが慣れ親しんだ対面会話はじつはその瞬間瞬間の参与者相互の複雑かつ技巧的なやりとりによって成立している。話し手と聞き手は、様々な言語的・パラ言語的・非言語

的手かがりを活用して互いの次の行為を予期し合いながらことばを聞き、話す。それらの手がかりのほとんどが使えない電子メディアにおいて、人はどうやって会話を成立させうるのだろうか。A君が［こんにちは］と言い、それをB君が［こんにちは］と聞くためには、じつに複雑かつ高度な相互行為が組織化されなければならないはずである。

　ブラウザが開く。A君の直接的な対話の相手は、B君ではなくパソコンである。ここで、A君が念じれば［こんにちは］ということばをそのままパソコンがB君に伝えてくれるわけではない。A君は、パソコンとの対話において［こんにちは］をB君に理解できるように作成しなければならない。そして、その過程はたんにパソコンの操作という言葉で済ませられるものではなく、A君とパソコンとの「社会的」な対話である。パソコンを構成する日本語入力ソフトやキーボード配列などのソフトウェアやハードウェアには、設計や実装を行った者たちによって、ユーザのそれらの使用に関する「プラン」が埋め込まれている。A君はそれらの「プラン」を資源として利用し、パソコンと社会的な相互行為を行わなければならない。

　その意味で、電子メディアを通じてことばを話すとき、A君は対面会話における手がかりの代わりにパソコンに埋め込まれた様々な「プラン」を資源として利用し、パソコンの次の行為を予期していると考えられる。例えば、カーソルに現れる砂時計マークには、設計・実装を行う者の「砂時計のイメージによって次に何らかの表示が現れることをユーザが推測するだろう」という「プラン」が埋め込まれており、ユーザはこの「プラン」を手がかりとして利用することによって、パソコンの次の行為を予期する。このときユーザは表示を待ち、画面から目を離さずに"コアラ"によって投稿される発言を読むだろう。対面会話でいうならばこの例は、椅子から身を乗り出すという対話者の行為（手がかり）を見た者が、次に何らかの発話が来るだろうと予期して待つのと似ている。

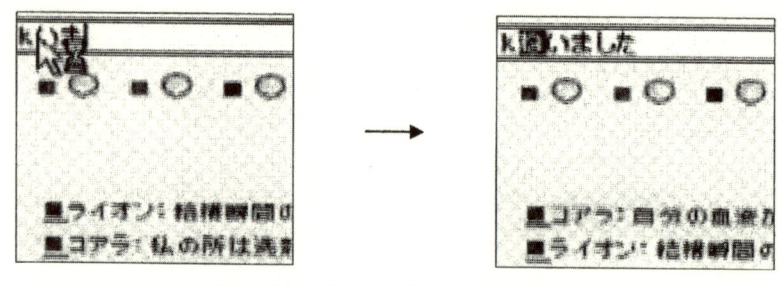

図6　発言の投稿を予告する砂時計マーク

「プラン」には、電子メディアを通じたことばの使用を支えるものもあれば、支えないものもある。またそれらの「プラン」はそれぞれ独立して存在するわけではなく、複合的に機能する場合が多い。例えば、チャットシステムのメッセージ入力欄のデザインという「プラン」は、それをユーザが利用する際にはキーボードの配列という「プラン」と同時にはたらくだろう。パソコンを使い始めたときA君は、最初にマウスの動きやキーボードの配列という「プラン」を利用して、パソコンの次の行為を予期することができるようにならなければならなかった。半年後の今、A君はそれらの電子メディアを通じたことばの使用を支えない「プラン」とチャットシステムのデザインということばの使用を支える「プラン」の複合を資源として利用しながら、パソコンと社会的な対話を行い、［こんにちは］と打つことでパソコンの向こうのさらに向こうのB君に理解可能になるようにことばを話す。

そして、今A君が送信ボタンを押して投稿した［こんにちは］がB君に［こんにちは］と聞こえるためには、今度はB君とパソコンとの社会的な対話において、パソコンがA君のメッセージを［こんにちは］と表示し、B君がそれを読まなければならない。［こんにちは］と表示されたメッセージ、つまりログはそれゆえ、B君がパソコンとの社会的な対話において利用する資源である。B君と直接対話しているのがパソコンである以

上、ログはパソコンが用意する相互行為上の資源のうちの1つにしかすぎず、その資源をどう表示するかもパソコンのさじ加減一つである。例えばパソコンは、アンチウイルスソフトのウイルス定義の更新の方が重要だと考えれば、いつでも容赦なく前面に更新ウィザードを表示してログを隠すだろう。しかしそれでも、B君にとってログは現在従事している行為(＝A君との会話)にあって、A君について得られるほとんど唯一の手がかりであり、ログを最大限に活用しなければ会話は成立しない。

　以上のように、A君がパソコンを操作する過程ではじつに複雑な行為が行われている。その過程は「ただパソコンをカチャカチャしてるだけじゃない」だけでは片付けられないし、「B君とお話してるんだよ！」とも単純には言えない。確かにA君は、パソコンをカチャカチャすることで電子メディアを通じてことばを話している。この知見は、複雑かつ高度な社会的相互行為としての「パソコンをカチャカチャ」する過程の観察を通じて「電子メディアを通じてことばを話す」という行為が成立するために用いられる手法を分析する、という新たな方向性を拓くものになるだろう。

注

(1) 本論でいう電子メディアとは、インターネットやイントラネットに代表される情報通信ネットワークのことである。
(2) このトランスクリプトに用いられる諸記号は、以下の行為や事象を表す。
　　　[　　　オーヴァーラップの開始位置
　　　：　　　音節の延長
　　　＝　　　間隙のない発話の繋がり
　　　(数字)　沈黙の秒数
　　　(.)　　　きわめて小さな間隙
　　　＞文字＜　その前後より速く発せられた言葉
　　　°文字°　その前後より弱く発せられた言葉
　　　(↑)　　抑揚の上昇
　　　(↓)　　抑揚の下降

(3) なお、この事例では使われていないが、灰色のセル内の下線が引かれた文字列は変換候補の文字列を、イタリック体の文字列は変換中の文字列を示す。
(4) 局所的なものであるにせよ大局的なものであるにせよ、人が予め何らかの目標を立て、その達成に向けて行為を組み立てると考える立場を「プラン・モデル」という。設計者・実装者はユーザが「プラン」を立ててパソコンを操作すると考え、その中身を推定したうえで、その「プラン」に見合った操作性を設計・実装する。これはユーザの「プラン」にかんする設計者・実装者の「プラン」であるという二重性をもっている。
(5) このトランスクリプトの見方は基本的にこれまで用いられてきたものと同じだが、いくつかの相違点もある。まず、「機械に利用不可能な行為」列のAとBに続く文字列は、2人のユーザAとBが交わした会話を意味する。そのうちで" "に囲まれた文字列は、画面上に現れた教示をユーザが読み上げたことを表す。次に、「ユーザに利用可能な効果」列の「画面」1と4は、コピー機の画面の表示を示す。ただし、ここでは論旨から外れるため、画面1と4の詳細は省略する。また、コロンは音節を延ばす発話を示す。「デザイン上の根拠」列はインターフェイス・デザインに関することであり本論の論旨と関係ないため、説明を省く。

参考文献

Garcia, A. & Jacobs, J. 1999 The Eyes of the Beholder: Understanding the Turn-taking System in Quasi-synchronous CMC. *Research on Language and Social Interaction*, 32(4): 337–367.

Goodwin, C. 1981 *Conversational Organization: Interaction between Speakers and Hearers*. New York: Academic Press.

原田悦子 1993「パソコン通信の心理学―認知的人工物としてのネットワーク」『日本語学』12(13): 75–83.

平本毅 2005「会話分析を応用したCMC研究」『現代社会理論研究』15: 244–256.

細馬宏通 2000「チャットは何を前提としているか―チャットの時間構造と音声会話の時間構造」岡田美智男・三嶋博之・佐々木正人編『bit別冊「身体とコンピューター」』pp.338–349.

Suchman, L. 1987 *Plans and Situated Actions: The Problem of Human-Machine Communication*. Cambridge: Cambridge University Press.(＝佐伯胖監訳、上野直樹・水川喜文・鈴木栄幸訳 1999『プランと状況的行為―人間–機械コミュニケーションの可能性』産業図書)

COLUMN
人と機械のインタラクション研究

　ふつうわれわれは、行為の「主体」は人であり、機械は行為の「客体」であると考える。しかし、身の回りに情報機器が溢れる生活を送っていると、まるで機械に「主体」性が宿ったかのように感じる瞬間がある。カーナビゲーションなどはその典型例である。人間はただ最初に目的地をセットしてやるだけで、後はナビゲーターが何百メートル先を右折しろ、左折しろと指示してくれるのに従えばよい。

　鈴木・植田(2003)は、多機能かつユーザが情報の編集にかかわるような情報機器の場合、作業の際にユーザと機械とが「対話」できるようにデザインされなければならないと指摘している(「コミュニケーション的インタフェース論」原田悦子編『使いやすさの認知科学：人とモノとの相互作用を考える』pp2-28.、共立出版)。つまり、作業はユーザが機械に問いかけ、機械は応答し、また機械の側からもユーザにはたらきかけるような一連のインタラクションの流れによって成り立っている必要がある。この場合、必ずしも「対話」は人間の言葉(自然言語)で行われる必要はないが、より複雑な作業をスムーズにこなすためには、そうなればなお望ましい。

　自然言語を話す機械の研究は、人工知能(Artificial Intelligence)の分野で行われてきた。彼らは、人間と見分けがつかないくらい自由に自然言語を操る機械を作ることが機械に知性を宿すことであると考えた。今も、応募してきたプログラム(これらの中にはダミーとして本物の人間が混じっている)とのチャットを通じて審査員が人間らしさを判定する、ローブナー賞コンテストという大会が毎年催されている。しかし、言語を学ぶ者なら誰もが理解しているように、人が実際の社会的場面において行っている会話は、高度で複雑極まりないものである。現在のところ、まだまだ機械は人と会話できるレベルには達していない。

　ただ、機械に人と会話する能力がないことと、人が機械とどう付き合

COLUMN

うかは別である。人はしばしば、無意識のうちに機械との「対話」に人同士のインタラクションの流儀を持ち込む。その理由の1つに、人が機械の行動原理を把握できないことが挙げられる。他人の頭の中を覗くことができないのと同じように、人は「対話」している機械の内部構造を覗くことができない。そのため、人は機械が何らかの一貫した行動原理に基づいてはたらきかけてくるのだろう、と機械のひとつひとつの動作を「解釈」するしかない。そして、機械には人の使い方を想定した「対話」性が実装されているとユーザが推測するために、ユーザは機械とのインタラクションや会話に社会性を求める。この「解釈」から生まれる期待が裏切られたとき、ついつい本気で機械相手に文句を言ってしまった経験はないだろうか。人同士の会話と違って、文句を言ったからといって機械が動作を修正したり、謝ったりすることはないにもかかわらずである。

　こう考えると、自然言語を話す機械を作るという将来的な目標のためだけではなく、すでに行われている人と機械の「対話」を円滑にするうえでも、人同士が行うインタラクションや会話の理解が必要になることがわかる。この考え方に基づいた研究の基本文献としては**ルーシー・サッチマン著『プランと状況的行為―人–機械コミュニケーションの可能性』**(佐伯胖監訳、水川喜文・上野直樹・鈴木栄幸訳、産業図書、1999年)が挙げられよう。なお、2007年1月にはこの本の改訂版 *Human-machine reconfigurations: plans and situated actions 2nd edition*(Cambridge University Press)が出版されている。文章は平易なものではないが、この改訂版では人と機械のインタラクションにおいて「主体」性がどこに存在するかという問題がより突き詰められて論じられているので、興味のある読者はぜひ挑戦してみて欲しい。

(平本毅)

ファンサイトにおける
ナラティブと引用

オンライン・コミュニティー構築の視点から

佐藤 彰

1. 序論

　インターネット上には趣味・嗜好に関する無数のウェブサイトが存在する。共通の興味・関心が人々を呼び寄せ、特にサイト内に掲示板やチャットルームが設けられている場合、そこで頻繁にやりとりが行われることもある。特定の人物や事物に興味を抱く人々が訪れるファンサイトもその1つである。そこに集う人々の間ではオンラインのやりとりはもちろん、イベントなどの際にオフ会(オフライン、つまり対面での会合)が開かれ、そこでファン同士の交流が行われることもある。

　本研究ではそのようなファンサイトにおける言語使用、具体的にはサイトに寄せられた、特定のミュージシャンのファンによるライブコンサート(以下ライブ)に関するナラティブ、そしてそこでの引用に焦点を当てる。ミュージシャンのライブに関する投稿においては、曲や演奏についての感想はもちろん、多くの場合ステージ上で起きた出来事、さらにはオーディエンスの反応やライブ前後の会場の様子まで語られることもある。また、ミュージシャンのかけ声や2時間ほどのライブにおいて合計数分程度でしかないMC(演奏の合間における演奏者のおしゃべり)への言及が比較的多い。このミュージシャンはテレビへの出演こそ少ないものの、新曲の

発表やライブの時期、ラジオや雑誌のインタビューなどに頻繁に登場するため、彼らの発するメッセージが稀少であるというわけではない。それでは、ファンサイトへのライブに関する投稿には、なぜナラティブというジャンルが用いられ、また引用が多く使われるのだろうか。

質的な細部にわたる分析により、ファンサイトにおけるナラティブ、またその一要素である引用が、オンライン・コミュニティーの形成とその維持、強化に貢献しているさま、より一般的には、インターネット上の語りが現実の空間を越えて人々を相互につないでいるさまを描き出すのが本研究のねらいである。

2. 先行研究

2.1. ナラティブにおける引用[1]

Labovらによるナラティブの構造分析(Labov & Waletzky 1967, Labov 1972)以降、ナラティブにおける引用(quotation, reported speech, constructed dialogue)は、これまで多くの談話研究者の関心を集めてきた(Polanyi 1979, 1982a; Schiffrin 1981, 1996, 2000, 2002; Chafe 1982, 1994; Bauman 1986; Tannen 1986, 1988, 1989; Macaulay 1987; Mayes 1990; Johnstone 1990; Mathis 1991; Besnier 1993; Hill & Irvine 1993; Hill & Zepeda 1993; Shuman 1993; Mathis & Yule 1994; Hill 1995; Maybin 1996; Hamilton 1998; Linde 1999; Satoh 1999; Vincent & Perrin 1999; Norrick 2000; Keller-Cohen & Gordon 2003; Cheshire & Ziebland 2005; 嶋津 2005; Gunthner 2005; Baynham 2006; Wortham & Gadsden 2006)。それらの多くはナラティブにおける引用の機能に着目している。Macaulay(1987)は、ナラティブにおいて直接引用が果たす複数の機能についてまとめている[2]。彼によれば、第一に、直接引用により、あからさまに表現しては具合の悪い情報をそれとなく伝えることができる(indirection)。自画自賛などがそ

の例である。第二に、それにより話の要点(point)を伝えることができる(embedded evaluation)。これは、物語の世界(story world)の内部で行われる内的評価(internal evaluation)の1つである(Labov 1972)。第三に、直接引用を用い元の話者の真似をすることで、元の話者に対する態度の表明が可能になる(mimicry)。皮肉などがその例である。第四に、それはタブー表現の使用を可能にし(taboo expressions)、また第五に、その発話が真正であることを伝える(authenticity)。第六に、直接引用は、元の発話の形式(つまり元の発話を正確に伝えること)が重要でない場合、現在の話し手のことばに置き換えることにより、聞き手が話の内容に集中できるようにする(translation)。一般に間接引用にみられるこの機能(Li 1986)は、直接引用においてもみられるとMacaulayは指摘している。第七に、それは他者のことばだけでなく、自己(話し手)のことばの引用も可能にする(self-quotation)(cf. Maynard 1996)。このほか、ナラティブにおける直接引用は、指示や助言といった権威のある(authoritative)発話行為を伝えたり(Chafe 1994)、医者のように社会的地位(status)のある者の発話を伝えたり(Hamilton 1998, Cheshire & Ziebland 2005)、証拠(evidence)として機能したり(Mayes 1990)、またナラティブの演技的特徴(performance feature)や(Wolfson 1978, 1982)、ドラマ化し(dramatization)相手を話に巻き込む方略(involvement strategy)とみなされたりする(Chafe 1982, Tannen 1989)。

　これに対し、ナラティブにおける間接引用はしばしば、背景や話の筋を支える情報(backgrounding information)を与えるものと指摘されてきた[3]。Bauman(1986)は、間接引用がトークの始めに使われる傾向があり、それは何かについて語ることから再演することへの中間的段階だからであるとしている。そのほかMayes(1990)は、話し手が命題内容をはっきりと伝えたいときに、間接引用を使って明確にしたり(clarification)、間違いを修正したり(correction)する機能を挙げている。またLinde(1999)は、味方の発言には直接引用、敵の発言には間接引用を用いるなど、引用には登場

人物の役割を定める機能があると指摘している。

2.2. CMCとコミュニティー概念

ギリシャ語におけるEメールでのナラティブを研究したGeorgakopoulou(2004)は、CMC(Computer-Mediated Communication、コンピューターを介したコミュニケーション)研究において英語以外の言語を対象とした、特にミクロレベルの研究はほとんど未開拓の領域であると指摘している。また、CMC研究におけるナラティブへの関心の欠如にも言及している[4]。

CMC研究においてよく議論の的となるのは、オンライン・コミュニケーションに対してコミュニティーの概念を適用できるのかという問題である(Herring 2004)[5]。Preece & Maloney-Krichmar(2005)は、最近の研究でのコミュニティーの定義においてより有用なのは、物理的な近接性よりも個人間の関係の強さとその性質であると述べている。またBlanchard(2004)は、コミュニティーは物理的な場所を共有する人々の集団、または共通の興味や特徴を共有する人々の集団を指すとし、これらの概念の両方に共通する特徴としてメンバーのコミュニティー感覚を挙げている。オンラインの集団においてもメンバーのコミュニティー感覚が存在する場合があることから、そのような集団はコミュニティーとみなすことができるという。両論文はまた、オンライン・コミュニティーのメンバーはコンピューターを介してのみコミュニケーションを行うのではなく、電話や手紙を通じてやりとりしたり、また直接会ったりすることもあると指摘している。Ridings & Gefen(2004)によるオンライン・コミュニティーへの参加動機の調査では、全てのコミュニティーのタイプにおいて情報交換がその第一の動機として挙げられているが、健康や仕事に関する話題のコミュニティーでは社会的支援が第二の動機として挙げられたのに対し、個人的な興味や趣味、ペットやレクリエーションについてのコミュニティーでは

友情(の形成)が第二の動機として挙げられたという。またBaym(2000)は、ソープオペラ(昼のメロドラマ)に関する情報交換が目的のニュースグループにおいて、コミュニティーと呼べる親しい人間関係が生じた事例を報告している。

3. データ

　本研究の対象となるのは、音楽事務所やレコード会社とは無関係の個人がかつて運営管理していた(既に閉鎖されている)ある特定のミュージシャンのファンサイトにおける言語使用である。このようなファンサイトにはさまざまなタイプが存在するが、その中には掲示板やチャットルームといったファン同士の交流の場を提供し、さらに、そのミュージシャンが出演したイベントに関するファンの投稿を掲載するための専用掲示板を設けているものもある。本研究ではライブについて複数のファンが寄せたライブレポ(ライブレポートの略)という名の投稿[6]、およびライブツアーやライブレポに関するチャットルームでのやりとりを分析する。より具体的には、日本人2人からなるデュオが2002年に関西で行った2つの単独ライブに関するファンのライブレポと、同時期に観察されたファン同士のチャットの一部である[7]。この2つのライブに関する投稿数はそれぞれ37と15であるが、1つのライブについて同一人物が複数投稿したものを除くと前者では27人、後者では13人が投稿した。また、両方のライブについて投稿しているのは4人である[8]。また、チャットルームでのやりとりについては、ライブツアーやライブレポに直接言及している書き込みのみを挙げる。

　なお、本研究のデータであるファンサイトのライブレポに類するものは、ナラティブ研究のいい研究対象となる。なぜなら、このような投稿では同一のイベントについて複数の一般の(作家やジャーナリストなど、一

部の特殊な背景を有する人物ではない)人々が語っているからである。また本研究に限らず、ブログに掲載される情報などが日々増殖するインターネットは、このような一般の人々による言語使用のデータの宝庫と言える。CMCはこれからの言語コミュニケーション研究に欠かせないデータとなっていくことが予想される。

4. 分析

4.1. ライブレポとは何か

　上述のようにライブについての投稿はライブレポと呼ばれる。しかしそれらは事実上、単に情報の伝達および特定の期間に何があったかの描写に終始する報告ではなく、語り手の考えや判断が開示されるナラティブである(cf. Wolfson 1982, Polanyi 1982b)[9]。(1)はナラティブの形式的な定義を満たす例である(本書所収のコラム「ナラティブ」を参照のこと)。

(1)　[10]最初の方はちょっと観客のノリがイマイチだったけど、
　　　Bの「踊ろうぜ！」の掛け声とともに、みんな吹っ切れたかのように踊ってましたよね。
　　　やっぱりライブはああでなくっちゃ。
　　　ラストのアンコールで、Bがなんとなく帰るのを惜しんでるように思えたのはワタシだけでしょうか…。　　　(NI, 1-17)

　この例においては、物語の世界の外部で、つまり物語を伝える世界(storytelling world)で行われる外的評価(external evaluation)(Labov(1972))(「やっぱりライブはああでなくっちゃ」)を伴い、ライブ会場の様子が時間順に(「最初の方は」から「ラストのアンコールで」まで)描かれている。
　また、中にはセット・リスト(演奏した曲のリスト)のみを伝える本来の

意味での報告もあるが、そのような例はほとんどなく、圧倒的多数は報告という枠組みにとどまらない。以下はその例である。

(2)　お久しぶりでございます。
　　　（ライブ会場）SET LIST
　　　opening SE（アーティスト不明）
　　　①（筆者注―曲名1、以下同じ）（左サイドから登場　Aサマはマラカスをshake）
　　　②（曲名2）（Aサマもギターを持つ）
　　　③（曲名3）（イントロだけで歓声が起こる）
　　　MC「Welcome to（曲名3）！」
　　　④（曲名4）
　　　⑤（曲名5）Bサマ「一緒に歌って！」と（曲名5）サビはオーディエンスが歌う。
　　　⑥（曲名6）
　　　MC
　　　⑦（曲名7）（アレンジが加わって　よりバンドサウンドに）
　　　⑧（曲名8）（Aサマは袖にさがり　Bサマとパーカッションの方で演奏）
　　　⑨（曲名9）
　　　MC「昨日夢を見たんだ…」
　　　⑩（曲名10）（Bサマ「踊ろうか」）
　　　⑪（曲名11）（（曲名11）のところで一緒に指と腕を下に向かせると一体感がでるかも）
　　　⑫（曲名12）（ここらあたりから跳び系が続くので　着替えは必須）
　　　⑭（曲名13）（同じくサビ終わりあたりで　小さい（曲名13）　最後

に大きな(曲名13))

⑮(曲名14)

　―(曲名15)―(ビールを飲むBサマ一旦客席に預けて　また戻って飲み干す　かっこいい!)

encole

⑯(曲名16)(新しい曲です　とアップテンポのナンバー)

⑰(曲名17)

W encole

⑱(曲名18)(舞台電も落ちた後のアンコールだけに喜びもひとしお)

(曲名11)(曲名12)(曲名13)の順番は確実ではないです。

(曲名19)無しが一番残念でした。

TOURグッズはTシャツ(ジェケットの絵に背中は"(ツアー名)")3000円 S.M.L

タオル　ビニール袋　ストラップ((企業名)DENIMの生地を使ってちゃんと赤のタグ付き)　　　　　　　　(SG, 1-9)

　この例では、どの曲がどの順に演奏されたかという情報に加え、簡潔ではあるがそれぞれの曲の演奏時にステージ上または客席で何があったのかを伝えている。さらに、そのときどう思ったか(「かっこいい!」)や、いつMCがあり、ミュージシャンがどのようなことを言ったのか(「昨日夢を見たんだ…」)までも書き留められている。このことから、これは単に情報を伝達する報告というより、語り手の印象を伝えるナラティブであると言える。

　さらに、定義次第では次の部分だけでもナラティブと言える。

(3)　　私も大阪ライブ行ってきましたあー!(筆者注―略)　　(NK, 1-2)

ファンサイトにおけるナラティブと引用 | 211

ナラティブの定義にあたりその機能に着目する Marra & Holmes(2004) は、文脈さえ整っていればたった1行であっても逸話(anecdote)、つまりナラティブの一形態であると言えるという。彼女らの分析をこの例にあてはめてみると、方向付け(時、場所、登場人物とその行為や状況を設定するもの)は文脈によって与えられており、また評価(話の要点や語り手の感情などを伝えるもの)は、文末における強調のための母音伸ばし「あ」と長音符号「ー」、感嘆符「！」の使用によってなされていることになる[11]。なお、この場合の文脈とは、このファンサイトにおけるライブレポ専用掲示板へ投稿していること自体であり、また先行する投稿が存在することである。

　(3)はまた、既に過去に語られており、かつ伝えられる出来事が投稿者の全てあるいは一部にとって既知の出来事であるという点で、Georgakopoulou(2005)の言うナラティブの一形態である、会話の参加者が共有している話(shared stories)とも言える。このように(3)をナラティブとする解釈は、これまでよく分析の対象とされてきた「インタビューの中で聞き出され、1人が質問に答える形で一方的に喧嘩や死の危機を語るもので、過去の出来事を要約して時間順に配列された節の連続を伴う」という限られた種類のナラティブのみならず、日常生活の中で一時的に話されるささいな話(small stories) (Bamberg 2004a, b)、複数の話者による再度の語り(collaborative retelling) (Norrick 1997, 2000)、将来の予定の話(projections) (Georgakopoulou 2004, 2006a, b)などをもナラティブの研究対象に含めている最新の動向に沿ったものである。

　以上をまとめると、このファンサイトのライブレポ専用掲示板に寄せられた、何らかの評価を伴う投稿は、機能的な定義の基準に従うとそのほとんど全てがナラティブと言うことができる。もちろんその中には、断片的なものも含めて出来事を時間配列というナラティブの形式的な定義の基準を満たすものも多い。

4.2. なぜ語るのか

　それでは、なぜ彼らはファンサイトの掲示板に投稿し、自らの個人的経験を語るのか。その理由として、まず、大好きなミュージシャンのライブという彼らにとって祝祭的なイベントに参加し、そこで自分がどう感じたかをとにかく伝えたい、ということが挙げられる。

(4) 　いやぁ、とてつもなく良かった！！！ショウの全てにしびれました！！！「感激！偉大なるライブ」でした！　　　　　　(KJ, 1-19)
(5) 　会場ののりがむちゃくちゃ良かったのでライブもむちゃくちゃ良かった。(筆者注—略)何はともあれあのハッピーな空間に居られた事、参加できた事がすごく幸せでし。　　　(NY, 1-24)

(4)では「とてつもなく」「全てに」「偉大なる」などの誇張表現や感嘆符が過剰なまでに使われ、また(5)では「むちゃくちゃ」「すごく」などの誇張表現や「何はともあれ」という、既述のことがらにかかわらずこれから述べることがら(ここでは自分がどう感じたか)が重要であることを示す表現が使われている。これらの使用から、語り手自身の感情の高まりとその伝達への意欲が伝わってくる。その実現のために、投稿者はそのような気持ちを抱くに至る過程をナラティブとして記述するのである。

　また、同じ時間と空間を共有した仲間に自分の見方を示し、それに基づいて語り合いたいという理由で経験を語るものがある。

(6) 　一人で参戦した〇〇(筆者注—ユニットの愛称)ライブの興奮を誰かに伝えたくて思わず書き込みしてみました。(筆者注—略)みなさんの印象もぜひ聞かせてください。　　　　　　(PN, 2-5)

(6)の前半では(4)(5)と同様、語り手の感情の高まりとその伝達への意欲

を表しているが、後半では語り手から読み手に行動を起こすよう働きかけている。そのような訴えが可能になるのは、この間にナラティブが挿入され、そこに語り手自身の評価が提示されるからである。

さらに、その時その場所にいることができなかった仲間に、何があったかを知らせるために語る、ということもある。以下の例は、同一ツアーの他会場におけるアンコールが4曲だったのに神戸のライブでは(曲名20)を含め5曲だった理由を同サイトのチャットルームでYKとKTが詮索していることを受けて書かれたものである。これはサイトの仲間が仕掛けたのではとか、無理矢理せがんだのではとかいう憶測への反応である。

(7) 　今回の神戸での(曲名20)について、チャットに、YKちゃんの「△△(筆者注―サイトの愛称)主犯説」や、KT君の「無理矢理説」が出ていますが、実際はどんなだったか、ここでお伝えしておこうと思います。(筆者注―略)　　　　　　　　　(SS, 2-2)

ここで語り手はライブで何があったかを伝えようとしている。ライブ会場での出来事について語るには、ナラティブが最も適しているとの判断があったと思われる。

まとめると、ライブレポにおいて客観的事実のレポートではなく個人的経験のナラティブという形式が用いられたのは、大好きなミュージシャンのライブという祝祭的なイベントに参加した喜びをとにかく表現し伝えたい、同じ時間と空間を共有した仲間に自分はどこがどうよかったと思っているかを示し、それを基に語り合いたい、その時その場所にいることができなかった仲間にライブ会場で起こったことを知らせたいといった理由によるものと考えられる。これらの実現を可能にしているのがナラティブというディスコース・ジャンルなのである[12]。ここでナラティブは、ファンが他のファンとのコミュニケーションを行うためのスペースを創り出して

いる。

4.3. どう語るのか―引用の使用

　これらライブレポという名のナラティブは種々の構成要素から成るが、その中で比較的多く見られるのはレベルの異なる2つの種類の引用である。それらは以下の通りである。

I.　ライブにおける(特にミュージシャンの)発話の引用(鉤括弧「」によって表示)
II.　電子メディアの引用機能を用いた引用(＞によって表示)[13]

ここではナラティブにおいて重要な役割を果たすこれらの引用に焦点を当てる。

　ライブにおける(特にミュージシャンの)発話の引用(I)は、さらに2つの種類に分けることができる。まず、ミュージシャンが直接オーディエンスに向けて行った呼びかけの引用(I-A)が挙げられる。

(8)　「また会おう」と何度も言ってましたね。　　　(MT, 1-1)
(9)　Bが「踊ろうか」って言ったとき、　　　(TK, 1-4)
(10)　(筆者注―(2)より抜粋)[14] Bサマ「一緒に歌って！」と(曲名5) (Bサマ「踊ろうか」)　　　(SG, 1-9)
(11)　「歌ってくれるかな、歌ってくれるかな、(曲名5)」すごい嬉しかった☆　　　(SW, 1-12)

上記の例に見られるように、このタイプの引用は概して短く、また引用された元の発話の機能(Searle 1976)としては、オーディエンスに特定の行動を起こすよう指示するもの(directives)である。

次に、オーディエンスの印象に強く残るミュージシャンのことばの引用(I-B)が挙げられる。

(12) そうそう、AがMCで夢の話をしてました。うる覚えなんですが。下記のような感じだったと思います。
「夢を見たんだ。
私と仲間がいてさ、でも、誰も私の事信じてくれないの。
…起きたら、めちゃめちゃ泣き崩れてて、
ふと考えたんだ。
みんなが信じてくれないのじゃなくて、
自分がみんなの事を信じてないんじゃないかなって。」
きっと気付いてた人も多いはず！
この時、Bが後ろで拍手していたのを！！
あー感動的！(涙) (SI, 1-5)

(13) こころに残ったやりとり。
女性客「Aちゃんなんでそんなスタイルええの〜？」
A「……。それには答えられないが！みんなのリクエストに答えて(曲名20)をやります。」[15] (NY, 2-1)

このタイプは比較的長く、また(12)の引用はナラティブで、(13)でのミュージシャンの発話は宣言(declaratives)であり、上記のタイプとは元の発話の機能が異なる。

一方、電子メディアの引用機能を用いた引用としては、先行するテクストのあらゆる部分がその対象となりうるが、実際にはライブにおけるミュージシャンの発話の引用(特に前述のI-B)を含むナラティブの一部が集中的にその対象となっている。以下、左端に＞がついた部分がそうである。

(14) 　＞そうそう、AがMCで夢の話をしてました。うる覚えなんで
　　　＞すが。
　　　＞下記のような感じだったと思います。
　　　＞「夢を見たんだ。
　　　＞私と仲間がいてさ、でも、誰も私の事信じてくれないの。
　　　＞…起きたら、めちゃめちゃ泣き崩れてて、
　　　＞ふと考えたんだ。
　　　＞みんなが信じてくれないのじゃなくて、
　　　＞自分がみんなの事を信じてないんじゃないかなって。」
　　　＞きっと気付いてた人も多いはず！
　　　＞この時、Bが後ろで拍手していたのを！！
　　　＞あー感動的！（涙）

　　　Aちゃんの「信じることの」話、哲学的で感動しています。
　　　人を信じることは自分を信じること。いろいろ考えさせられます。　　　　　　　　　　　　　　　　　　　　　　　　　　　　　　　　（NH, 1-6）

(15) （筆者注―Aの発話の引用（「」）の最後まで、上と同じ引用（＞）の後に）
　　　このMCにはかなりウチも考えさせられました。
　　　でもホンマに、Aちゃんの言う通りなんですよね。　　（KK, 1-11）

(16) 　＞女性客「Aちゃんなんでそんなスタイルええの〜？」
　　　＞A「……。それには答えられないが！みんなのリクエストに答
　　　＞えて（曲名20）をやります。」

　　　ああ、このやりとり笑えた。　　　　　　　　　　　　（NH, 2-6）

(17) （筆者注―上と同じ引用（＞）の後に）
　　　これはウチもめっちゃうけました。

ファンサイトにおけるナラティブと引用　217

そしてしびれました。笑　　　　　　　　　　　　(HT, 2-9)

　このように先行するテクストの一部を引用し、それについてやりとりするのは、操作の容易な引用機能が備わっているCMCだからだと言える。電子メディア以外では、例えば手紙や手書きの掲示板では、作業が面倒なためこのようなことはまずやらない。テクノロジーに支えられているメディアでのコミュニケーションだからこそ、このようなことが行われるのである。

　以上、ファンサイトにおけるナラティブに見られる、レベルの違う2つの種類の引用を示した[16]。1つはライブにおける(特にミュージシャンの)発話の引用(I)であり、もう1つは電子メディアの引用機能を用いた引用(II)である。前者は、さらにオーディエンスへの呼びかけの短い引用(I-A)と、オーディエンスの印象に残る比較的長い発話の引用(I-B)の2つに分けられる。後者は、先行するテクスト、特にI-Bを含む部分の引用である。

4.4. なぜ引用するのか

　それでは、ライブレポという名のナラティブにおいて、なぜ投稿者は引用をたびたび用いるのか。別の言い方をすれば、これらのナラティブにおいて頻出する引用はいったいどのような機能を果たしているのか。まず、この問いに答えるにあたり参考になるのは、同じサイトに備わっているチャットルーム内の過去ログ(発言記録)である。以下は、ISが参加した地方でのライブにおけるMCについてSSが尋ね、その話題にMNとKHが興味を示しているところである。なお、左端の仮名の後の＞はそれ以降の発話が仮名の人物のものであることを示し、発話の後の＞は発話の対象(相手)(例　＞ISさん)を特定し、また発話の後の＜はトピック(例　＜MC)を指す。

(18) 　SS 　＞MC どうだった？＞IS さん
　　　　IS 　＞流暢でした。B さんしゃべらず。＜MC ＞SS 様
　　　　SS 　＞どんな話ししてた？＜MC
　　　　MN＞興味津々＜MC
　　　　IS 　＞中身のある話は特になかったですけど、英語であおりつつ
　　　　　　　「(曲の歌詞の一部)!!」を連呼。←感動でした^^＜MC
　　　　MN＞ほほうぅ…＜MC
　　　　KH ＞中身のある話はなかったんだ。^^;＜MC
　　　　SS 　＞そっか、夢の話はなかったのか。＜MC 　　　　(3-6-1)

　これらのやりとりから、このサイトに集う者たちが、ライブでミュージシャンが発することばに強い関心をもっていることがわかる。このことを踏まえると、ライブにおいてミュージシャンが発したことばの引用(I)は、それがオーディエンスへ呼びかける短い引用(I-A、例(8)〜(11))であれ、オーディエンスの印象に残る比較的長い引用(I-B、例(12)(13))であれ、ファンのナラティブにおける要点の1つであると言える。普段はマスメディアを通してしか接することのできない遠い存在である大好きなミュージシャンが[17]、ファンである自分たちに直接語りかけたということ自体、彼らにとって特筆すべきことであり、その生の声は引用の形でナラティブに含むに値すると判断されたのだろう。
　ナラティブにおけるその他の引用の機能を具体例に則して見てみる。以下の例は(7)による導入後に続くものであり((7)と同じ投稿の一部)、また(13)並びに(16)、(17)で描かれた場面と重なるものである。

(19)　前オフ(筆者注—ライブ前に開かれるオフ会)参加の皆さんに「アンコールで(曲名20)コールをしよう！」と呼び掛けたのは事実です。

アンコールが二曲終わって次の曲に入る準備をしている時、少し間がありました。そこですかさず、「(曲名20)！」のコール。すると会場のあちこちから、「(曲名20)！」のコールが続きました。しかも、そのコールが止みません。顔を見合わせて「どうする？」という表情の二人。ついにBが、笑いながらオーディエンスに「わかった、あとでね」、スタッフに「準備しといて」と言いました。そのあと、歓喜の雄叫びがわき起こったのは言うまでもありません。　　　　　　　　　　　　　　　　　　(SS, 2-2)

　ここで見られる引用は、一義的には出来事(complicating action)の一部、つまり実際に起きたとされる行為連続の要約の一部と言える。それと同時に、語り手およびファンによる発話の引用(「アンコールで(曲名20)コールをしよう！」「(曲名20)！」「(曲名20)！」)は、感嘆符の使用からもわかるように内的評価の役割も果たしている。なお、その次の引用(「どうする？」)は実際の発話に基づいたものではなく、語り手の推測する、具体的発声を伴わない他者の発話(内言語)であり、Tannen(1989)のいう創作された発話(constructed dialogue)の典型例である。さらに、このナラティブ全体を振り返ってみると、引用を多用することが、読み手に自身があたかもその場にいるような感覚(臨場感)を引き起こし、その結果ドラマとなって読み手を話に巻き込む効果を生み出している。このようにナラティブにおける引用は、多くの異なる機能をもち、また1つの引用が同時に複数の機能を果たすこともある非常に便利な修辞装置(rhetorical device)である(cf. Baynham & Slembrouck 1999, 佐藤 2004)。よって投稿者はこれを頻繁に用いるのである。

　他方、電子メディアの引用機能を用いた引用(II)の多くは、先行するナラティブに引用されたミュージシャンのことば(I-B)に強く興味を抱き、それについて自分もコメントしたいと後の投稿者が思ったため使われたも

のである。この場合の引用は、何についてのコメントかを明確にし、また投稿者同士の意見の交換を容易にする。これまで挙げた例では、ミュージシャンの語るナラティブ(12)の意味について仲間と語り合ったり((14)(15))、ライブだからこそ可能なミュージシャンとオーディエンスとのやりとり(13)についての感想を述べ合ったり((16)(17))することを可能にしている。

4.5. ナラティブの効果

　これまでファンサイトにおける言語使用、特にファンによるライブレポがナラティブであること、そしてナラティブというジャンルが選ばれた理由、またナラティブの一部を成す引用、そしてその機能を見てきた。

　では、大好きなミュージシャンのライブというイベントへの参加の経験を共有する者にとって、ファンサイトにライブレポという名のナラティブを投稿したり、お互いのナラティブを読み合ったり、またそれについてコメントし合ったりすることは、いったいどのような効果を及ぼすのだろうか。

　この問いに答えるにあたり、先ほどと同様、同サイトにあるチャットルーム内での過去ログが参考になる。ライブが行われる時期には、チャットにライブレポに関する発言が頻出する。例えば同時期のチャットルームでは以下のようなやりとりが観察された[18]。この例では、TA が最近投稿したライブレポを SS が前もって読んでおり、TA が入室した際、SS は挨拶の代わりに彼女への最初のメッセージとして、そのライブレポに好印象を抱いたことを TA に伝えている。

　(20)　SS ＞TA さん、私 TA さんのライブレポ好きですよ！
　　　　TA ＞SS！お久しぶりです！え？レポってあの変態っぽいのですか？　　　　　　　　　　　　　　　　　　　　　　　(3-6-2)

1行目の文末において、SS は話者交替を促す終助詞「よ」を用い(cf. メイナード 1993)、TA に対し積極的に働きかけている。また、共通経験についての相手の見方や感じ方に対して好感を伝えることは、相手を仲間としてこれから受け入れる準備ができている、または既に受け入れていることを示す。ここから、ファンサイトでのライブレポの共有が、共感関係(rapport)を生み出し、または強化し、お互いの距離を縮めていることがわかる。

次の例は、SS が最近投稿したライブレポを KH が前もって読んでおり、SS の入室にあたって KH がサイトの管理者として礼を述べているところである。

(21) 　KH ＞レポどうもです。
　　　　SS　＞つたないレポですみません。
　　　　KH ＞SS が○○を語る時なぜかちょっと哀愁を感じます。(笑)

(3-27-1)

1行目の「どうもです」という表現レベルの混在、あるいは敬語のずらしは、SS への丁寧さを示すと同時に、サイトの仲間としての親密さを示している(あるいはそのような関係を作り出そうとしている)(cf. 岡本 1998, 三宅 2003)。また3行目では相手のライブレポを読んだ感想が伝えられており、文末に付加される(笑)や(泣)といったカッコ文字は、顔文字や絵文字と同様書きことばでは失われてしまう「どういうつもりで伝えているのか」に関する情報、つまりフレーム(frame)に関する情報を伝達している(cf. Tannen & Wallat 1987)。ここでの KH の「(笑)」の使用は、相手のライブレポにおける記述をからかい半分ながらも受け入れていることを伝えている。

最後の例は、サイト内のライブレポのページを開いたところ彼女も参加

した会場(渋谷)でのライブに関して多くの投稿があったことを MI が知り、入室にあたりそれを最初の話題として取り上げているところである。

(22) 　MI ＞久々に開いたら、渋谷レポたくさんでしたねー
　　　 MI ＞レポ読むと、忘れていたことが蘇りますよね　　（3-28-1）

文末において、1行目では長音符号「ー」と共に用いられ相手の同意を求める終助詞「ね」、2行目では相手の認識との一致を促す終助詞連続「よね」を使っていることから、共感を求めて MI が積極的に話の輪へ加わろうとしている様子がうかがえる[19]。また、忘れていた感情や記憶が蘇るという、ライブレポを共有することで可能になったことへの言及が見られる。

　これまでに例として示したナラティブおよび以上のチャットでのやりとりからわかるのは、このサイトに集う者は、自己のライブレポを書き、また他者のライブレポを読み、さらにそれをきっかけにファン同士のコミュニケーションを開始(しようと)していることである。ここでは、自分から働きかける、また相手を受け入れる素地をライブレポという名のナラティブが作り、それを共有することが共感関係の生産および再生産に寄与し、お互いの距離を縮めている。これらが彼らの間に仲間意識を生み出すのは想像に難くない。あるライブレポの中で、自らを含むサイトに集う人々を指して「△△(筆者注―サイトの愛称)軍団」と呼んでいるのはその証拠である。無数のウェブサイトから特定のミュージシャンの特定のファンサイトを見つけ出し、単に ROM する（Read Only Member でいる、lurk）だけでなく積極的に書き込む時点で[20]、あらかじめ「好きなものが一緒(筆者注―チャットからの引用)」である、つまり同じ価値観を共有しているという意識が彼らにはもともと存在する。さらに、コンサートホールに比べ収容人員が限られた狭いライブハウスで同じ時間と空間を共にし、その共通

の経験について書き込み、目を通し、コメントし合って、仲間としての一体感が増すと、そこにコミュニティー感覚が形成されるのは自然の流れである。

　ファンサイトにおけるこのようなやりとりは、同じコミュニティーのメンバーであるという共通の地位を表現する機会を提供している (cf. Moore 2006: 627)[21]。Johnstone (1990: 2-5) は、語りはコミュニティーを創造し、また物語を共有する集団は話者のコミュニティーである、また Ochs & Capps (2001: 57) は、ナラティブを共に作り上げることによって人々はコミュニティーを形成すると指摘している。以上のことから、このサイトに集う彼らは、現実空間において物理的な場所を共有してはいないものの、ナラティブによってファンによるコミュニティー、より正確には実践のコミュニティー (community of practice) (Lave & Wenger 1991, Wenger 1998) を構築していると言える[22]。

　いったん形成されたコミュニティーは、一連の過程が繰り返されることにより維持、または強化される。例えば、(20)ではTAによる「お久しぶりです！」という表現から、両者は以前からの知り合いであることがわかる。このようにコミュニティー形成後も、書き込み、目を通し、お互いにコメントするという行為が繰り返されるとコミュニティーは維持され強化される。さらに、度重なるやりとりによってコミュニティー感覚が増幅されると、次第にオンラインでのコミュニケーションだけでは飽き足らなくなり、オフラインでのコミュニケーションに発展することもある。オンライン・コミュニティーで高められたお互いへの信頼感は、インターネット上でしか知らない人と直接会うことの恐怖感を超えるのである。

　実際、このコミュニティーはオンラインで完結しない。彼らのコミュニケーションはオフラインでも盛んである。例えばライブがある時は、サイトに告知して集まった面々とライブの前にオフ会を開き、お互いの簡単な自己紹介後、自分がいかにそのミュージシャンの音楽が好きか、例えばど

の曲が好きか、どの部分が好きかなどについて語り合う。オフ会に集まるメンバー(主に10代後半から30代前半にかけての男女ほぼ半数ずつの日本人5〜40名(人数は場合によって異なる))の中には、ライブが行われる地域の近隣の者のみならず、何かのついでではなくライブに参加するためだけに遠隔地から深夜バスや電車、飛行機を利用して駆けつける者も含まれる。実際、サイトの常連の中には同一の全国ツアーを複数の会場で楽しむ者も多く、また海外で開催されたライブにまで出かける者もいる。この「前オフ」後、そのままライブ会場に行きライブを楽しんだ後、再度「後オフ」と呼ばれるオフ会を開き、食事を共にしながらライブのどこがどう良かったかを語り合う。最後は「カラオケオール」、つまりカラオケに行き、そのお店のシステムで演奏可能なそのミュージシャンの曲全てを含め、始発電車が動き出すまで徹夜(オールナイト)で歌い明かす。これ以外に、特にライブなどのイベントがない場合であっても集まって食事会を行うこともある。

　ここで興味深いのは、これほど親しく交際をする間柄でありながら、お互いについてよく知らない場合が結構あるということである。オンラインではハンドルネームでやりとりするため匿名性が保たれる。またオフラインでもハンドルネームで自己紹介しお互いを呼び合うため、本名を伝えたり尋ねたりする機会がない。学校や仕事についても、個人的に話す中で言及することがないわけではないが、彼らにとって大事なのはそのミュージシャンのファンであるということであって、彼らはそれ以外の個人的な情報にあまり意味を見出さず、興味を抱かないのである。複数の断片化した自己(multiple and fragmented self)の一部において対応しているという点で、ここに見られる関係性はきわめて現代的(またはポストモダン)である。このような人間関係のあり方は、このコミュニティーが地縁や血縁といった物理的、肉体的な近接性を軸とした伝統的なネットワークとは無縁の存在であることと無関係ではないだろう。地縁や血縁といった人間関係

は、切ろうと思っても簡単に切れるものではなく、与えられた環境の中で何とかうまくやっていかなければならない状況に置かれる場合がほとんどである。しかしオンラインで生まれたコミュニティーでは、参入が比較的容易であり、また関係を断ち切ろうと思えばいつでもそうすることができる。たとえ意図的に断ち切らなくても、ファンであることをやめればそこで縁は切れてしまう。フィールドにおけるこれらの民族誌的な (ethnographic) 観察の結果は、若者の対人関係および携帯電話・メール使用などに関する、主に社会学的なアンケート調査から得られた結果と驚くほど一致する (辻 1999a, 1999b, 2004; 松田 2000; 岩田 2001; 三宅 2001, 2003, 2005a; 浅野 2005)。つまりこのコミュニティーは、伝統的かつ全面的、組織的、制度的で拘束力のあるネットワークとは異なり、現代社会に特有とされる、部分的、選択的、多元的で拘束力のないネットワークのあり方を示していると言える。このように、複数の断片化した自己の一部を、いわばゆるやかな糸でつないでいるのがウェブ (織物) 上のことばなのである。

5. 結論

　本研究ではまず、ファンサイトに寄せられたライブレポという名の投稿は、機能的な定義の基準に従うとそのほとんど全てがナラティブと言えること、そしてそのジャンルの選択は、喜びを表現し伝え、共に語り合い、またそこでの出来事を知らせるのに適しているからとの考えを示した。次に、そのナラティブにはレベルの違う2つの種類の引用が比較的多く見られ、一方のライブにおける発話の引用は、ナラティブにおいて多くの異なる機能をもち、また同一の引用が同時に複数の機能を果たす効果的な「修辞装置」であること、そして他方の電子メディアの引用機能を用いた引用は、何についての言及であるかを明確にし、投稿者同士の意見の交換を容

易にすることを示した。さらに、共通経験のナラティブの書き込みとその読みおよびそれへのコメントがファン同士を結びつけ、その絆を深めることに貢献しているさま、つまりファンサイトというインターネット上の仮想空間での語りが、コミュニティーの形成および維持、強化に寄与しているさまを描いた。このように彼らをつなぐきっかけを作ったのはミュージシャンの音楽、さらにはファンサイトであるが、それらはあくまでもきっかけに過ぎない。ファンとファンをお互いに直接つないでいるのは、音楽についての彼ら自身による語りなのである。

　個人の手から成る、それぞれは短くて小さいナラティブが複数寄せられ、それらが一地方で行われた１回のライブについてのさまざまな側面を語り、また同時期に各地方で行われたライブに関するナラティブが集まって、そのライブツアーの全体像が浮かび上がる。さらに複数のライブツアーについてのナラティブが集まることで、「ファンが経験したライブ」という、複合的な (composite) 物語が形成される。そしてそれは、ミュージシャンのオフィシャルサイトの中にある、音楽事務所やレコード会社の描く公式の「profile」、「history」、「activities」（これらは実際にオフィシャルサイトに存在する項目である）とは異なった様相を呈する。ひとりひとりのファンが紡ぐライブレポという名のテクストが集まったキルトに浮かび上がるのは、等身大のミュージシャンの横顔、歴史、活動の模様である。これはまた、音楽事務所やレコード会社が描く「正史（オフィシャルな歴史）」に対する「社会史（ファンによる歴史）」とも言えるだろう。

　最後になるが、このようなコミュニケーションが可能になったのは、このやりとりが行われた場がウェブサイトにおける掲示板だったからにほかならない。ウェブサイトの掲示板は、ⅰ）物理的な掲示板や回覧板、あるいは中高生が授業中に友人たちの間を教師に見つからないように回す手書きのメモといった地域（限定）的な (local) メディアではなく全世界的な (global) メディアであり[23]、ⅱ）電話やEメールといった個々の (private) 一

対一が基本のメディアではなく公開された(public)一対多のメディアであり、iii) ソーシャル・ネットワーキング・サービス(SNS)のような閉鎖的な(closed)メディアではなく開放的な(open)メディアである[24]。これらの特性が、空間を超えて、特定のミュージシャンのファンであるという以外はほとんど接点がない人々を結びつけることを可能にしたのである。本研究でも見てきたように、現在、コミュニケーション・メディアの発達とともに人間関係やコミュニケーションのあり方に変容が起きていることが観察される。この変容の行方を記録し、その意味について考えることはコミュニケーションの研究者に課せられた使命の1つである。この分野の研究における今後の進展に期待したい。

謝辞
このオンライン・コミュニティーの全てのメンバー、特にデータを研究のために利用することを快く認めてくださったサイト管理者のK氏に心から感謝したい。

注

(1) ナラティブ自体の先行研究については本書所収のコラム「ナラティブ」を参照のこと。
(2) 直接引用とは、伝統的な定義に従うと、何がどのように語られたかを提示する方法である。ダイクシス(deixis、直示性)は引用される者の視点から表現され、また話しことばであれば往々にしてナレーションの部分とは異なる口調を用いて、日本語の書きことばであれば鉤括弧(「」)を用いて表現される。引用および話法の定義に関する議論については Satoh(1999) の Chapter 2 を参照のこと。
(3) 間接引用とは、伝統的な定義に従うと、何が語られたかを提示する方法である。直接引用と違い、ダイクシス、韻律や表記においてナレーションの部分と異なることはない。
(4) 日本の CMC 研究、特に携帯電話・メールを用いたコミュニケーションの先行研究については、三宅(2005a, 2005b)を参照のこと。
(5) オンライン・コミュニティーの定義の難しさについては、Androutsopoulos(2006) および Preece & Maloney-Krichmar(2005) を含む *Journal of Computer-Mediated*

Communication 10(4)における特集 Online Communities: Design, Theory, and Practice 所収の論文を参照のこと。また、北山(2005)はビジネスの観点からオンライン・コミュニティーについて論じている。

(6) ひとくちにライブレポートといってもさまざまなものが存在する。今回対象としたサイトに投稿されたものに限っても、長さに関し、ほんの数行のものから四百字詰め原稿用紙にして80枚以上に及ぶものまである。また内容について、セット・リストを載せただけのもの、簡単な感想を述べただけのものから、数カ月前のライブの告知以降ライブ終了後の後日談までを記述したものさえある。

(7) これらを選んだのは、この2つのライブを筆者自身が最前列で鑑賞し、状況がよく分かるからである。また筆者はこの時期このファンサイトの常連であった。よって筆者は図らずも(当時はこのような研究をすることは考えていなかったため)ここでのコミュニケーション活動を参与観察したことになる。

(8) 同一人物が異なるハンドルネーム(インターネットなどで用いる別称)を使って二重投稿している可能性は否定できないが、常連のメンバーはお互いに顔見知りで、かつ掲示板やチャットルーム、ライブレポでお互いがどのような文章を書くか把握しているため、異なるハンドルネームによる投稿の可能性は少ないと思われる。

(9) Polanyi(1982b)は物語と報告をナラティブの中の2つのタイプとしているが、本研究では物語とナラティブを同じものとして扱う。これらは報告とは本質的に異なるものとする。

(10) 以下、例に挙げる投稿には表現上の間違いが見られる場合(例　encole、うる覚え)があるが、その全てを指摘すると煩雑になるため、本研究では例を示す場合、誤記との注を付けずにそのまま提示することにする。

(11) ここでは、お気に入りのミュージシャンのライブに行ったことからくる高揚感および興奮が表現されている。

(12) なお、ここの挙げた3つの理由以外に、ライブレポに言語化されてはいないものの、語ることで過去の(よい)体験を思い出し反芻したい(c.f. Norrick 2000)、またこの経験を記録として残しておきたいという理由でナラティブというジャンルを選んだということも十分考えられる。

(13) 共通経験についての先行するナラティブが存在する場合、後続のナラティブがそれに対してどのような位置づけをするか、またどのような構造や機能をもつかといった問題は非常に興味深いが、紙幅の関係で本稿では扱わない。

(14) 前述の(2)にはこれらのほか「新しい曲です　とアップテンポのナンバー」という鉤括弧のない引用の例も見られる。ここで引用された元の発話の機能は表示(representatives)であり、鉤括弧のついた引用の例とは異なる。

(15) 興味深いのは、(13)でAの発話として表現されていること(「みんなのリクエスト

に答えて(曲名 20)をやります。」)が、別の投稿(19)においてはBの発話として表現されていること(「わかった、あとでね」)、またその後の投稿では(13)を受け、そこに描かれた応答があったものとして話が進んでいることである。このライブに最前列で参加した筆者の記憶では、(19)の方がより正確である(Aによる「それには答えられないが!」という趣旨の発言は存在したが、それは異なる場面でのものであり、また「みんなのリクエストに答えて(曲名 20)をやります。」は存在しなかった)。このことから、(13)でのAの発話は、典型的な創作された発話(constructed dialogue)と言える(cf. Tannen 1989)。

(16) なお、ここで述べたレベルの違いは、相互テクスト性または間テクスト性(intertextuality)の視点からすれば、ライブでのミュージシャンの発話とライブについて語るナラティブの間に見られるもの(I)と、ライブについて語るナラティブ同士の間に見られるもの(II)の違いと言うことができる。

(17) (2)に用いられる「Aサマ」にはAに対する崇拝の念(カタカナ表記であることから、諧謔を含む、敬慕の念に近いものと思われる)が感じられ、また(14)(15)に見られる「Aちゃん」からはAへの親しみの情が伝わってくる。なお、ここで言及した敬称に込められた感情については、岡本能里子氏の指摘に負うところが大きい。

(18) チャットでは多数の参加者がいる場合、2人で行われるやりとりは連続せず、他の参加者のやりとりを挟んで数行おいたものになる。また、一度の送信に複数の情報を盛り込むことも多い。そのためここでは関連した発言のみを抽出している。

(19) チャットに見られる終助詞の分析については、岡本能里子氏の指摘に多くを負っている。なお、岡本(1998)のチャットのデータと異なり、本データにおいて対人関係調整機能をもつ終助詞の使用が多く観察されたのは、ここでの仲間意識のあり方に関係していると思われる。

(20) Nonnecke & Preece(2000, cited in Ridings & Gefen 2004)には、掲示板を定期的に訪れる人のうち、ただ読むだけで書き込みをしない人(lurker)の割合は 90%以上にのぼるとの推測がある。また、辻(2001)の 2000 年の調査によれば、インターネットを利用している日本全国の調査対象者のうち、何らかのオンライン・コミュニティーに能動的に参加する者は全体の 24.4%、特に掲示板に関しては 17.0%だったという。

(21) Moore(2006)は、会話の中で複数の語り手がターンを取り合いながら共通経験に基づく1つのナラティブを作り上げる行為についてこう述べており、厳密には本研究で扱うやりとり、すなわち、インターネット上で複数の語り手が同一経験に関するそれぞれのナラティブを語り合い、より大きなナラティブを作り上げる行為と異なるが、コミュニティー形成という面においては本質的な違いはない。

(22) 紙幅の関係で本稿では扱わないが、このコミュニティーはスピーチ・コミュニ

ティーやソーシャル・ネットワークというより、実践のコミュニティーと呼ぶのが適切である。この議論については Holmes & Meyerhoff(1999)、Davies(2005)をはじめ、それらの論文を含む実践のコミュニティーに関する特集(それぞれ、*Language in Society* 28(2)における Communities of Practice in Language and Gender Research と、*Journal of Sociolinguistics* 9(4)における Davies(2005)との DIALOGUE)所収の論文、また Baym(2000)を参照のこと。なお、筆者が主張しているのは、オンラインでのナラティブがコミュニティーの構築に大きく貢献しうるということである。もちろんその他のものもその構築に寄与しているであろう。また、ナラティブがその構築にほとんど関わらないようなオンライン・コミュニティーも存在するであろう。

(23) このサイトには日本全国のみならず、韓国や香港からのアクセスもあった。

(24) たとえ SNS であっても、巨大なものであればそれほど閉じられたメディアとは言えないかも知れない。

参考文献

Androutsopoulos, J. 2006 Introduction: Sociolinguistics and computer-mediated communication. *Journal of Sociolinguistics*, 10(4): 419–438.

浅野智彦 2005「物語アイデンティティを越えて?」上野千鶴子編『脱アイデンティティ』pp.77–101. 勁草書房.

Bauman, R. 1986 *Story, performance, and event: Contextual studies of oral narrative*. Cambridge: Cambridge University Press.

Bamberg, M. 2004a Form and functions of 'slut bashing' in male identity constructions in 15-year-olds. *Human Development*, 47: 331–353.

Bamberg, M. 2004b Talk, small stories, and adolescent identities. *Human Development*, 47: 366–369.

Baym, N. K. 2000 *Tune in, log on: Soaps, fandom and online community*. Thousand Oaks: Sage.

Baynham, M. 2006 Performing self, family and community in Moroccan narratives of migration and settlement. In De Fina, A., Schiffrin, D. & Bamberg, M. (eds.) *Discourse and Identity*, pp.376–397. Cambridge: Cambridge University Press.

Baynham, M. & Slembrouck, S. 1999 Speech representation and institutional discourse. *Text*, 19(4): 439–457.

Besnier, N. 1993 Reported speech and affect on Nukulaelae Atoll. In Hill, J. H. & Irvine, J. T. (eds.) *Responsibility and evidence in oral discourse*, pp.161–181. Cambridge: Cambridge University Press.

Blanchard, A. 2004 Virtual behavior settings: An application of behavior setting theories to virtual communities. *Journal of Computer Mediated Communication*, 9(2), article 4. http://jcmc.indiana.edu/vol9/issue2/blanchard.html

Chafe, W. L. 1982 Integration and involvement in speaking, writing, and oral literature. In Tannen, D. (ed.) *Spoken and written language: Exploring orality and literacy*, pp.35–53. Norwood, NJ: Ablex.

Chafe, W. L. 1994 *Discourse, consciousness, and time: The flow and displacement of conscious experience in speaking and writing*. Chicago: The University of Chicago Press.

Cheshire, J. & Ziebland, S. 2005 Narrative as a resource in accounts of the experience of illness. In Thornborrow, J. & Coates, J. (eds.) *The Sociolinguistics of Narrative*, pp.17–40. Amsterdam and Philadelphia: John Benjamins.

Davies, B. 2005 Communities of practice: Legitimacy not choice. *Journal of Sociolinguistics*, 9 (4): 557–581.

Georgakopoulou, A. 2004 To tell or not to tell?: Email stories between on- and off-line interactions. *Language @ internet*, 1.
http://www.languageatinternet.de/articles/36

Georgakopoulou, A. 2005 Same old story?: On the interactional dynamics of shared narratives. In Quasthoff, U. M. & Becker, T. (eds.) *Narrative Interaction*, pp.223–241. Amsterdam and Philadelphia: John Benjamins.

Georgakopoulou, A. 2006a The other side of the story: Towards a narrative analysis of narrative-in-interaction. *Discourse Studies*, 8(2): 235–257.

Georgakopoulou, A. 2006b Thinking big with small stories in narrative and identity analysis. *Narrative Inquiry*, 16(1): 121–130.

Gunthner, S. 2005 Narrative reconstructions of past experiences: Adjustments and modifications in the process of recontextualizing a past experience. In Quasthoff, U. M. & Becker, T. (eds.) *Narrative Interaction*, pp.286–301. Amsterdam and Philadelphia: John Benjamins.

Hamilton, H. E. 1998 Reported speech and survivor identity in on-line bone marrow transplantation narratives. *Journal of Sociolinguistics*, 2(1): 53–67.

Herring, S. C. 2004 Computer-Mediated Discourse Analysis: An Approach to Researching Online Behavior. In Barab, S. A., Kling, R., & Gray, J. H. (eds.) *Designing for Virtual Communities in the Service of Learning*, pp.338–376. New York: Cambridge University Press.

Hill, J. H. 1995 The voices of Don Gabriel: Responsibility and self in a modern Mexicano narrative. In Tedlock, D. & Mannheim, B. (eds.) *The dialogic emergence of culture*, pp.97–

147. Urbana and Chicago: University of Illinois Press.
Hill, J. H. & Irvine, J. T. 1993 Introduction. In Hill, J. H. and Irvine, J. T. (eds.) *Responsibility and evidence in oral discourse*, pp.1–23. Cambridge: Cambridge University Press.
Hill, J. H. & Zepeda, O. 1993 Mrs. Patricio's trouble: The distribution of responsibility in an account of personal experience. In Hill, J. H. and Irvine, J. T. (eds.) *Responsibility and evidence in oral discourse*, pp.197–225. Cambridge: Cambridge University Press.
Holmes, J. & Meyerhoff, M. 1999 The communities of practice: Theories and methodologies in language and gender research. *Language in Society*, 28(2): 173–183.
岩田考 2001「携帯電話の利用と友人関係―＜ケータイ世代＞のコミュニケーション」『モノグラフ・高校生』63（電子メディアの中の高校生）: 12–33.
http://www.crn.or.jp/LIBRARY/KOU/VOL630/GIF/S8630012.PDF
Johnstone, B. 1990 *Stories, community, and place: Narratives from middle America*. Bloomington and Indianapolis: Indiana University Press.
Keller-Cohen, D. & Gordon, C. 2003 "On trial": Metaphor in telling the life story. *Narrative Inquiry*, 13(1): 1–40.
北山聡 2005「コミュニティ・アライアンス戦略―ネットワーク・コミュニティとビジネス」橋元良明・吉井博明編『ネットワーク社会』pp.192–214. ミネルヴァ書房.
Labov, W. 1972 *Language in the inner city*. Philadelphia: University of Pennsylvania Press.
Labov, W. & Waletzky, J. 1967 Narrative analysis: Oral versions of personal narrative. In Helm, J. (ed.) *Essays on the verbal and visual acts: Proceedings of the 1966 Annual Spring Meeting of the American Ethnological Society*, pp.12–44. Seattle and London: University of Washington Press.
Lakoff, R. T. 2003 Narrative in the construction of social and political identity. In Tannen, D. & Alatis, J. E. (eds.) *Linguistics, Language, and the Real World: Discourse and Beyond: Georgetown University Round Table on Languages and Linguistics 2001*, pp.135–146. Washington, D.C.: Georgetown University Press.
Lave, J. & Wenger, E. 1991 *Situated learning: Legitimate peripheral participation*. Cambridge: Cambridge University Press.
Li, C. N. 1986 Direct speech and indirect speech: A functional study. In Coulmas, F. (ed.) *Direct and indirect speech*, pp.29–45. Berlin: Mouton de Gruyter.
Linde, C. 1999 The transformation of narrative syntax into institutional memory. *Narrative Inquiry*, 9(1); 139–174.
Macaulay, R. K. S. 1987 Polyphonic monologues: Quoted direct speech in oral narratives. *IPRA Papers in Pragmatics*, 1(2): 1–34.
Marra, M. & Holmes, J. 2004 Workplace narratives and business reports: Issues of definition.

Text, 24(1): 59–78.

Mathis, T. D. 1991 *The form and function of costructed dialogue in reported discourse*. Ph.D. dissertation, Louisiana State University.

Mathis, T. & Yule, G. 1994 Zero Quotatives. *Discourse Processes*, 18: 63–76.

松田美佐 1999「若者の友人関係と携帯電話利用―関係希薄化論から選択的関係論へ」『社会情報研究』4. 日本社会情報学会.

Maybin, J. 1996 Story voices: The use of reported speech in 10-12-year-olds' spontaneous narratives. *Current Issues in Language and Society*, 3(1): 36–48.

Mayes, P. 1990 Quotation in spoken English. *Studies in Language*, 14(2): 325–363.

Maynard, S. K. 1996 Multivoicedness in speech and thought representation: The case of self-quotation in Japanese. *Journal of Pragmatics*, 25: 207–226.

メイナード・泉子・K 1993『会話分析』くろしお出版.

三宅和子 2001「ポケベルからケータイ・メールへ―歴史的変遷とその必然性」『日本語学』20(9): 6–22.

三宅和子 2003「対人配慮と言語表現―若者の携帯電話のメッセージ分析」『文学論藻』77: 106–130. 東洋大学.

三宅和子 2005a「携帯電話と若者の対人関係」橋本良明編『講座社会言語科学第2巻 メディア』pp.136–155. ひつじ書房.

三宅和子 2005b コラム「携帯メール」三宅和子・岡本能里子・佐藤彰編『メディアとことば2』pp.262–263. ひつじ書房.

Moore, E. 2006 'You tell all the stories': Using narrative to explore hierarchy within a Community of Practice. *Journal of Sociolinguistics*, 10(5): 611–640.

Nonnecke, B. & Preece, J. 2000 Lurker demographics: Counting the silent. Paper presented at the CHI 2000, Amsterdam.

Norrick, N. 1997 Twice-told tales: Collaborative narration of familiar stories. *Language in Society*, 26: 199–220.

Norrick, N. 2000 *Conversational narrative: Storytelling in everyday talk*. Amsterdam and Philadelphia: John Benjamins.

Ochs, E. & Capps, L. 2001 *Living narrative*. Cambridge, MA: Harvard University Press.

岡本能里子 1998「しゃべる―チャットのコミュニケーション空間」『現代のエスプリ』370: 127–137.

Polanyi, L. 1979 So what's the point? *Semiotica*, 25(3/4): 207–241.

Polanyi, L. 1982a Literary complexity in everyday storytelling. In Tannen, D. (ed.) *Spoken and written language: Exploring orality and literacy*, pp155–170. Norwood, NJ: Ablex.

Polanyi, L. 1982b. Linguistic and social constraints on storytelling. *Journal of Pragmatics*, 6:

509–524.
Preece, J. & Maloney-Krichmar, D. 2005 Online communities: Design, theory, and practice. *Journal of Computer Mediated Communication*, 10(4), article 1. http://jcmc.indiana.edu/vol10/issue4/preece.html
Ridings, C. & Gefen, D. 2004 Virtual community attraction: Why people hang out online. *Journal of Computer Mediated Communication*, 10(1), article 4. http://jcmc.indiana.edu/vol10/issue1/ridings_gefen.html
Satoh, A. 1999 *Constructing identity and social relations: Speech representation in journalistic, narrative, and conversational discourse*. Ph.D. dissertation, Georgetown University.
佐藤彰 2004 コラム「引用」三宅和子・岡本能里子・佐藤彰編『メディアとことば1』pp.156–157. ひつじ書房.
Schiffrin, D. 1981 Tense variation in narrative. *Language*, 57: 45–62.
Schiffrin, D. 1996 Narrative as self-portrait: Sociolinguistic constructions of identity. *Language in Society*, 25(2): 167–203.
Schiffrin, D. 2000 Mother/daughter discourse in a Holocaust oral history: "Because then you admit that you're guilty". *Narrative Inquiry*, 10(1): 1–44.
Schiffrin, D. 2002 Mother and friends in a Holocaust life story. *Language in Society*, 31: 309–353.
Searle, J. 1976 The classification of illocutionary acts. *Language in Society*, 5: 1–24.
嶋津百代 2005「異言語話者のナラティブを研究する」西口光一編『文化と歴史の中の学習と学習者』pp.234–255. 凡人社.
Shuman, A. 1993 "Get outa my face": Entitlement and authoritative discourse. In Hill, J. H. & Irvine, J. T. (eds.) *Responsibility and evidence in oral discourse*, pp.135–160. Cambridge: Cambridge University Press.
Tannen, D. 1986 Introducing constructed dialogue in Greek and American conversational and literary narrative. In Coulmas, F. (ed.) *Direct and indirect speech*, pp.311–332. Berlin: Mouton de Gruyter.
Tannen, D. 1988. Hearing voices in conversation, fiction, and mixed genres. In Tannen, D. (ed.) *Linguistics in context: Connecting observation and understanding*, pp.89–113. Norwood, NJ: Ablex.
Tannen, D. 1989 *Talking voices: Repetition, dialogue, and imagery in conversational discourse*. Cambridge: Cambridge University Press.
Tannen, D. & Wallat, C. 1987 Interactive frames and knowledge schemas in interaction: Examples from a medical examination/interview. *Social Psychology Quarterly*, 50(2): 205–216.

辻大介 1999a「若者語と対人関係—大学生調査の結果から」『東京大学社会情報研究所紀要』57: 17-42. 東京大学社会情報研究所.

辻大介 1999b「若者のコミュニケーション変容と新しいメディア」橋元良明・船津衛編『子ども・青少年とコミュニケーション』北樹出版.

辻大介 2001「調査データから探るインターネット利用の動向—インターネットはコミュニケーションを『革命』するか」『平成12年度情報通信学会年報』55-70. 情報通信学会.

辻大介 2004「若者の親子・友人関係とアイデンティティ—16～17歳を対象としたアンケート調査から」『関西大学社会学部紀要』35(2): 147-159. 関西大学.

Vincent, D. & Perrin, L. 1999 On the narrative vs non-narrative functions of reported speech: A socio-pragmatic study. *Journal of Sociolinguistics*, 3 (3): 291-313.

Wenger, E. 1998 *Communities of practice*. Cambridge: Cambridge University Press.

Wolfson, N. 1978 A feature of performed narrative: the conversational historical present. *Language in Society*, 7: 215-237.

Wolfson, N. 1982 *CHP: The conversational historical present in American English narrative*. Dordrecht: Foris.

Wortham, S. & Gadsden, V. 2006 Urban fathers positioning themselves through narrative: An approach to narrative self-construction. In De Fina, A., Schiffrin, D. & Bamberg M. (eds.) *Discourse and Identity*, pp.314-341. Cambridge: Cambridge University Press.

COLUMN
ナラティブ (Narrative)

　ナラティブという概念については研究者によりそのとらえ方に違いがあるため一概に語ることはできないが、それは多くの場合、語られたテクスト(物語、story)および語る行為(語り、storytelling)のいずれか、または両方を指す。

　社会言語学および語用論、談話分析におけるナラティブの研究はLabov & Waletzky(1967)、Labov(1972)によるナラティブ構造の研究に始まり、現在もその影響下にある。彼らによれば、ナラティブは実際に起きた(と推定される)過去の出来事の経験を要約する1つの方法であると定義される。十分に展開されたナラティブは概要(abstract)、方向付け(orientation)、出来事(complicating action)、評価(evaluation)、結果(result or resolution)、終結部(coda)の6要素から成るが、過去の出来事を要約する時間順に配列された節(narrative clause)が2つ連続していればそれは最低限のナラティブであるとされる。

　しかし最近、ナラティブの機能に関する研究が注目を集めつつある。Marra & Holmes(2004)は、以下に引用するナラティブの多様な機能がこれまで認められてきたという。「それらは人を楽しませ、教育し、社会化し、情報を伝える、それらは個人の先入観や見方、感覚を表し、個人特有のアイデンティティー形成に貢献する、それらは社会的なつながりを築き、社会的な結束を表し、他者の面目の必要性に注意を払い、社会的な境界を示すために使われることがある。1つのナラティブはしばしば、これらの機能のいくつかを同時に実現する」(Marra & Holmes 2004: 64 筆者訳)。さらにMarra & Holmesは、ナラティブを定義する(またはナラティブをレポートなどと区別する)にあたり、Labovらが指摘する構造的な基準だけでは不適切で、機能や目的といった社会言語学的、語用論的な要素が必要であると述べている。

　Georgakopoulou(2006b)はナラティブ研究の潮流を振り返り、1970年

COLUMN

代頃のテクストとしてのナラティブの研究を「第一の波」、80〜90年代中心の文脈におけるナラティブの研究を「第二の波」、そして現代のナラティブとアイデンティティーの研究を「第三の波」としている。またナラティブには、言語学のみならず文学、歴史学、社会学、心理学、人類学、医療など多方面からのアプローチがなされている。これらの源から発した複数の水流がそれらの波と接するところに新たな研究が生まれている。

　言語学の立場からのナラティブ研究のうち日本語で読めるものはそれほど多くないが、近刊でその構造に注目したものとして**泉子・K・メイナード著『談話言語学』**(くろしお出版、2004年)の**第4章「物語の構造」**、その機能に着目したものとして**西川玲子著「日常会話におけるナラティブの協働形成」**(『社会言語科学』7巻2号 pp.25-38、2005年)がある。初学者および言語教育に関心のある人には**嶋津百代著「異言語話者のナラティブを研究する」**がある。また、英文になるが、ナラティブ研究における主要な国際研究雑誌の *Narrative Inquiry*(1997年以前は *Journal of Narrative and Life History* と称される)では Vol.16, No.1 (2006)において**「Narrative – State of the Art（ナラティブの現状）」**を特集しており、それを読むとナラティブ研究の最先端を概観することができる。さらに、同誌を出版している John Benjamins から Studies in Narrative というシリーズの書籍も2001年より順次刊行中である。(引用した文献に関する情報は、本書所収の佐藤の論文における参考文献を参照のこと。)

（佐藤彰）

編者・執筆者紹介（五十音順）

＊岡本能里子　東京国際大学国際関係学部教授
　佐竹久仁子　姫路獨協大学外国語学部非常勤講師
＊佐藤彰　大阪大学大学院言語文化研究科准教授
＊竹野谷みゆき　東洋大学大学院文学研究科教授
　布尾勝一郎　大阪大学大学院言語文化研究科博士後期課程
　平本毅　立命館大学産業社会学部等非常勤講師
　森山由紀子　同志社女子大学学芸学部教授
　渡辺学　学習院大学文学部教授

［＊編者］

メディアとことば ③

発行日	2008年3月10日　初版1刷
定価	2400円＋税
編者	岡本能里子・佐藤 彰・竹野谷みゆき
発行者	松本 功
装丁	中山銀士
	表紙写真＝永田初雄
印刷所・製本所	三美印刷株式会社
発行所	株式会社 ひつじ書房
	〒112-0011 東京都文京区千石 2-1-2 大和ビル2階
	Tel. 03-5319-4916　Fax 03-5319-4917
	郵便振替 00120-8-142852
	toiawase@hituzi.co.jp
	http://www.hituzi.co.jp/

造本には充分注意しておりますが、落丁・乱丁などがございましたら、
小社かお買上げ書店にておとりかえいたします。
ご意見、ご感想など、小社までお寄せ下されば幸いです。

ISBN978-4-89476-364-7
Printed in Japan

ひつじ研究叢書（言語編）　第57巻
日本語会話における言語・非言語表現の動的構造に関する研究
　　坊農真弓著　7,560円

ひつじ研究叢書（言語編）　第58巻
ニュータウン言葉の形成過程に関する社会言語学的研究
　　朝日祥之著　9,030円

ひつじ研究叢書（言語編）　第61巻
狂言台本とその言語事象の研究
　　小林賢次著　10,290円

シリーズ言語学と言語教育　12
異文化間コミュニケーションからみた韓国高等学校の日本語教育
　　金賢信著　9,240円

シリーズ言語学と言語教育　13
日本語eラーニング教材設計モデルの基礎的研究
　　加藤由香里著　9,030円

シリーズ言語学と言語教育　14
第二言語としての日本語教室における「ピア内省」活動の研究
　　金孝卿著　6,510円

シリーズ言語学と言語教育　15
非母語話者日本語教師再教育における聴解指導に関する実証的研究
　　横山紀子著　7,035円

ことば・空間・身体
　　篠原和子・片岡邦好編　7,140円

国会会議録を使った日本語研究
　　松田謙次郎編　価格未定

対人行動の日韓対照研究
　　尾崎喜光編　予価4,410円

「議論」のデザイン
　　牧野由香里著　価格未定

シリーズ 文と発話　第2巻
「単位」としての文と発話
　　串田秀也・定延利之・伝康晴編　3,360円

学びのエクササイズ日本語文法
　　天野みどり著　予価1,680円

ここからはじまる文章・談話研究
　　高崎みどり・立川和美編　予価2,520円